한글경전모음집

관세음보살보문품경

약사유리광칠불본원공덕경

대방광원각수다라요의경

금강반야바라밀경

불설아미타경

지장보살본원경

적행 譯

다무선원(DhaMu Seonwon)

당신은 지금 어떤 사람이 되기를 원합니까?

무엇이 되고 싶습니까?

지금 이 순간 당신이 살고 있는 세상에서,

당신이 되고 싶은 '나'가 되십시오.

틀림없이 그렇게 될 것입니다.

다무선원은 '되고 싶은 나'를 만들어가는

부처님의 참된 도량입니다.

DhaMu Seonwon

至心歸依　念念發願　增長見識　智慧明哲　饒益衆生

지심으로　귀의하고
생각생각　발원하니
바른마음　크게자라
밝은지혜　일어나서
나와함께　많은중생
한량없는　이익주리

차 례 1)

---

1) 본 경전집의 한역본(漢譯本)은 대정신수대장경(大正新脩大藏經)을 저본(底本)으로 하였다. 한 가지 대방광원각수다라요의경에서 현선수보살장의 게송은 만신찬속장경(卍新纂續藏經)의 원각경일문(圓覺經佚文)을 옮겼다. 그리고 한글번역의 다양성 측면을 고려하여 특히 대방광원각수다라요의경, 금강반야바라밀경, 불설아미타경은 한역본(漢譯本)을 함께 옮겨 실었다. 지면의 한정된 분량으로 다른 세 가지 경은 옮겨 싣지 못하였다.

1. 관세음보살보문품경
觀世音菩薩普門品經

姚秦 鳩摩羅什 漢譯長行
隋 闍那崛多 漢譯重頌

경전을 펴는 게송 [개경게 開經偈]

가장높고 심히깊은 부처님의 미묘한법
무상심심미묘법 無上甚深微妙法

백천만겁 지나도록 만나뵙기 어려워라
백천만겁난조우 百千萬劫難遭遇

제가이제 보고듣고 받아지녀 외우오니
아금문견득수지 我今聞見得受持

부처님의 진실한뜻 알아지길 원합니다
원해여래진실의 願解如來眞實意

법장을 여는 진언 [개법장진언 開法藏眞言]

「옴 아라남 아라다」

관세음보살보문품경

그때에 무진의보살(無盡意菩薩)이 곧 자리에서 일어나 오른쪽 어깨를 벗어 드러내고 합장하여 부처님을 향해 말씀드렸다.

"세존이시여! 관세음보살은 어떤 인연으로 관세음이라 이름 합니까?"

부처님께서 무진의보살에게 말씀하셨다.

"선남자여! 만일 어떤 한량없는 백천만억의 중생들이 온갖 괴로움을 받을 때에, 관세음보살의 이름을 듣고 일심으로 그 이름을 부르면, 관세음보살이 즉시에 그 소리를 자세히 살펴보고(觀) 괴로움에서 모두 해탈(解脫)을 얻게 한다.

만일 관세음보살의 이름을 지니고 있는 사람은 설령 큰 불길 속에 들어가더라도 불이 그 사람을 태우지 못하나니, 그것은 보살의 위신력 때문이다.

만일 큰 홍수에 떠내려가더라도 그의 이름을 부르

면 곧 물이 얕은 곳으로 이르게 된다.

만일 어떤 백천만억의 중생들이 금·은·유리·자거·마노·산호·호박·진주 등의 보배를 구하기 위하여 큰 바다에 들어갔을 때에, 만약 폭풍이 일어나 그들이 탄 배가 나찰귀(羅刹鬼) 나라로 표류되었더라도, 그 가운데 만일 한 사람만이라도 관세음보살의 이름을 부르는 이가 있으면, 다른 모든 사람들이 모두 다 나찰의 액난에서 벗어날 것이니, 이러한 인연으로 관세음이라 이름 한다.

만일 또 어떤 사람이 곧 해(害)를 당하게 되었을 때에, 관세음보살의 이름을 부르면, 해를 입히려는 자들이 가진 칼과 몽둥이가 곧바로 조각조각 부러져 위험에서 벗어나게 될 것이다.

만일 삼천대천국토에 가득 찬 야차와 나찰들이 와서 사람을 괴롭게 하려고 할지라도, 그가 관세음보살의 이름을 부르는 소리를 들으면, 이 모든 악귀들이 흉악한 눈으로 쳐다보는 것조차도 못하는데,

하물며 어찌 해를 끼칠 수 있겠는가.

또 어떤 사람이 혹은 죄가 있거나, 혹은 죄가 없거나, 쇠고랑을 차고 칼을 쓰고 몸이 사슬에 묶이었더라도, 관세음보살의 이름을 부르는 사람은 그것이 모두 다 끊어지고 부서져 벗어나게 된다.

만일 삼천대천국토에 흉악한 도적들이 가득 차 있는데, 어떤 상단의 우두머리가 많은 상인들을 거느리고 귀중한 보배를 가지고서 험한 길을 지나갈 때에, 그 중의 한 사람이 큰 소리로 말하기를, '모든 선남자들이여! 두려워하지 말고, 그대들은 응당히 일심으로 관세음보살의 이름을 부르라. 그러면 이 보살이 능히 두려움 없는 힘을 중생들에게 베풀어 주신다. 그대들이 만일 그 이름을 부르면 이 흉악한 도적들로부터 반드시 벗어나게 된다.' 하여, 모든 상인들이 이 말을 듣고 다 같이 소리 내어 '나무관세음보살' 하고 부르면, 그 이름을 부른 까닭으로 곧 벗어나게 된다.

무진의여! 관세음보살마하살의 위신력이 높고 큰 것이 이와 같다.

만일 어떤 중생이 음욕심이 많을지라도 언제나 관세음보살을 생각하고 공경하면 곧 음욕심을 여의게 되고, 만일 성내는 마음이 많을지라도 언제나 관세음보살을 생각하고 공경하면 곧 성내는 마음을 여의게 되며, 만일 어리석은 마음이 많을지라도 언제나 관세음보살을 생각하고 공경하면 곧 어리석은 마음을 여의게 된다.

무진의여! 관세음보살이 이러한 큰 위신력이 있어서 널리 이로움을 많이 준다. 그러므로 중생들은 언제나 응당히 마음으로 생각하라.

만일 어떤 여인이 아들을 낳기 원하여 관세음보살에 예배하고 공양하면, 곧 복덕과 지혜가 있는 아들을 낳을 것이고, 만일 딸을 낳기 원하면 곧 단정하여 존경받을 딸을 낳을 것이니, 그들은 전생에 덕(德)의 근본을 심었기 때문에 많은 사람들이 사랑하고 공경해 할 것이다.

무진의여! 관세음보살은 이러한 힘이 있다.

만일 어떤 중생이 관세음보살에 공경히 예배하면 그 복은 헛되이 버려지지 않을 것이다. 그러므로 중생들은 모두 응당히 관세음보살의 이름을 받아 지녀야 한다.

무진의여! 만일 어떤 사람이 육십이억 항하의 모래 수만큼 많은 보살의 이름을 받아 지니고, 또 몸이 다하도록 음식과 의복과 침구와 의약으로 공양한다면, 그대는 어떻게 생각하느냐. 이러한 선남자나 선여인의 공덕이 많겠느냐?"

무진의가 말씀드렸다.

"대단히 많겠습니다. 세존이시여!"

부처님께서 말씀하셨다.

"만일 다시 어떤 사람이 관세음보살의 이름을 받아 지니고, 단 한 순간만이라도 예배하고 공양하면, 이 두 사람의 복이 똑같아서 백천만억겁에 이르도록 다함이 없을 것이다.

무진의여! 관세음보살의 이름을 받아 지니면 이와 같이 한량없고 끝이 없는 복덕의 이로움을 얻는다."

무진의보살이 부처님께 말씀드렸다.

"세존이시여! 관세음보살은 어떻게 이 사바세계를 다니시며, 어떻게 중생을 위하여 설법하고, 방편의 힘으로 하시는 일은 어떠합니까?"

부처님께서 무진의보살에게 말씀하셨다.

"선남자여! 만일 어떤 국토의 중생으로, 응당히 부처님의 몸으로써 제도할 이는 관세음보살이 곧 부처님의 몸을 나투어 그를 위해 설법하고, 벽지불의 몸으로써 제도할 이는 곧 벽지불의 몸을 나투어 그를 위해 설법하며, 성문(聲聞)의 몸으로써 제도할 이는 곧 성문의 몸을 나투어 그를 위해 설법하고, 범왕의 몸으로써 제도할 이는 곧 범왕의 몸을 나투어 그를 위해 설법하며, 제석의 몸으로써 제도할 이는 곧 제석의 몸을 나투어 그를 위해 설법하고, 자재천의 몸으로써 제도할 이는 곧 자재천의 몸을 나투어 그를 위해 설법하며, 대자재천의 몸으로써 제도할 이는 곧 대자재천의 몸을 나투어 그를 위해 설법하고, 하늘 대장군의 몸으로써 제도할 이는 곧 하늘 대장군의 몸을 나투어 그를 위해 설법하며, 비사문의 몸으로써 제도할 이는 곧 비사문의 몸을 나투어 그를 위해 설법하고, 작은 왕의 몸으로써 제도할 이는 곧 작은 왕의 몸을 나투어 그를 위해 설법하며, 장자의 몸으로써 제도할 이는 곧 장자의 몸을 나투어 그를 위해 설법하고, 거사의 몸으로써 제도할 이는 곧 거사의 몸을 나투어 그를 위해 설법하며, 재관의 몸으로써 제도할 이는 곧 재관의 몸을 나투어 그를 위해 설법하고, 바라문의 몸으로써 제도할 이는 곧 바라문의 몸을 나투어 그를 위해 설법하며, 비구·비구니·우바새·우바이의 몸으로써 제도할 이는 곧 비구·비구니·우바새·우바이의 몸을 나투어 그를 위해 설법하고, 장자·거사·재관·바라문의 부녀의 몸으로써 제도할 이는 곧 부녀의 몸을 나투어 그를 위해 설법하며, 동남·동녀의 몸으로써 제도할 이는 곧 동남·동녀의 몸을 나투어 그를 위해 설법하고, 천·용·야차·건달바·아수라·가루라·긴나라·마후라가·인비인(人非人) 등의 몸으로써 제도할 이는 곧 모두 다 그 몸을 나투어 그를 위해 설법하며, 집금강의 몸으로써 제도할 이는 곧 집금강의 몸을 나투어 그를 위해 설법한다.

무진의여! 관세음보살이 이러한 공덕을 성취하여 갖가지 모습으로 모든 국토에 다니면서 중생들을 제도하여 해탈하도록 한다.

그러므로 너희들은 응당히 일심으로 관세음보살에게 공양하라. 이 관세음보살마하살이 두렵고 무섭고 위급하고 어려운 가운데에 능히 두려움이 없음을 베푼다. 그러므로 이 사바세계에서 모두 '두려움이 없음을 베푸시는 분' 이라 부른다."

무진의보살이 부처님께 말씀드렸다.

"세존이시여! 제가 지금 마땅히 관세음보살께 공양하겠습니다." 하고, 곧 목에 걸었던 백천냥금의 값어치가 되는 많은 보주영락(寶珠瓔珞)을 풀어 그에게 바치고 말씀드렸다.

"어진이(仁者)시여! 이 법보시(法布施)하는 진귀한 보배 영락을 받으소서."

그때 관세음보살이 받지 않으려고 하므로, 무진의보살이 다시 관세음보살께 말씀드렸다.

"어진이시여! 저희들을 불쌍히 여기시어 이 영락을 받으소서."

그때에 부처님께서 관세음보살에게 말씀하셨다.

"마땅히 이 무진의보살과 사부대중과 천·용·야차·건달바·아수라·가루라·긴나라·마후라가·인비인들을 불쌍히 여기어 그 영락을 받으라."

즉시에 관세음보살이 모든 사부대중과 천·용·인

비인들을 불쌍히 여기어 그 영락을 받아서 두 등분으로 나누어, 한 등분은 석가모니부처님께 바치고, 한 등분은 다보불탑에 바쳤다.
"무진의여! 관세음보살이 이와 같은 자재한 신력이 있어서 사바세계를 다닌다."
그때에 무진의보살이 게송으로 말씀드렸다.

묘한 상호 갖추신 세존이시여!
제가 이제 다시금 여쭈옵나니
관세음보살은 무슨 인연으로
관세음이라 이름 합니까?

묘한 상호 갖추신 세존께서 게송으로 무진의에게 말씀하셨다.

그대는 잘 들어라
관세음보살의 행(行)은

시방 어느 곳에나
자비로 응(應)하여 있다

넓고 큰 서원 바다처럼 깊어
오랜 겁 지나도 헤아릴 수 없고
천억의 부처님 모시어 받들고
크고 청정한 원(願)을 세웠는지라

내 너를 위해 간략히 말하리니
이름을 듣거나 그를 친견하고
생각하여 헛되이 지내지 않으면
모든 괴로움을 능히 멸하리라

가령 해치려 하는 마음 일으켜서
큰 불구덩이에 밀어 넣더라도
관세음보살을 생각하는 힘으로
불구덩이 변하여 연못으로 되고

만일 큰 바다에서 표류하여
용과 물고기 온갖 귀신의 난을 만나도
관세음보살을 생각하는 힘으로
파도가 쳐도 빠지지 아니하며

만일 수미산 봉우리에 있다가
사람이 밀어 떨어지게 되어도
관세음보살을 생각하는 힘으로
해와 같이 허공에 머물게 되리

만일 악인에게 쫓김을 당하여
금강산에서 떨어지게 되더라도
관세음보살을 생각하는 힘으로
털끝 하나도 다치지 아니하며

만일 흉악한 도적에 둘러싸여
갖가지 칼로 해치려 함을 만나도

관세음보살을 생각하는 힘으로
모두 즉시에 자비심이 일어나고

만일 왕난(王難)의 괴로움을 만나서
형벌을 받고 죽게 되었더라도
관세음보살을 생각하는 힘으로
칼날이 조각조각으로 부러지며

만일 감옥에 갇혀 칼 씌우고
손발에 쇠고랑 채여 있더라도
관세음보살을 생각하는 힘으로
환하게 풀려남을 얻을 것이고

주문과 온갖 독약을 사용하여
몸을 해치려 하는 자가 있더라도
관세음보살을 생각하는 힘으로
도리어 본인에게 돌아가는지라

만일 흉악한 나찰과 독룡
그리고 온갖 귀신을 만났더라도
관세음보살을 생각하는 힘으로
모두 감히 해치지 못하게 되고

만일 사나운 짐승에게 둘러싸여
날카로운 이빨·발톱 두렵더라도
관세음보살을 생각하는 힘으로
사방 저 멀리로 달아나게 하며

독사와 전갈 등 해치는 독충이
불꽃같은 독기를 뿜어내어도
관세음보살을 생각하는 힘으로
소리 듣고는 스스로 물러나고

구름 속 천둥치고 번개 번쩍여
우박 내리고 큰 비 쏟아져도

관세음보살을 생각하는 힘으로
즉시에 흩어져 사라지게 되며

중생들 곤함의 재앙을 당하여
한량없는 고통이 몸을 괴롭혀도
관세음보살 묘한 지혜의 힘이
세간의 괴로움을 능히 구해주느니라

신통하고 묘한 힘 모두 갖추고
지혜의 방편력을 널리 닦아서
시방의 모든 국토 어디에든지
몸을 나투지 않는 곳이 없고

가지가지 모든 악도(惡道)의 세계
지옥·아귀·축생의 중생들
생·노·병·사 모든 괴로움을
점차로 모두 다 멸하게끔 하니

망령된 생각을 쉬는 진실의 관(眞觀)을
번뇌를 다스리는 청정한 관(淸淨觀)을
미혹 없애는 광대한 지혜관(智慧觀)을
고통에서 구원해 주는 비관(悲觀)을
즐거움을 주려는 인자한 관(慈觀)을
항상 원하고 우러러 사모하여라

번뇌 전혀 없는 청정한 빛이여
어둠 없애는 지혜의 태양이여
바람과 불의 재앙을 조복(調伏)하여
온 세상 두루 밝게 비추어 주시고

대비심의 몸, 계행의 우레소리,
인자한 마음 묘한 큰 구름으로
감로의 법비를 세상에 내려서
번뇌의 세찬 불꽃을 꺼버리시니라

송사로 다툼질하는 법정에서나
두렵고 무서운 전장(戰場)에서도
관세음보살을 생각하는 힘으로
많은 원한 모두 물러나 사라지리라

묘한 음성, 세간을 보는 음성(觀世音)
청정한 음성(梵音), 이익을 주는 음성(海潮音)
저 세간을 뛰어 넘는 음성이니
그러므로 꼭 언제나 생각하라

생각생각 의심을 내지 말아라
청정하고 성스러운 관세음보살
온갖 고뇌 죽음의 액난에서도
능히 의지하여 믿을 바 되리라

일체의 모든 공덕 구족하시어
인자한 눈으로 중생들 살피시며

갖추신 복 바다처럼 한량없으니
그러므로 머리 숙여 예경하여라

그때에 지지보살(持地菩薩)이 곧 자리에서 일어나
앞으로 나아가 부처님께 말씀드렸다.
"세존이시여! 만일 어떤 중생이 관세음보살보문품
의 자재한 행위와 온갖 방편으로 나투시는 신통력
을 듣는 이는, 마땅히 그 공덕이 적지 않음을 알겠
습니다."
부처님께서 이 보문품을 말씀하실 때, 대중 가운데
팔만사천 중생들 모두가, 비교할만한 것이 없이 뛰
어난 아뇩다라삼먁삼보리의 마음을 일으켰다.

정본관자재보살 여의륜주

正本觀自在菩薩 如意輪呪

나무 붇다야 나무 달마야 나무 승가야
나무 아리야 바로기제 사라야
모지 사다야 마하 사다야 사가라 마하가로 니가야
하리나야 만다라 다냐타 가가나 바라지진다 마니
마하무다례 루로루로 지따 하리다예 비사예
옴 부다나 부다니 야등

[나모 붓다야 나모 다르마야 나모 씽가야
나마 아리야 - 발로끼떼스바라야
보디싸뜨야 마하싸뜨야 싸까라 마하까루니까야
흐리다얌 만뜨라 따드야타 까까나 쁘라디찐따마니
마하모뜨레 로루로루 디스따 흐리따야 비사예
옴 보다나 보다니 얏담]

불정심관세음보살 모다라니
佛頂心觀世音菩薩 姥陀羅尼

나모라 다나다라 야야
나막 아리야 바로기제 새바라야
모지 사다바야 마하 사다바야 마하가로 니가야
다냐타 아바다 아바다 바리바제 인혜혜
다냐타 살바다라니 만다라야 인혜혜
바라마수다 못다야 옴 살바 작수가야
다라니 인지리야 다냐타 바로기제 새바라야
살바도따 오하야미 사바하

[나모 라뜨나 뜨라야야
나마 아리야 - 발로끼떼스바라야
보디싸뜨바야 마하싸뜨바야 마하까루니까야
따드야타 아바따 아바따 빠리바떼 인혜혜
따드야타 싸르바 다라니 만뜨라야 인혜혜
쁘라마 수다보따야 옴 싸르바 짜소가라야
다라니 인디리야 따드야타 발로끼떼스바라야
싸르바 뚜스따 오하야미 스바하]

원하오니 이공덕이 온세상에 널리퍼져
원이차공덕 보급어일체 願以此功德 普及於一切

저와함께 모든중생 극락세계 태어나서
아등여중생 당생극락국 我等與衆生 當生極樂國

무량수불 함께뵙고 모두성불 하여지다
동견무량수 개공성불도 同見無量壽 皆共成佛道

2. 약사유리광칠불본원공덕경

藥師琉璃光七佛本願功德經

唐 義淨·玄奘 漢譯 合本[2]

경전을 펴는 게송 [개경게 開經偈]

가장높고 심히깊은 부처님의 미묘한법
무상심심미묘법 無上甚深微妙法

백천만겁 지나도록 만나뵙기 어려워라
백천만겁난조우 百千萬劫難遭遇

제가이제 보고듣고 받아지녀 외우오니
아금문견득수지 我今聞見得受持

부처님의 진실한뜻 알아지길 원합니다
원해여래진실의 願解如來眞實意

법장을 여는 진언 [개법장진언 開法藏眞言]

「옴 아라남 아라다」

---

2) 본 경은 唐 義淨의 '藥師琉璃光七佛本願功德經'과, 唐 玄奘의 '藥師琉璃光如來本願功德經' 漢譯本을 본 역자가 어긋남이 없도록 적절히 합본하였다. 진언을 제외한 '[ ]'를 표기한 부분은 唐 玄奘의 '藥師琉璃光如來本願功德經'이다.

약사유리광칠불본원공덕경

이와 같이 나는 들었다.

어느 때 부처님께서 여러 나라를 다니시며 교화하
시다가, 광엄성(廣嚴城)에 이르시어 낙음수(樂音樹)
아래에 머물러서, 따르는 큰 비구들 팔천인과 더
불어 보살마하살 삼만육천인과 함께 계셨다.

그 이름이 문수사리보살(曼殊室利菩薩)·관자재보
살(觀自在菩薩)·자씨보살(慈氏菩薩)·선현보살(善現
菩薩)·대혜보살(大慧菩薩)·명혜보살(明慧菩薩)·산
봉보살(山峰菩薩)·변봉보살(辯峰菩薩)·지묘고봉보
살(持妙高峰菩薩)·불공초월보살(不空超越菩薩)·미
묘음보살(微妙音菩薩)·상사유보살(常思惟菩薩)·집
금강보살(執金剛菩薩) 등의 이와 같은 여러 큰 보
살들이 대중 가운데 으뜸이 되어, 많은 국왕·대
신·바라문·거사(居士)·천룡팔부(天龍八部)·인비
인(人非人) 등의 헤아릴 수 없이 많은 대중들에

공경히 둘러싸여 법(法)을 설하시니, 처음부터 끝까지 말씀하시는 뜻이 더 말할 수 없이 빼어나게 훌륭하고, 거짓 없이 진실하고 원만하며, 청정하고 선명하게 밝은 보살의 자비로 중생을 제도하시는 모습으로써 법(法)을 보이시고 가르쳐 깨우쳐 주시며, 교화하여 이롭게 하시고, 칭찬하여 기쁘게 하시어서, 모두가 뛰어나고 묘한 행원(行願)을 온전히 잘 갖추어 큰 깨달음을 향하여 나아가게 하셨다.

그때에 문수사리법왕자보살마하살이 부처님의 위신력(威神力)을 받들어 자리에서 일어나 오른 어깨를 드러내고 오른 무릎을 땅에 대며, 합장하고 공경하면서 부처님께 말씀드렸다.

"세존이시여! 지금 헤아릴 수 없이 많은 인간과 천상(天上)의 대중들이 가르침을 듣기 위하여 모두 구름처럼 모였습니다.

생각해보니 불세존께서는 처음 깨달음을 구하려는

마음을 일으키신 때로부터 지금에 이르기까지, 헤아릴 수 없이 많은 오랜 세월을 지내시면서 모든 부처님의 세계를 알지 못함이 없으십니다.

원하옵건대 저희들과 미래 세상의 상법(像法)중생들을 위하여, 자비로써 여러 부처님의 명호(名號)와, 본래 대원(大願)의 공덕(功德)과, 국토의 장엄(莊嚴)과, 훌륭한 교화방편(善巧方便)의 여러 가지 다른 모습(差別相)들을 말씀하시어, 듣는 모든 이들로 하여금 업장(業障)이 녹아지게 하시며, 나아가 깨달음의 지혜를 구함에서 물러나지 않게 하여 주시옵소서."

그때에 부처님께서 문수사리보살을 칭찬하여 말씀하셨다.

"훌륭하고 훌륭하다. 문수사리여! 그대가 큰 자비의 마음으로 헤아릴 수 없이 많은 업장중생의 온갖 질병과 근심과 슬픔과 괴로움을 가엾이 여기고 안락(安樂)함을 얻게 하고자, 나에게 여러 부처님

의 명호와 본원공덕(本願功德)과 국토의 장엄을 말
하여 주기를 청하니, 이것은 여래의 위신력으로
인하여 이런 질문을 하게 된 것이다.

그대는 이제 자세히 듣고 깊이 생각하도록 하여
라. 마땅히 그대를 위하여 말해주리라.”

문수사리보살이 말씀드렸다.

“오직 원하옵건대 말씀해 주시옵소서. 저희들은
즐거이 듣고자 하옵니다.”

부처님께서 문수사리보살에게 말씀하셨다.

“이곳에서 동쪽으로 네 개의 갠지스 강의 모래 수
만큼 많은 불국토(佛國土)를 지나서 한 세계가 있
으니, 이름은 광승(光勝)이라 하며, 그 세계의 부
처님의 명호는, 선명칭길상왕여래(善名稱吉祥王如
來)·응공(應供)·정등각(正等覺)·명행원만(明行圓
滿)·선서(善逝)·세간해(世間解)·무상장부(無上丈
夫)·조어사(調御士)·천인사(天人師)·불(佛)·세존
(世尊)으로서, 헤아릴 수 없이 많은 수의 깨달음에

서 물러나지 않는 보살들에게 둘러싸여, 칠보(七寶)로 뛰어나고 훌륭하게 장엄한 사자좌(師子座)에 편안히 머무시면서, 지금 법(法)을 설하고 계신다.

문수사리여! 그 불국토는 청정하고 장엄하게 꾸며져 있는데, 가로와 세로가 똑같이 백천 유순(由旬: 踰繕那)이 되고, 남섬부주(南贍部洲)에 있는 염부나무(閻浮樹) 숲 사이로 흐르는 강에서 생기는 적황색에 자줏빛 윤이 나는 사금(砂金)으로 이루어진 그 땅은 반듯하고 부드러우며, 공기는 천상(天上)의 향기와 같고, 모든 악도(惡道)와 여인(女人)의 이름이 없으며, 또한 깨진 기와조각과 자갈과 모래와 돌과 가시 돋친 나무가 없고, 보배 나무가 줄지어 늘어서 있어 꽃과 과일이 풍성하며, 많은 목욕하는 못(池)이 있어서 모두 금과 은과 진주와 갖가지 보배로 둘레에 계단을 쌓아서 꾸며 놓았다.

문수사리여! 그 국토의 보살은 모두 칠보(七寶) 연꽃에서 자연히 화생(化生)하니, 이런 까닭에 청정한 믿음을 지닌 선남자와 선여인은 모두 마땅히 저 불국토에 나기를 원해야 한다.

문수사리여! 저 부처님이신 여래·응공·정등각께서는 처음 깨달음을 구하려는 마음을 일으키고서 보살도(菩薩道)를 닦으실 때에 여덟 가지 대원(八大願)을 발원하셨다. 무엇이 여덟 가지인가?

첫 번째 대원은, '원하옵건대 내가 내세(來世)에 위없이 뛰어난 깨달음을 얻어 부처가 되었을 때, 만일 어떤 중생이 모든 병으로 인한 괴로움으로 그 몸이 쪼들리고 어려워지며, 열병과 학질과, 독충(毒蟲)으로 고(蠱)를 만들어 저주하거나 요사스런 방술(方術)로 저주하는 사악한 주술과, 주문(呪文)으로 일으킨 시체(起屍鬼) 등에 고통을 당하고 있더라도, 만일 능히 지극한 마음으로 나의 이름을 부르는 이는, 그 힘으로 말미암은 까닭에, 지니고 있던 병으로 인한 괴로움이 모두 다 사라져 없어지고, 나아가서는 위없이 뛰어난 깨달음을 증

득(證得)하도록 하겠나이다.'

두 번째 대원은, '원하옵건대 내가 내세에 최상의 깨달음을 얻어 부처가 되었을 때, 만일 어떤 중생이 눈이 멀고·귀머거리·벙어리·문둥병·간질(癎疾)·정신착란 등의 온갖 병으로 괴로움을 겪고 있더라도, 만일 능히 지극한 마음으로 나의 이름을 부르는 이는, 그 힘으로 말미암은 까닭에, 모든 육근(六根)을 완전하게 갖추고 온갖 병이 사라져 없게 하며, 나아가서는 최상의 깨달음에 이르게 하겠나이다.'

세 번째 대원은, '원하옵건대 내가 내세에 최상의 깨달음을 얻어 부처가 되었을 때, 만일 어떤 중생이 탐욕과 성냄과 어리석음에 얽혀 옥죄여 있으면서, 무간(無間)의 죄와 많은 악행(惡行)을 짓고, 바른 법을 비방하며, 선(善)한 일을 많이 행하지 않아서, 마땅히 지옥에 떨어져 수많은 고통을 받아야 하지만, 만일 능히 지극한 마음으로 나의 이름

을 부르는 이는, 그 힘으로 말미암은 까닭에, 무
간의 죄와 모든 업장이 모두 다 사라져 없어지고,
어떤 중생도 악도(惡道)에 떨어지는 이가 없이 항
상 인간과 천상에서 가장 뛰어난 안락함을 얻으
며, 나아가서는 최상의 깨달음에 이르게 하겠나이
다.'

네 번째 대원은, '원하옵건대 내가 내세에 최상의
깨달음을 얻어 부처가 되었을 때, 만일 어떤 중생
이 의복(衣服)과, 음식과, 영락(瓔珞)과, 침구(寢具)
와, 재물(財物)과, 진귀한 보배와, 향(香)과, 꽃과,
공양(供養)하기 위한 노래와 춤(歌舞) 등이 부족하
고 가난하더라도, 만일 능히 지극한 마음으로 나
의 이름을 부르는 이는, 그 힘으로 말미암은 까닭
에 가난하던 살림이 모두 가득하여져서 모자람이
없게 되고, 나아가서는 최상의 깨달음에 이르게
하겠나이다.'

다섯 번째 대원은, '원하옵건대 내가 내세에 최상

의 깨달음을 얻어 부처가 되었을 때, 만일 어떤 중생이 혹여 목에 칼(枷)을 쓰게 되고, 쇠사슬에 그 몸이 묶여서 매이며, 채찍으로 매를 맞아 온갖 고통과 괴로움을 받고 있더라도, 만일 능히 지극한 마음으로 나의 이름을 부르는 이는, 그 힘으로 말미암은 까닭에, 지니고 있던 고통과 괴로움에서 모두 해탈(解脫)을 얻게 하고, 나아가서는 최상의 깨달음에 이르게 하겠나이다.'

여섯 번째 대원은, '원하옵건대 내가 내세에 최상의 깨달음을 얻어 부처가 되었을 때, 만일 어떤 중생이 험난한 곳에서 온갖 흉악한 짐승들인 사나운 큰곰 · 사자 · 호랑이 · 표범 · 승냥이 · 이리 · 살무사 · 전갈 등에 해를 당해 그 목숨이 끊어지려고 하여, 소리 내어 크게 부르짖으면서 커다란 고통을 받을 때에, 만일 능히 지극한 마음으로 나의 이름을 부르는 이는, 그 힘으로 말미암은 까닭에, 지니고 있던 두려움과 무서움에서 모두 해탈을 얻게 하고, 온갖 흉악한 짐승들도 모두 자비심이 일어나서 항상 안락함을 얻게 하며, 나아가서는 최상의 깨달음에 이르게 하겠나이다.'

일곱 번째 대원은, '원하옵건대 내가 내세에 최상의 깨달음을 얻어 부처가 되었을 때, 만일 어떤 중생이 다투고 송사(訟事)하는 것으로 인하여 근심과 괴로움이 생겨나도, 만일 능히 지극한 마음으로 나의 이름을 부르는 이는, 그 힘으로 말미암은 까닭에, 다툼과 송사가 풀어져서 없어지고 자비의 마음으로 서로를 대하며, 나아가서는 최상의 깨달음에 이르게 하겠나이다.'

여덟 번째 대원은, '원하옵건대 내가 내세에 최상의 깨달음을 얻어 부처가 되었을 때, 만일 어떤 중생이 강과 바다에 들어가서 심하게 부는 모진 바람을 그 배가 만나게 되었으나, 돌아가 의지할 어떤 작은 섬도 없이 극심한 고통과 두려움이 커져가더라도, 만일 능히 지극한 마음으로 나의 이름을 부르는 이는, 그 힘으로 말미암은 까닭에, 모두가 뜻하는 대로 평온한 곳에 이르게 되어 많은 기쁨과 즐거움을 받게 하며, 나아가서는 최상의 깨달음에 이르게 하겠나이다.'

문수사리여! 이것이 저 부처님이신 여래·응공·정등각께서 보살도를 닦으실 때에 발원한 여덟 가지 미묘(微妙)한 대원(大願)이다.

또 저 세존께서 처음 깨달음을 구하려는 마음을 일으킨 때로부터, 항상 선정(禪定)의 힘으로써 중생이 깨달아 나아가게 하고, 여러 부처님께 공양하며, 부처님의 국토를 위엄(威嚴) 있고 청정하게 하며, 보살을 따르며 불법(佛法)을 닦는 대중들을 모두 다 원만하게 하니, 이러한 복덕(福德)은 불가사의(不可思議)하여서, 일체의 성문(聲聞)이나 모든 독각(獨覺)은 수많은 겁(劫)의 세월이 지날지라도 다 말할 수가 없으며, 오직 여래와 다음 생에 부처가 되는 일생보처보살(一生補處菩薩)만이 제외가 된다.

문수사리여! 만일 어떤 청정한 믿음을 지닌 남자와 여인이나, 또는 왕과 대신(大臣)과 장자(長者)와 거사(居士)가, 마음으로 복덕을 구하고 모든 번뇌(煩惱)가 끊어지기를 바란다면, 저 부처님의 명호를 부르고 이 경전을 소리 내어 읽으면서, 저 여래께 지극한 마음으로 존중하여 공양하면, 지니고 있던 일체의 죄가 될 악행과 업장과 온갖 병으로 인한 괴로움이 모두 다 사라져 없어지고, 원하여 구하는 모든 것이 뜻대로 되지 않음이 없으며, 깨달음에서 물러나지 않게 되고, 나아가서는 최상의 깨달음에 이르게 될 것이다.

또 문수사리여! 이곳에서 동쪽으로 다섯 개의 갠지스 강의 모래 수만큼 많은 불국토(佛國土)를 지나서 한 세계가 있으니, 이름은 묘보(妙寶)라 하며, 그 세계의 부처님의 명호는, 보월지엄광음자재왕여래(寶月智嚴光音自在王如來) · 응공(應供) · 정등각(正等覺)으로서, 헤아릴 수 없이 많은 수의 보살들에게 둘러싸여, 지금 법(法)을 설하고 계시니, 모두 대승(大乘)의 미묘하고 깊은 뜻을 널리 펴시는 것이다.

문수사리여! 저 여래불께서는 처음 깨달음을 구하려는 마음을 일으키고서 보살도(菩薩道)를 닦으실 때에 여덟 가지 대원(八大願)을 발원하셨다. 무엇이 여덟 가지인가?

첫 번째 대원은, '원하옵건대 내가 내세에 최상의 깨달음을 얻어 부처가 되었을 때, 만일 어떤 중생이 농사일이나 상인(商人)의 일을 꾸려가기 위하여 마음이 혼란하고 어지러워져서, 뛰어나고 훌륭한 바른 가르침(善法)인 깨달음의 지혜를 닦아 익히는 것을 그만두고, 생사(生死) 가운데서 벗어나지 못하여 저마다 끝이 없는 괴로움을 빠짐없이 받고 있더라도, 만일 능히 지극한 마음으로 나의 이름을 부르는 이는, 그 힘으로 말미암은 까닭에,

의복과 음식과 생필품과 금은보배가 원하는 대로 가득하게 채워지고, 지니고 있던 선근(善根)이 모두 더하여 늘게 되며, 또한 깨달음을 구하려는 마음(菩提心)을 멈추지 않고, 모든 악도(惡道)의 괴로움을 덜어서 해탈하며, 나아가서는 최상의 깨달음에 이르게 하겠나이다.'

두 번째 대원은, '원하옵건대 내가 내세에 최상의 깨달음을 얻어 부처가 되었을 때, 시방세계에 있는 중생이 만일 추위와 더위와 굶주림과 목마름에 쪼들려서 몸에 큰 고통과 괴로움을 받고 있더라도, 만일 능히 지극한 마음으로 나의 이름을 부르는 이는, 그 힘으로 말미암은 까닭에, 지난 세상의 죄업(罪業)이 모두 다 사라져 없어지고, 모든 고통과 괴로움을 버리고서 인간과 천상에서 즐거움을 누리며, 나아가서는 최상의 깨달음에 이르게 하겠나이다.'

세 번째 대원은, '원하옵건대 내가 내세에 최상의

깨달음을 얻어 부처가 되었을 때, 시방세계에 만일 어떤 여인이 음욕(婬慾)을 탐하는 번뇌로 항상 그 마음이 덮여 있고, 계속해서 아이를 배고 있어 몹시 밉고 추하며, 곧 아이를 낳으려는 때를 임하여 큰 고통과 괴로움을 받고 있더라도, 만일 나의 이름이 잠시라도 그 귀에 지나가거나, 또는 반복하여 부르고 생각하면, 그 힘으로 말미암은 까닭에, 온갖 고통이 모두 없어지고, 그 몸을 마치고 나면 항상 남자가 되며, 나아가서는 최상의 깨달음에 이르게 하겠나이다.'

네 번째 대원은, '원하옵건대 내가 내세에 최상의 깨달음을 얻어 부처가 되었을 때, 만일 어떤 중생이, 혹 부모나 형제자매나 처자권속(妻子眷屬)과 모든 친한 이들이 험난한 곳을 다니다가 도적에게 해를 당하게 되어 많은 고통과 괴로움을 받고 있어도, 잠시라도 나의 이름을 듣거나, 또는 반복하여 부르고 생각하면, 그 힘으로 말미암은 까닭에,

많은 어려움에서 해탈하고, 나아가서는 최상의 깨달음에 이르게 하겠나이다.'

다섯 번째 대원은, '원하옵건대 내가 내세에 최상의 깨달음을 얻어 부처가 되었을 때, 만일 어떤 중생이 어두운 밤에 다니며 여러 가지 사업(事業)을 하다가, 악한 귀신에게 마음이 어지러워짐을 당하여 몹시 근심하고 괴로워하며 살고 있어도, 잠시라도 나의 이름을 듣거나, 또는 반복하여 부르고 생각하면, 그 힘으로 말미암은 까닭에, 어둠 속에서 밝은 빛을 만나고, 모든 악한 귀신들도 자비한 생각을 내게 되며, 나아가서는 최상의 깨달음에 이르게 하겠나이다.'

여섯 번째 대원은, '원하옵건대 내가 내세에 최상의 깨달음을 얻어 부처가 되었을 때, 만일 어떤 중생이 더럽고 악한 일을 행하며, 삼보(三寶)를 믿지 않고, 지혜가 모자라 바른 가르침(善法)을 닦지 않아서, 다섯 가지 근본(五根)·다섯 가지 힘(五力)

· 일곱 가지 깨달음(七覺支) · 여덟 가지 올바른 길 (八正道)과, 바른 진실에서 벗어남을 알아차리고 (念) 바른 마음가짐으로 마음을 고요히 하며(定) 능히 지녀서 잃지 않는 지혜(總持)를 모두 배워 익히지 못하고 있더라도, 만일 능히 지극한 마음 으로 나의 이름을 부르는 이는, 그 힘으로 말미암 은 까닭에, 지혜가 점차로 자라나서 깨달음에 이 르는 서른일곱 가지의 수행법(三十七助道品)을 모 두 다 배워 익히고, 삼보를 깊이 믿으며, 나아가 서는 최상의 깨달음에 이르게 하겠나이다.'

일곱 번째 대원은, '원하옵건대 내가 내세에 최상 의 깨달음을 얻어 부처가 되었을 때, 만일 어떤 중생이 천하고 어리석은 것에 마음이 끌려, 성문 (聲聞)과 연각(緣覺)의 두 가지 길(二乘道)만을 수 행하며 살면서, 위없이 뛰어나고 훌륭한 깨달음의 지혜를 버리고 돌아서 있더라도, 만일 능히 지극 한 마음으로 나의 이름을 부르는 이는, 성문과 연각의 두 가지 작은 견해(見解)를 버리고 위없는 깨달음에서 물러나지 않게 되며, 나아가서는 최상의 깨달음에 이르게 하겠나이다.'

여덟 번째 대원은, '원하옵건대 내가 내세에 최상의 깨달음을 얻어 부처가 되었을 때, 만일 어떤 중생이 겁(劫)의 세월이 장차 다하여 불(火)이 일어나려고 하는 때를 생각하고는, 큰 걱정과 두려움으로 괴로워하고 슬피 우는 것은, 그 전생의 나쁜 업력으로 말미암은 까닭이니, 이런 온갖 괴로움을 받으며 돌아가 의지할 곳이 없더라도, 만일 능히 지극한 마음으로 나의 이름을 부르는 이는, 지니고 있던 걱정과 괴로움이 모두 다 사라져 없어지고 상쾌한 즐거움을 누리며, 그 목숨이 다하고 나면 나의 불국토에서 연꽃 속에 화생(化生)하여 항상 바른 가르침을 닦고, 나아가서는 최상의 깨달음에 이르게 하겠나이다.'

문수사리여! 이것이 저 부처님이신 여래·응공·

정등각께서 보살도를 닦으실 때에 발원한 여덟 가지 미묘(微妙)한 대원(大願)이다.

또 저 여래께서 계시는 불국토는 드넓어 위엄 있고 청정하며 대지가 평평하기가 손바닥과 같은데, 천상(天上)의 묘한 향나무가 줄지어 늘어서서 천상의 꽃으로 두루 뒤덮여 있고, 천상의 묘한 방울이 여기저기 매달려 천상의 음악을 항상 울려 퍼지게 하며, 천상의 보배로 사자좌(師子座)를 장엄하였고, 천상의 보배로 둘레에 계단을 쌓아서 묘하게 꾸며 놓은 목욕하는 못(池)이 많이 있으며, 그 땅은 모두 깨진 기와 조각이나 자갈이 없이 부드럽고 고우며, 또한 여인이나 모든 번뇌가 없이 모두 깨달음에서 물러나지 않는 많은 보살대중이 연꽃 속에 화생하여 있어서, 만일 마음을 일으키면 음식과 의복과 모든 생필품이 뜻하는 대로 앞에 나타나므로, 이런 까닭에 묘보(妙寶)세계라 이름 한다.

문수사리여! 만일 어떤 청정한 믿음을 지닌 남자
와 여인이나, 국왕과 왕자와 대신과 재상(宰相)과
왕후와 궁녀들이, 밤낮에 여섯 때(六時)로 소중히
하는 지극한 마음으로 저 불세존께 공경하여 공양
하고 명호를 부르며, 아울러 형상(形像)을 만들어
서 향기로운 꽃과 음악과 사르는 향(燒香)과 가루
향(末香)과 바르는 향(塗香)을 받들어 올리고, 청정
하고 엄격하게 칠일 동안 팔계재(八戒齋)를 지키
면서, 많은 중생들에게 자비한 생각을 일으키고는
그 국토에 나기를 원한다면, 저 불세존과 모든 보
살들이 그 사람을 보살펴 주어서 일체의 죄업이
모두 다 사라져 없어지고 위없는 깨달음에서 물러
나지 않게 되며, 탐욕과 성냄과 어리석음이 점차
로 미약해지고, 온갖 병으로 인한 괴로움이 없어
져서 수명이 더하여 늘게 되며, 바라고 구하는 것
을 따라 모두 다 뜻대로 되고, 싸우던 원수가 모
두 기뻐하고 즐거워하며, 그 몸을 버리고 나면 그

불국토에 가서 연꽃 속에 화생하고서, 마땅히 그때에 바른 진실에서 벗어남을 알아차리고(念) 바른 마음가짐으로 마음을 고요히 하며(定) 능히 지녀서 잃지 않는 지혜(總持)를 모두 다 분명히 알게 될 것이다.

문수사리여! 이와 같이 마땅히 알아라. 저 부처님의 명호와 헤아릴 수 없이 많은 공덕을 만일에 듣게 되는 이라면 원하는 것이 모두 이루어지게 될 것이다.

또 문수사리여! 이곳에서 동쪽으로 여섯 개의 갠지스 강의 모래 수만큼 많은 불국토(佛國土)를 지나서 한 세계가 있으니, 이름은 원만향적(圓滿香積)이라 하며, 그 세계의 부처님의 명호는, 금색보광묘행성취여래(金色寶光妙行成就如來)·응공(應供)·정등각(正等覺)으로서, 헤아릴 수 없이 많은 수의 보살들에게 둘러싸여, 지금 법(法)을 설하고 계신다.

문수사리여! 저 여래불께서는 처음 깨달음을 구하

려는 마음을 일으키고서 보살도(菩薩道)를 닦으실 때에 네 가지 대원(四大願)을 발원하셨다. 무엇이 네 가지인가?

첫 번째 대원은, '원하옵건대 내가 내세에 최상의 깨달음을 얻어 부처가 되었을 때, 만일 어떤 중생이 갖가지의 죽이고 해치는 업(業)을 지어 많은 생명을 끊고서는, 그 악업(惡業)으로 말미암아 지옥의 고통을 받게 되고, 설령 사람으로 나게 되어도 수명이 짧고 병이 많으며, 혹은 물과 불과 칼과 독(毒)의 해침을 만나 곧 죽으려 할 고통을 받고 있더라도, 만일 나의 이름을 듣고 지극한 마음으로 부르고 생각하면, 그 힘으로 말미암은 까닭에, 지니고 있던 악업이 모두 다 사라져 없어지고, 병이 없이 오래 살면서 횡사(橫死)를 당하지 않으며, 나아가서는 최상의 깨달음에 이르게 하겠나이다.'

두 번째 대원은, '원하옵건대 내가 내세에 최상의

깨달음을 얻어 부처가 되었을 때, 만일 어떤 중생이 많은 악업을 짓고 남의 재물을 훔치다가 마땅히 악도(惡道)에 떨어지거나, 설령 사람으로 나게 되어도 가난하여 살기가 어려운 집에 나서는 의복과 음식이 모자라 항상 많은 괴로움을 받고 있더라도, 만일 나의 이름을 듣고 지극한 마음으로 부르고 생각하면, 그 힘으로 말미암은 까닭에, 지니고 있던 악업이 모두 다 사라져 없어지고 의복과 음식이 모자라는 것이 없으며, 나아가서는 최상의 깨달음에 이르게 하겠나이다.'

세 번째 대원은, '원하옵건대 내가 내세에 최상의 깨달음을 얻어 부처가 되었을 때, 만일 어떤 중생이 번갈아가며 서로를 업신여겨 깔보면서 모두 원수로 갈라져 있게 되었더라도, 만일 나의 이름을 듣고 지극한 마음으로 부르고 생각하면, 그 힘으로 말미암은 까닭에, 저마다 자비한 마음이 일어나서 오히려 부모와 같아지며, 나아가서는 최상의

깨달음에 이르게 하겠나이다.'

네 번째 대원은, '원하옵건대 내가 내세에 최상의 깨달음을 얻어 부처가 되었을 때, 만일 어떤 중생이 탐욕과 성냄과 어리석음에 얽매여 있거나, 또는 비구·비구니·식차마나·사미·사미니·우바새·우바이 등의 출가(出家)와 재가(在家)의 남녀 칠중(七衆)이 부처님께서 제정하신 계율(戒律)을 깨뜨려 범하여 많은 악업을 짓고는 마땅히 지옥에 떨어져 많은 괴로운 과보(果報)를 받게 되었더라도, 만일 나의 이름을 듣고 지극한 마음으로 부르고 생각하면, 그 힘으로 말미암은 까닭에, 지니고 있던 악업이 모두 다 사라져 없어지고 모든 번뇌가 끊어지며, 경건하게 계(戒: 尸羅)를 받들어 몸과 말과 마음을 잘 지켜서 보호하여 영원히 깨달음에서 물러나지 않고, 나아가서는 최상의 깨달음에 이르게 하겠나이다.'

문수사리여! 이것이 저 부처님이신 여래·응공·

정등각께서 보살도를 닦으실 때에 발원한 네 가지 미묘(微妙)한 대원(大願)이다.

문수사리여! 또 저 여래께서 계시는 불국토는 드넓어 위엄 있고 청정하며, 손바닥과 같이 평평한 대지는 모두 보배로 이루어져 있어서, 항상 향기로운 냄새가 나는 것이 묘한 전단향(旃檀香)과 같은데 다시 또 향나무가 줄지어 늘어서 있고, 천상의 묘한 진주영락(眞珠瓔珞)과 마니보주(摩尼寶珠) 등의 보배가 곳곳마다 늘어뜨려져 있으며, 천상의 보배로 둘레에 계단을 쌓아서 꾸며 놓은 많은 목욕하는 못(池)에는 향기로운 물이 많은 공덕(功德)을 모두 갖추어 가득하게 차있고, 그 사방의 주위에는 색색(色色)의 비단이 드리워져 있으며, 시가지(市街地)의 팔방(八方)으로는 어느 곳에나 장엄을 하였으니, 거기에 있는 중생은 모든 번뇌와 근심과 슬픔과 괴로움이 없고, 또 여인이 없으며, 대부분이 진리(眞理)에 안주(安住)하는 자리(地)에 오른 많은 보살 대중들로서, 뛰어나고 묘한 음악이 연주하지 않아도 저절로 울리면서 대승의 미묘하고 깊은 법을 널리 펴서 설하니, 만일 어떤 중생이든 그 소리를 듣는 이라면, 위없는 깨달음에서 물러나지 않게 될 것이다.

문수사리여! 저 여래불께서는 옛적의 원력(願力)과 훌륭한 교화의 방편(善巧方便)으로 말미암아 불국토를 원만히 장엄하여 이루시고, 깨달음의 자리(菩提座)에 앉아서 이와 같이 생각하시기를, '미래 세상에 이러한 중생이 있으리니, 탐욕과 성냄과 어리석음에 얽매어 있어 많은 병에 시달리고, 원수가 덮쳐들어 혹은 때로 횡사하며, 또 악업으로 인하여 지옥에 떨어져 극심한 괴로움을 받게 되리라.' 하셨다.

저 부처님께서는 이렇게 괴로워하고 번뇌하는 중생을 생각하시고 업장을 없애 주시기 위하여 이 신주(神呪)를 설하여 그들로 하여금 받아 지니게 하였으니, 현세(現世)에 큰 이익을 얻어 많은 괴로움을 멀리 여의고 깨달음의 지혜에 머무르게 하는 까닭이다.

이제 주문(呪文)을 설하리라."

金色寶光妙行成就如來陀羅尼

"달질타 실제실제 소실제 모제니 목찰니 목제비목제 암말려비말려 망갈례 희란야 갈비알라달나 갈비 살바알타 사단니 발라마알타 사단니 말날세 모하말날세 알보제 알실보제 비다바예 소발니 발라함마구시가 발라함마주시제 살바알체수 아발라잡제 살발달라 아발리저할제 제도살슬치 발타구지바시제 납마사바 달타갈다남 사바하"

[타드야타 싣데 싣데 소싣데 모카니 막사니 묵티 비묵티 아마레 비마레 맘걸리 히란야 가비 라트나 가비 사르바타 수다니 파라마타 수다니 마나세 마하마

나세 아드보트 아티아드보트 비타바예 수바니 브라흐
마고스 브라흐마듀시테 사르바 아테수 아파라지테 사
르바트라 아프라티하테 챠투 사스티 부타코티 바시테
나마 사르바 타타가타남 스바하]

그때에 세존께서 이런 뛰어난 힘을 지닌 크게 밝
은 주문(呪文)을 설하시자, 대중 가운데에 있던 많
은 큰 보살들과 사대천왕(四大天王)과 제석(帝釋)
과 범왕(梵天) 등이 찬탄하며 말씀드렸다.
"훌륭하고 훌륭하십니다. 대비하신 세존이시여!
이와 같이 과거 여래불의 뛰어난 힘을 지닌 신주
(神呪)를 능히 설하신 것은, 헤아릴 수 없이 많은
중생을 널리 이익되게 하기 위함이시니, 번뇌의
바다를 마르게 하고, 열반(涅槃)의 언덕에 오르게
하며, 질병을 없애버리고, 원하는 것을 모두 만족
하게 하시옵니다."
부처님께서 대중들에게 말씀하셨다.

"만일 어떤 청정한 믿음을 지닌 남자와 여인이나, 국왕과 왕자와 대신과 재상(宰相)과 왕후와 궁녀들이 진정으로 복덕을 바라여서 이 신주(神呪)를 의지하여 공경하며 믿는 마음을 일으키고는, 혹은 소리 내어 읽고, 혹은 외우며, 혹은 다른 이를 위하여 그 뜻을 말하여 주고, 모든 중생에게 크게 불쌍히 여기는 마음을 일으켜 밤낮에 여섯 때(六時)로 향과 꽃과 등과 초를 소중한 마음으로 공양하고, 청정하게 몸을 씻고 팔계재(八戒齋)를 지키면서, 지극한 정성으로 생각하며 외운다면, 지니고 있던 극히 무겁고 끝이 없는 업장이 모두 다 사라져 없어지고, 지금의 몸 가운데 모든 번뇌가 떠나가며, 목숨을 마치려 할 때에는 모든 부처님께서 보살펴 주시어 바로 그 국토의 연꽃 속에 화생하게 될 것이다.

또 문수사리여! 이곳에서 동쪽으로 일곱 개의 갠지스 강의 모래 수만큼 많은 불국토(佛國土)를 지나서 한 세계가 있으니, 이름은 무우(無憂)라 하며, 그 세계의 부처님의 명호는, 무우최승길상여래(無憂最勝吉祥如來)·응공(應供)·정등각(正等覺)으로서, 지금 그 곳의 대중을 위하여 법(法)을 설하고 계신다.

또 저 여래께서 계시는 불국토는 드넓어 위엄 있고 청정하며, 손바닥과 같이 평평한 대지는 모두 보배로 이루어져 있는데 아주 매끄럽고 부드러우며, 항상 향기로운 냄새가 나고, 근심하고 괴로워하는 소리가 없이 모든 번뇌를 여의었으며, 또한 악도(惡道)와 여인(女人)의 이름이 없고, 곳곳마다 모두 금으로 둘레에 계단을 쌓아 놓은 목욕하는 못(池)이 있어서 향기로운 물이 가득하게 차있고, 보배 나무가 줄지어 늘어서 있어 꽃과 과일이 풍성하며, 뛰어나고 묘한 음악이 연주하지 않아도 저절로 울리는 것이, 비유하면 서방극락세계 무량수(無量壽)국토의 공덕 장엄과 같다.

문수사리여! 저 불세존께서는 보살도(菩薩道)를 닦으실 때에 네 가지 대원(四大願)을 발원하셨다. 무엇이 네 가지인가?

첫 번째 대원은, '원하옵건대 내가 내세에 최상의 깨달음을 얻어 부처가 되었을 때, 만일 어떤 중생이 항상 근심과 괴로움에 얽매여 쪼들려 있더라도, 만일 나의 이름을 듣고 지극한 마음으로 부르고 생각하면, 그 힘으로 말미암은 까닭에, 지니고 있던 근심과 슬픔과 모든 괴로움과 번뇌가 모두 다 사라져 없어지고 오래도록 평안하게 살며, 나아가서는 최상의 깨달음에 이르게 하겠나이다.'

두 번째 대원은, '원하옵건대 내가 내세에 최상의 깨달음을 얻어 부처가 되었을 때, 만일 어떤 중생이 살아 있을 때 많은 악업을 짓다가 무간(無間)과 흑암(黑闇)의 대지옥(大地獄)에 떨어져 온갖 고통과 괴로움을 받게 되었더라도, 그가 지난 세상에 나의 이름을 들었다면 그로 인하여 내가 그때에 몸에서 광명을 내어 고통 받는 이를 비추어 주리니, 그 힘으로 말미암은 까닭에 그가 광명을 보는 즉시 지니고 있던 업장이 모두 다 사라져 없어지고 많은 고통에서 해탈하여, 인간이나 천상에 나서 뜻하는 대로 즐거움을 누리며, 나아가서는 최상의 깨달음에 이르게 하겠나이다.'

세 번째 대원은, '원하옵건대 내가 내세에 최상의 깨달음을 얻어 부처가 되었을 때, 만일 어떤 중생이 살생과 도둑질과 사음(邪婬) 등의 많은 악업을 지어, 현세에서 그 몸이 칼과 몽둥이로 고통을 받다가 곧 악도에 떨어지려 하거나, 설령 사람의 몸을 얻어도 수명이 짧고 병이 많으며, 가난하고 천한 집에 나서 의복과 음식이 전부 다 모자라 항상 추위와 더위와 굶주림과 목마름 등으로 괴로움을 당하여 몸에 광택이 없고, 마음에 느끼기에 권속(眷屬)들이 모두 어질거나 착하지 않더라도, 만일 나의 이름을 듣고 지극한 마음으로 부르고 생각하면, 그 힘으로 말미암은 까닭에, 원하고 구하는 바에 따라 음식과 의복이 모두 다 충분하게 가득차고, 저 모든 천상의 부처님들과 같이 몸의 광채가 자애(慈愛)스러우며, 좋은 권속을 얻게 되고, 나아가서는 최상의 깨달음에 이르게 하겠나이다.'

네 번째 대원은, '원하옵건대 내가 내세에 최상의 깨달음을 얻어 부처가 되었을 때, 만일 어떤 중생이 수시로 야차(藥叉)와 여러 악한 귀신에게 희롱당해 마음이 어지러워져서 그의 정기(精氣)를 빼앗기고 많은 고통과 괴로움을 받고 있더라도, 만일 나의 이름을 듣고 지극한 마음으로 부르고 생각하면, 그 힘으로 말미암은 까닭에, 모든 야차 등이 모두 다 물러나 흩어지고 저마다 자비심을 일으켜 온갖 괴로움에서 해탈하며, 나아가서는 최상의 깨달음에 이르게 하겠나이다.'

문수사리여! 이것이 저 부처님이신 여래·응공·

정등각께서 발원한 네 가지 미묘(微妙)한 대원(大願)이다.

만일 어떤 중생이 저 부처님의 명호를 듣고 밤낮에 여섯 때(六時)로 명호를 부르며 공경하여 예배하고, 지극한 마음으로 공양하면서 중생들에게 자비한 마음을 일으키고 산다면, 업장이 사라져 없어지고 근심과 괴로움에서 해탈하여 병이 없이 오래 살며, 숙명(宿命)을 아는 지혜를 얻어 모든 부처님 국토에서 연꽃 속에 화생하여 항상 모든 하늘이 지키고 보호해 주게 될 것이다.

문수사리여! 저 부처님의 명호를 부르면 능히 이와 같이 헤아릴 수 없이 많은 복(福)을 받을 만한 행업(行業)이 생겨나니, 원력으로 장엄한 그 불국토의 뛰어난 공덕은 성문(聲聞)이나 독각(獨覺)은 알 수가 없으며, 오직 여래·응공·정등각만이 제외가 된다.

또 문수사리여! 이곳에서 동쪽으로 여덟 개의 갠

지스 강의 모래 수만큼 많은 불국토(佛國土)를 지나서 한 세계가 있으니, 이름은 법당(法幢)이라 하며, 그 세계의 부처님의 명호는, 법해뢰음여래(法海雷音如來)·응공(應供)·정등각(正等覺)으로서, 지금 법(法)을 설하고 계신다.

문수사리여! 저 불세존께서 계시는 국토는 청정하여 더러움이 없으며, 그 땅은 반듯하고 파리(頗梨: 水晶)로 이루어져서 항상 밝고 환하며 향기로운 냄새가 짙게 흐르고, 성곽(城郭)은 제석천의 푸른 보배로 쌓았으며, 시가지(市街地)의 팔방(八方)으로는 금과 은으로 둘레에 계단을 쌓아 놓았고, 누각(樓閣)과 전당(殿堂)의 용마루와 문과 창과 난간(欄干)이 모두 많은 보배로 꾸며졌으며, 천상의 향기로운 보배 나무가 어디에나 줄지어 늘어서 있어 그 가지 위에는 천상의 비단이 걸렸고, 또 보배 방울이 곳곳마다 늘어뜨려져 있어 부드러운 바람이 불면 흔들려 묘한 소리가 나면서, '일체 존재

(五蘊)는 항상 하지 않으니(無常), 항상 하지 않은 것은 괴로움(苦)이며, 괴로운 것은 나가 아니며(非我), 나가 아닌 것은 공(空)이며, 공(空)인 것은 있는 것도 아니고 있지 않는 것도 아니니(中道) 또한 다시 나가 아니다(苦空無常無我: 無常苦空非我).'는 법을 널리 설하니, 중생이 그것을 들으면 번뇌의 속박을 끊어 버리고 쌓여진 업(: 習氣)을 점차로 없애어서 심히 깊은 선정(禪定)을 깨닫게 되며, 천상의 묘한 향과 꽃이 분분히 흩날리며 내리는데, 그곳의 사방에 있는 목욕하는 못(池)의 바닥에는 금모래가 깔려서 향기로운 물이 가득하게 차 있다.

문수사리여! 그 불국토에는 모든 악도(惡道)가 없고 또한 여인(女人)이 없으며 연꽃 속에 화생하여서 다시는 번뇌가 없다.

저 여래불께서는 보살도(菩薩道)를 닦으실 때에 네 가지 대원(四大願)을 발원하셨다. 무엇이 네 가지인가?

첫 번째 대원은, '원하옵건대 내가 내세에 최상의 깨달음을 얻어 부처가 되었을 때, 만일 어떤 중생이 그릇된 견해를 가진 집안에 나서 불법승(佛法僧)에 청정한 믿음을 내지 않고 위없는 깨달음의 마음에서 멀리 떠나 있더라도, 만일 나의 이름을 듣고 지극한 마음으로 부르고 생각하면, 그 힘으로 말미암은 까닭에, 무명(無明)과 삿된 지혜가 하룻밤에 사라져 없어지고 삼보(三寶)에 깊이 바른 믿음을 내어 다시는 물러나지 않으며, 나아가서는 최상의 깨달음에 이르게 하겠나이다.'

두 번째 대원은, '원하옵건대 내가 내세에 최상의 깨달음을 얻어 부처가 되었을 때, 만일 어떤 중생이 극락정토의 변두리 땅에 살면서 나쁜 친구를 가까이하고 많은 죄업(罪業)을 지으며, 선정(禪定)을 원만히 이루는 것(善品: 根本定)을 닦지 않고, 삼보의 이름을 이전에 들어보지도 못하다가, 목숨이 다하고 나면 삼악도(三惡道)에 떨어지게 되었어도, 그 모든 중생들이 잠시라도 나의 이름을 들은 이는, 그 힘으로 말미암은 까닭에, 업장이 사라져 없어지고 선지식(善知識)을 만나 악도에 떨어지지 않으며, 나아가서는 최상의 깨달음에 이르게 하겠나이다.'

세 번째 대원은, '원하옵건대 내가 내세에 최상의 깨달음을 얻어 부처가 되었을 때, 만일 어떤 중생이 의복과 음식과 침구와 의약과 생필품 등 필요한 것이 전부 다 모자라서, 이러한 까닭으로 인하여 큰 근심과 괴로움이 생기고, 그를 구하고 찾기 위해 많은 악업을 짓고 있더라도, 만일 나의 이름을 듣고 지극한 마음으로 부르고 생각하면, 그 힘으로 말미암은 까닭에, 모자라던 것들을 생각한대로 모두 얻게 되며, 나아가서는 최상의 깨달음에 이르게 하겠나이다.'

네 번째 대원은, '원하옵건대 내가 내세에 최상의

깨달음을 얻어 부처가 되었을 때, 만일 어떤 중생이 전생의 악업으로 인하여 서로 다투고 이익됨이 없는 일을 행하며, 화살과 칼과 몽둥이로 서로를 상하게 되었더라도, 만일 나의 이름을 듣고 지극한 마음으로 부르고 생각하면, 그 힘으로 말미암은 까닭에, 저마다 자비심을 일으켜 서로 해를 끼치지 않고 나쁜 생각조차도 생겨나지 않게 되니, 하물며 앞에 있는 사람의 그 목숨을 끊으려 하겠는가.

항상 기뻐하는 마음(喜)과 탐욕에서 벗어나 원망이나 미움 없이 평등하게 대하는 마음(捨)을 행하며, 나아가서는 최상의 깨달음에 이르게 하겠나이다.'

문수사리여! 이것이 저 부처님이신 여래·응공·정등각께서 보살도를 닦으실 때에 발원한 네 가지 미묘(微妙)한 대원(大願)이다.

만일 어떤 청정한 믿음을 지닌 남자와 여인이 저 부처님의 명호를 듣고 지극한 마음으로 예배하고 공손하게 공양하면서 받아 지녀 생각하고 외운다면, 업장이 사라져 없어지고 깨달음의 마음에서 물러나지 않으며, 숙명(宿命)을 아는 지혜를 갖추어 나는 곳마다 항상 부처님을 뵙고 병이 없이 오래 살며, 목숨이 다하고 나면 그 국토에 나서 의복과 음식과 생필품이 생각한대로 모두 갖추어져서 모자라는 것이 없게 될 것이다.

문수사리여! 저 불세존께서는 이와 같이 헤아릴 수 없이 많은 공덕을 온전하게 갖추고 계시니, 이런 까닭에 중생들은 마땅히 항상 기억하고 생각하며 잊지 않도록 해야 한다.

또 문수사리여! 이곳에서 동쪽으로 아홉 개의 갠지스 강의 모래 수만큼 많은 불국토(佛國土)를 지나서 한 세계가 있으니, 이름은 선주보해(善住寶海)라 하며, 그 세계의 부처님의 명호는, 법해승혜유희신통여래(法海勝慧遊戲神通如來)·응공(應供)·정등각(正等覺)으로서, 지금 법(法)을 설하고 계신다.

문수사리여! 저 여래불께서는 보살도(菩薩道)를 닦으실 때에 네 가지 대원(四大願)을 발원하셨다. 무엇이 네 가지인가?

첫 번째 대원은, '원하옵건대 내가 내세에 최상의 깨달음을 얻어 부처가 되었을 때, 만일 어떤 중생이 많은 악업을 지으면서, 씨를 뿌려 심거나 밭을 갈며 김을 매다가도 많은 생명을 해치고, 혹은 거래를 행하며 남을 속이기를 거듭하며, 싸움터에서 병기(兵器)로 수시로 사람을 해쳐서 죽이려고 하더라도, 만일 나의 이름을 듣고 지극한 마음으로 부르고 생각하면, 그 힘으로 말미암은 까닭에, 생필품을 찾아 구하지 않아도 뜻하는 대로 풍족하고 넉넉해지며, 항상 많은 선업(善業)을 닦고서, 나아가서는 최상의 깨달음에 이르게 하겠나이다.'

두 번째 대원은, '원하옵건대 내가 내세에 최상의 깨달음을 얻어 부처가 되었을 때, 만일 어떤 중생이 열 가지 악업과 살생(殺生) 등의 죄를 짓고, 이러한 까닭으로 인하여 마땅히 지옥에 떨어지려고 하여도, 만일 나의 이름을 듣고 지극한 마음으로 부르고 생각하면, 열 가지 선업을 모두 이루고서 악도에 떨어지지 않으며, 나아가서는 최상의 깨달음에 이르게 하겠나이다.'

세 번째 대원은, '원하옵건대 내가 내세에 최상의 깨달음을 얻어 부처가 되었을 때, 만일 어떤 중생이 자유로움을 얻지 못하고서 남에게 얽매여 딸려 있거나, 혹은 쇠고랑과 칼(枷)과 쇠사슬에 묶이고 갇혀서 채찍과 몽둥이로 고초(苦楚)를 당하고 심지어 극형(極刑)에까지 이르게 되어도, 만일 나의 이름을 듣고 지극한 마음으로 부르고 생각하면, 그 힘으로 말미암은 까닭에, 지니고 있던 액난(厄難)에서 모두 해탈을 얻고, 나아가서는 최상의 깨달음에 이르게 하겠나이다.'

네 번째 대원은, '원하옵건대 내가 내세에 최상의 깨달음을 얻어 부처가 되었을 때, 만일 어떤 중생이 많은 악업을 지으면서 삼보를 믿지 않고는, 거짓되어 망령된 견해로 올바른 도리(道理)를 저버리고 삿된 무리를 좋아하며, 부처님의 가르침을 비방하고 성현의 말씀을 그르다고 말하며, 불법에 어긋나는 견해를 지닌 외도(外道)의 서적(書籍)을 공경하여 받아 지니고 스스로 남을 가르친다고 하면서 함께 미혹(迷惑)만 생기게 하다가, 마땅히 지옥에 떨어져서 벗어날 기약이 없게 되거나, 설령 사람이 되어도 부처님의 가르침을 만나기 어려운 여덟 곳(八難處)에 나서 바른 이치(理致)를 멀리하고, 지혜의 눈이 없어 바른 도리를 분별하지 못하게 되니, 이와 같은 사람이 만일 나의 이름을 듣고 지극한 마음으로 부르고 생각하면, 그 힘으로 말미암은 까닭에, 목숨이 다할 때에 이르면 또렷이 바르게 기억하여 알아차려서(正念) 많은 어려움에서 해탈하고, 항상 좋은 곳에 나서 뛰어나고 묘한 즐거움을 누리며, 나아가서는 최상의 깨달음

에 이르게 하겠나이다.'

문수사리여! 이것이 저 부처님이신 여래·응공·정등각께서 보살도를 닦으실 때에 발원한 네 가지 미묘(微妙)한 대원(大願)이다.

문수사리여! 그 불국토의 공덕장엄은 앞에서의 묘보여래(妙寶如來)의 세계와 똑같아서 다름이 없다.

[또 문수사리여! 이곳에서 동쪽으로 열 개의 갠지스 강의 모래 수만큼 많은 불국토(佛國土)를 지나서 한 세계가 있으니, 이름은 정유리(淨琉璃)라 하며, 그 세계의 부처님의 명호는, 약사유리광여래(藥師琉璃光如來)·응공(應供)·정등각(正等覺)·명행원만(明行圓滿)·선서(善逝)·세간해(世間解)·무상장부(無上丈夫)·조어사(調御士)·천인사(天人師)·불(佛)·박가범(薄伽梵)이시니라.

문수사리여! 저 불세존이신 약사유리광여래불께서는 과거 보살도(菩薩道)를 닦으실 때에, 모든 유정들로 하여금 원하는 것을 모두 얻을 수 있도록

십이대원(十二大願)을 발원하셨다. 무엇이 십이대
원인가?

첫 번째 대원은, '원하옵건대 내가 내세에 아뇩다
라삼먁삼보리를 얻어 부처가 되었을 때, 나의 몸
은 찬란히 빛나는 광명이 있어 한량없고 헤아릴
수 없으며 끝없이 많은 세계를 두루 비추고, 서른
두 가지 대장부의 모습과 팔십 가지 아름다운 모
습으로 그 몸을 장엄할 것이되, 일체 유정들의 몸
도 나의 몸과 다름이 없게 하겠나이다.'

두 번째 대원은, '원하옵건대 내가 내세에 최상의
깨달음을 얻어 부처가 되었을 때, 나의 몸은 유리
처럼 안과 밖이 투명하고 깨끗해서 더러운 때가
없으며, 광명은 광대하고 공덕은 높고도 크며, 해
와 달의 광명보다 훨씬 더한 광명으로 장엄한 보
배 그물에 적정(寂靜)하게 머물러 있으면서, 캄캄
한 어둠속에 있는 중생들을 모두 환히 밝혀 주어,
뜻하여 나아가는 대로 모든 일들이 이루어지도록

하겠나이다.'

세 번째 대원은, '원하옵건대 내가 내세에 최상의 깨달음을 얻어 부처가 되었을 때, 한량없고 끝이 없는 지혜방편으로 모든 유정들로 하여금 필요한 물건들을 다함이 없이 얻게 하며, 중생들이 부족한 것이 없도록 하겠나이다.'

네 번째 대원은, '원하옵건대 내가 내세에 최상의 깨달음을 얻어 부처가 되었을 때, 만일 어떤 유정들이 삿된 길을 행하고 있으면, 모두 바른 깨달음의 도리(道理) 가운데에 편안히 머물게 하며, 만일 성문(聲聞)과 독각(獨覺: 辟支佛)의 수행을 하는 이들이 있으면 모두 대승(大乘)에 편안히 머물도록 하겠나이다.'

다섯 번째 대원은, '원하옵건대 내가 내세에 최상의 깨달음을 얻어 부처가 되었을 때, 만일 한량없고 끝이 없는 유정들이 나의 법(法) 가운데서 맑고 깨끗한 행실로 수행한다면, 일체 모두에게 결

함이 없는 계(戒)인 삼취정계(三聚淨戒)를 갖추게
하며, 설령 계를 깨뜨려 범하였을지라도 나의 이
름을 들으면, 다시 청정함으로 돌아와서 악도(惡
道)에 떨어지지 않도록 하겠나이다.'

여섯 번째 대원은, '원하옵건대 내가 내세에 최상
의 깨달음을 얻어 부처가 되었을 때, 만일 어떤
유정들이 그 몸이 비루(鄙陋)하고 육근(六根)이 온
전하지 못하여(不具), 추하고 천하며 둔하고 어리
석으며, 눈이 멀고·귀머거리·벙어리·손발이 오
그라지고·앉은뱅이·곱사등이·문둥병·정신착란
등의 갖가지 병으로 고통을 받고 있어도, 나의 이
름을 들으면 일체 모두가 단정하고 총명한 지혜를
얻으며, 육근을 완전하게 갖추고 온갖 질병의 고
통이 없게 하겠나이다.'

일곱 번째 대원은, '원하옵건대 내가 내세에 최상
의 깨달음을 얻어 부처가 되었을 때, 만일 어떤
유정들이 온갖 병에 시달려 절박하지만, 구하여

주거나 의탁할 곳이 없고, 의원도 약도 없으며, 친척이나 가족도 없고, 가난하고 궁하여 고통이 많더라도, 나의 이름이 단 한 번만이라도 그 귓가에 스쳐 지나가기만 하면, 온갖 병이 다 없어지고 몸과 마음이 안락하며, 집안 권속들과 재물을 모두 다 풍족하게 갖추고, 나아가서는 위없는 깨달음을 증득(證得)하도록 하겠나이다.'

여덟 번째 대원은, '원하옵건대 내가 내세에 최상의 깨달음을 얻어 부처가 되었을 때, 만일 어떤 여인이 여자의 온갖 나쁜 일로 고통을 받아 심히 싫어하는 마음이 나서 여자의 몸을 버리기를 원하다가, 나의 이름을 들으면 일체 모두 여자가 바뀌어서 남자로 되어 대장부(大丈夫)의 모습을 갖추고, 나아가서는 위없는 깨달음을 증득하도록 하겠나이다.'

아홉 번째 대원은, '원하옵건대 내가 내세에 최상의 깨달음을 얻어 부처가 되었을 때, 모든 유정들로 하여금 마구니의 올가미 그물에서 벗어나게 하고, 모든 외도(外道)들의 얽매임에서 해탈(解脫)하게 하며, 만일 갖가지 나쁜 견해에 빠져서 온갖 번뇌가 얽히고 들끓어(稠林) 있으면, 모두를 마땅히 바른 견해로 인도하고, 점차로 많은 보살행을 닦게 하여 속히 위없이 바른 깨달음을 증득하도록 하겠나이다.'

열 번째 대원은, '원하옵건대 내가 내세에 최상의 깨달음을 얻어 부처가 되었을 때, 만일 어떤 유정들이 국법(國法)에 단속(團束)되어, 포승(捕繩)에 묶여 채찍으로 매를 맞고 죄인으로 감옥에 갇히며, 혹은 사형을 당하게 되고, 한없는 재난과 능욕을 당해 슬픔과 근심으로 절박하여 몸과 마음에 고통을 받고 있더라도, 만일 나의 이름을 들으면 나의 복덕과 위신력으로써 일체의 근심과 고통에서 모두 해탈을 얻도록 하겠나이다.'

열한 번째 대원은, '원하옵건대 내가 내세에 최상의

깨달음을 얻어 부처가 되었을 때, 만일 어떤 유정들이 굶주림과 목마름으로 괴로워하여, 먹을 것을 구하기 위해 많은 악업을 짓는다 해도, 나의 이름을 듣고 오로지 한 생각으로 받아 지니면, 나는 마땅히 먼저 최상의 묘한 음식으로 그 몸을 배부르게 하고, 그 후에 미묘(微妙)한 진리의 불법(佛法)으로써 필경에는 안락함을 이루게 하겠나이다.'

열두 번째 대원은, '원하옵건대 내가 내세에 최상의 깨달음을 얻어 부처가 되었을 때, 만일 어떤 유정들이 가난하여 입을 옷이 없어서, 모기(蚊)와 등에(虻)와 추위와 더위에 밤낮으로 괴로워하더라도, 나의 이름을 듣고 오로지 한 생각으로 받아 지니면, 그들이 좋아하는 대로 즉시에 갖가지 최상의 묘한 옷을 얻게 하고, 또한 온갖 보배로 된 장엄구와 꽃다발과 향료를 얻게 하며, 북을 치고 노래하며 춤추는 많은 사람들이 따르게 하면서, 마음에 즐거워하는 바를 모두 만족하도록 하겠나

이다.'

문수사리여! 이것이 저 세존이신 약사유리광여래·응공·정등각께서 보살도를 닦으실 때에 발원한 열두 가지 미묘한 최상의 대원이다.

또 문수사리여! 저 세존이신 약사유리광여래불께서 보살도를 닦으실 때에 발원한 대원과 그 불국토의 공덕장엄은, 내가 만일 일겁(一劫)이나 또는 일겁 이상을 말한다 해도 능히 다 말할 수가 없다.

또 그 불국토는 한결같이 청정하여 여인이 없고, 또한 악도와 괴로움의 소리도 없으며, 땅은 유리로 되어있고, 금으로 만든 줄로 도로의 경계를 지으며, 궁성(宮城)과 궁전(宮殿)과 누각(樓閣)과 난간(欄干)과 창문과 나망(羅網)이 모두 칠보(七寶)로 이루어져 있어서, 또한 서방극락세계의 공덕장엄과 같아 조금도 차이가 없다.

그 나라에는 두 보살마하살이 있어서 한 보살은 일광변조(日光遍照)라 하고 다른 보살은 월광변조

(月光遍照)라고 하며, 저 한량없고 셀 수가 없는 보살들 중에서 가장 높은 자리에 앉아, 저 세존이신 약사유리광여래불의 정법의 보배 곳간(正法寶藏)을 모두 다 능히 지니고 있다.

그러므로 문수사리여! 깊은 신심(信心)을 지닌 모든 선남자와 선여인은 응당히 저 부처님의 세계에 나기를 발원해야 한다."

그때에 부처님께서 다시 문수사리보살에게 말씀하셨다.

"문수사리여! 어떤 중생들은 선(善)과 악(惡)을 알지 못하고, 오직 탐욕과 인색한 마음을 품고서 보시(布施)와 보시의 과보(果報)도 알지 못하며, 어리석고 지혜가 없어서 믿음의 뿌리(信根)가 빠지고, 재물과 보배를 많이 모아 애써 지키면서 구걸하는 이가 오면 마음에 좋아하지 않으며, 설령 부득이하게 보시할 때에는 자기 몸의 살점을 도려내는 것처럼 몹시 아까운 마음을 낸다.

또 어떤 한없이 탐욕스러운 유정들은 재물을 쌓아 놓고서 그 자신에게 조차도 쓰지 못하거늘, 하물며 어찌 부모·처자식·노비·하인과, 구걸하는 이에게 베풀어 줄 수가 있겠느냐.

그러한 모든 유정들은 그 목숨을 마치면 아귀의 세계나 축생의 세계에 태어나게 된다. 그러나 과거 인간세계에서 일찍이 잠깐 동안 약사유리광여래불의 명호를 들은 까닭으로, 악도세계에 있으면서 잠시라도 저 여래불의 명호를 기억하여 생각하면, 생각하는 그 즉시에 그곳에서 죽어 인간으로 다시 태어나서, 숙명(宿命)을 아는 지혜를 얻어 악도세계의 고통을 두려워하여 탐욕과 쾌락을 즐기지 않고, 보시를 즐겨 행하며 보시하는 이를 찬탄하고, 일체의 소유한 모든 것들을 탐내고 아끼지 아니하며, 점차로 더하여 능히 자기 육신의 머리와 눈과 손발과 피와 살과 몸뚱이를 나누어 구하는 이에게 보시하거늘, 하물며 여타의 재물에 있어서이겠느냐.

또 문수사리여! 혹 어떤 유정들은 비록 여래의 모든 계율(戒律)을 받았으나 계율을 깨뜨리고, 비록 계율은 깨뜨리지 않았더라도 법칙(法則: 規範)을 깨뜨리며, 비록 계율과 법칙은 무너뜨리지 않았더라도 바른 견해를 훼손하고, 비록 바른 견해는 훼손하지 않았더라도 부처님의 법을 많이 듣는 것을 멀리하여 부처님이 말씀하신 경전의 깊은 뜻을 이해하지 못하며, 비록 부처님의 법은 많이 듣더라도 교만함이 더하여서 그 교만함이 마음을 덮어버린 까닭에 자신은 옳고 남들은 그르다 하며, 바른 법(正法)을 싫어하여 비방하면서 마구니의 패거리가 되는 이도 있다.

이와 같이 어리석은 사람은 스스로 삿된 견해를 행할 뿐만 아니라, 다시 헤아릴 수 없이 많은 유정들로 하여금 크고 험한 구렁에 떨어지게 한다.

이러한 모든 유정들은 응당히 지옥·축생·아귀의

세계를 끊임없이 떠돌아야 하지만, 만일 저 약사유리광여래불의 명호를 들으면, 곧 바로 악한 행위를 버리고 많은 훌륭한 법(善法)을 닦아서 악도에 떨어지지 않는다.

설령 모든 악행을 버리지 못하고 훌륭한 법을 닦지 못하여 악도에 떨어져 있는 자일지라도, 저 여래불의 본래 서원(誓願)의 위력(威力)으로, 그의 앞에서 잠깐이라도 약사유리광여래불의 명호를 듣게 하면, 그 목숨을 마침에 따라 인간세계에 다시 태어나 바른 견해로 정진하며, 마음의 욕망을 잘 다스리고, 곧 집을 떠나 출가하여 여래의 법 가운데 나아가 계율을 받아 지녀서 깨뜨려 범하지 않으며, 바른 견해로 부처님의 법을 많이 듣고서 깊은 뜻을 분명하게 이해하고, 교만함을 버리고서 바른 법(正法)을 비방하지 않으며, 마구니의 패거리가 되지 않고, 점차로 모든 보살행을 닦아서 속히 원만함을 얻게 된다.

또 문수사리여! 만일 어떤 유정들이 인색하고 탐하며 질투하면서 자신은 칭찬하고 남을 헐뜯는다면, 마땅히 삼악도에 떨어져서 한량없는 세월동안 온갖 극심한 고통을 받게 되는데, 극심한 고통을 받고 나서도 그 목숨을 마침에 따라 인간 세상에 다시 나서, 소와 말과 낙타와 노새가 되어, 항상 채찍질을 당하고 굶주림과 목마름으로 괴로워하며, 또 항상 무거운 짐을 지고서 길을 걸어가야 한다. 혹여 사람으로 태어난다 하더라도 비천(卑賤)하게 살며, 남의 노비가 되어 부림을 받고 항상 편안함이 없을 것이다.

그러나 만일 과거 인간세상에서 일찍이 세존이신 약사유리광여래불의 명호를 들었다면, 그 좋은 인연으로 말미암아서, 지금 다시 약사유리광여래불의 명호를 기억해 내어 생각하고 지극한 마음으로 귀의하면, 부처님의 위신력으로 온갖 고통에서 벗어나고, 모든 근기가 총명하고 예리하며 지혜로워지고, 부처님의 법을 많이 듣고 항상 뛰어난 법을 구하며, 항상 훌륭한 벗(善友)을 만나고, 영원히 마구니의 올가미를 끊으며, 무명의 껍질을 깨뜨리고 번뇌의 강이 말라서, 일체의 생로병사(生老病死)와 근심과 슬픔과 괴로움에서 벗어나게 된다.

또 문수사리여! 혹 어떤 유정들은 서로 어그러져 동떨어지기를 좋아하여, 소송을 걸고 서로 다투어 자신과 남의 마음을 괴롭고 어지럽게 하며, 몸과 말과 마음으로 가지가지 악업을 저지르고, 끊임없이 이익이 없는 일을 만들어내며, 서로를 해치려고 꾀하여 산과 숲과 나무와 무덤 등의 귀신들을 불러 호소하고, 여러 중생을 죽여서 그 피와 살을 취하여 야차와 나찰 등에게 제사 지내며, 원한이 있는 사람의 이름을 쓰고 그 형상을 만들어 악한 주술로 저주하거나, 요사스런 방술(方術)이나 독충(毒蟲)으로 고(蠱)를 만들어 저주하고, 주문(呪文)으로 일으킨 시체(起屍鬼)로 목숨을 끊게 하거나 몸을 망가뜨리려고 하는데, 그러나 이러한 모든 유정들이 만일 약사유리광여래불의 명호를 들으면, 그 온갖 악한 일들은 아무도 해칠 수 없게 되고, 일체가 바뀌어 모두가 자비심을 일으켜서 서로 이익되고 안락하게 하며, 손해를 입히거나 괴롭히려는 마음과 혐오하거나 원한을 품는 마음이 없어져서, 저마다 좋아서 기뻐하고, 자기가 받은 것에 즐거워 만족하게 여기며, 서로 침해하여 욕보이지 않고 서로가 넉넉한 이익을 주게 된다.

또 문수사리여! 만일 어떤 사중(四衆)인 비구·비구니·우바새·우바이와 그밖에 청정한 믿음을 지닌 선남자와 선여인 등이 능히 팔관재계(八關齋戒)를 받아 지니고, 혹은 일 년을 지내거나 혹은 다시 석 달을 계율을 받아 지녀서, 이 선근(善根)으로 아미타부처님이 계시는 서방극락세계에 태어나 정법을 듣기를 원하지만, 아직 정해지지 못한 사람이, 만일 세존이신 약사유리광여래불의 명호를 들으면, 목숨을 마칠 때에 '문수사리보살(文殊師利菩薩)·관세음보살(觀世音菩薩)·득대세보살(得大勢菩薩)·무진의보살(無盡意菩薩)·보단화보살(寶檀華菩薩)·약왕보살(藥王菩薩)·약상보살(藥上菩薩)·미륵보살(彌勒菩薩)' 등의 여덟 보살(八菩薩)이 허공에서 신통력으로 내려와, 서방극락세계로 가는 길을 보여주고, 곧 극락세계의 갖가지 색으로 장엄한 많은 보배꽃 가운데에 자연히 화생(化生)하게 한다.

혹은 그로 인하여 천상에 태어나기도 하는데, 비록 천상에 태어나더라도 본래의 선근은 또한 다함이 없어서, 다시는 그밖에 다른 악도세계에 태어나지 않으며, 천상에서 수명이 다하면 인간으로 다시 태어나, 혹은 전륜성왕(轉輪聖王)이 되어 사대주(四大洲)를 맡아 다스리고, 위덕(威德)이 자재(自在)하여 한량없는 백천(百千)의 유정들을 십선도(十善道)에 편안히 머물게 하며, 혹은 찰제리·바라문·거사(居士)의 큰 가문에 태어나 재물과

보배가 아주 많아서 창고에 가득차 넘치고, 용모
는 단정하고 엄숙하며, 권속을 다 갖추고, 총명하
고 지혜로우며, 용감하고 굳세며 위맹(威猛)하기가
대역사(大力士)와 같다.

만일 이 사람이 여인이라면 세존이신 약사유리광
여래불의 명호를 얻어듣고 지극한 마음으로 받아
지니면, 이후로 다시는 여인의 몸을 받지 않는다.]

또 문수사리여! 저 약사유리광여래불께서 최상의
깨달음을 얻을 때 본래 세웠던 원력으로 모든 유
정들이 온갖 병을 만나 괴로워함을 자세히 살펴보
고, 야위어 마르는 병·학질·목마름병·소갈병(消
渴病)·**황열병(黃熱病)** 등의 병들과, 또는 요사스
런 방술(方術)이나 독충(毒蟲)으로 고(蠱)를 만들어
저주하는 악한 주술에 해를 당하여서, 혹은 거듭
해 단명하거나, 혹은 때로 횡사하는 이들로 하여
금, 병으로 인한 괴로움을 없애버리고 구하여 원
하는 바를 만족하게 하셨다."

그때 저 세존께서 삼마지(三摩地)에 드시니, 이름
을 '일체 중생의 괴로움과 번뇌를 없애버린다.' 라
고 하였다.

이윽고 선정(禪定)에 드시자 정수리의 상호(相好) 가
운데서 큰 광명이 나오고, 그 빛 가운데서 대다라
니(大陀羅尼)의 주문(呪文)을 널리 펴서 설하셨다.

藥師如來大呪(滅除一切衆生苦惱呪: 藥師灌頂眞言)

"나모 박가벌제 비살사 구로 폐유리 발라바알라사
야 달타갈다야 아라할제 삼먁삼발타야 달질타 옴
비살서 비살서 비살사 삼몰갈제 사바하"

[나모 바가바떼 바이사쟈 구루 와이두랴 쁘라바라자
야 따타가따야 아르하떼 삼막삼붓다야 따드야타 옴
바이사제 바이사제 바이사쟈 사뭇가떼 스바하]

그때에 빛 가운데서 이 주문을 설하시기를 마치

자, 대지(大地)가 흔들려 움직이고 큰 광명이 널리 퍼져서, 일체의 중생이 병으로 인한 괴로움을 모두 없애고 평온한 즐거움을 얻게 하였다.

"문수사리여! 만일 어떤 남자나 여인이 병으로 인해 괴로워하는 이들이 있어 보게 된다면, 응당히 한마음으로 그 병든 이를 위하여 청정하게 몸을 씻고 양치질하고서, 혹은 음식이나 혹은 약이나 혹은 벌레 없는 물에, 이 주문을 일백팔(一百八)번을 외우고 그에게 먹여 준다면, 지니고 있던 병으로 인한 괴로움이 모두 다 없어지게 된다.

만일 구하는 바가 있어 마음을 곧추 세워서 생각하고 외우면, 모두 뜻대로 이루어지며, 병이 없고 수명이 늘어나며, 목숨을 마친 뒤에는 저 부처님의 세계에 나서, 수행함에 물러나지 않고 나아가서는 최상의 깨달음에 이르게 된다.

그러므로 문수사리여! 만일 어떤 남자나 여인이 저 약사유리광여래불께 지극한 마음으로 소중하게 공경하고 공양하려면, 항상 이 주문을 지니고서 그만둔다거나 잊어버리지 말아야 한다.

또 문수사리여! 만일 청정한 믿음을 지닌 어떤 남자와 여인이, 앞에서 말한 칠불여래·응공·정등각의 모든 명호를 얻어 듣고서 들은 대로 외워 지니며, 새벽에 이 닦는 나무(齒木: 楊枝)를 씹어 양치질하고 몸을 씻어 청정하게 하고서, 여러 가지 향기로운 꽃과, 가루 향과 사르는 향과 바르는 향과, 온갖 노래와 춤을 지어 부처님의 형상(形像)에 공양하며, 이 경전을 혹은 자신이 쓰거나 혹은 남에게 쓰게 하여 한마음으로 받아 지니고 그 의미를 귀 기울여 들으며, 저 법사(法師)에게도 응당히 공양을 갖추어 일체의 생활에 사용할 물건을 모두 다 보시하여 모자라지 않게 하면, 앞서 말한 대로 곧 모든 부처님의 보살핌을 입어 구하여 원하는 바를 만족하게 되고, 나아가서는 최상의 깨달음에 이르게 될 것이다."

[그때에 문수사리보살이 부처님께 말씀드렸다.

"세존이시여! 제가 마땅히 서원하오니, 상법(像法)이 구르는 시대에 갖가지 방편으로 청정한 믿음을 지닌 모든 선남자와 선여인 등으로 하여금, 칠불여래의 명호를 듣게 하고, 나아가 잠이 든 중에서도 또한 부처님의 명호를 귀로 듣고 깨달아 알도록 하겠습니다.

세존이시여! 만일 이 경을 받아 지녀 읽고 외우며, 혹은 다시 다른 이를 위해서 연설(演說)하여 진리를 열어 보이고, 또는 자신이 옮겨 쓰거나 혹은 남에게 가르쳐 옮겨 쓰게 하며, 공경하고 존중하여 갖가지 꽃향과 바르는 향과 가루향과 사르는 향과, 꽃다발과 영락(瓔珞)과 깃발과 일산(日傘)과 노래와 춤으로써 공양하고, 오색의 비단으로 주머니를 만들어 담아서 깨끗이 소제(掃除)한 청정한 곳에 높은 자리를 마련하고 받들어 모시면, 그때에 사대천왕과 그 권속들과 그밖에 한량없는 백천

(百千)의 천신들이, 모두 그곳에 이르러 공양하며 지키고 보호하도록 하겠습니다.

세존이시여! 만일 이 보배로운 경이 널리 퍼진 곳이나 능히 받아 지닌 이가 있으면, 저 칠불여래의 본원공덕과 명호를 들음으로써, 마땅히 알 것이니, 그곳에서 다시는 횡사(橫死)하는 일이 없고, 또 다시는 모든 악한 귀신들에게 그 정기(精氣)를 빼앗기지 않으며, 설령 이미 빼앗긴 자가 있더라도, 다시 본래대로 돌아와 몸과 마음이 안락하여질 것입니다."

부처님께서 문수사리보살에게 말씀하셨다.

"그러하다, 그러하다. 그대가 말한 것과 같다.

문수사리여! 만일 어떤 청정한 믿음을 지닌 선남자와 선여인 등이 저 칠불여래께 공양하고자 한다면, 응당히 먼저 저 칠불여래의 형상을 만들어 청정하게 자리를 깔아 모시고서, 갖가지 꽃을 뿌리고, 갖가지 향을 사르며, 갖가지 깃발(幢幡)로 그

곳을 장엄하고, 칠일동안 밤낮으로 **팔관재계를** 받아 지니면서, 청정한 음식을 먹고, 깨끗이 목욕하여 향기롭게 하며, 깨끗한 새 옷을 입고서, 응당히 더러움이 없는 마음을 내고 성내어 해치는 마음이 없이, 일체의 유정들에게 이익과 안락과 자비희사(慈悲喜捨)의 **평등한** 마음을 일으키고는, 음악과 노래로 예찬하며 부처님의 형상을 오른쪽으로 돌아야 한다.

또 응당히 저 칠불여래의 본원공덕을 생각하고, 이 경을 읽고 외우며 그 뜻을 사유(思惟)하고 연설하여 진리를 열어 보이면, 구하여 바라는 대로 모두 다 이루어질 것이니, 장수(長壽)하기를 바라면 장수하게 되고, 부유하기를 바라면 부유하게 되며, 관직(官職)을 얻고자 하면 관직을 얻게 되고, 남자와 여자의 인연을 구하고자 하면 남자와 여자의 인연을 얻게 될 것이다.

만일 또 어떤 사람이 갑자기 나쁜 꿈을 꾸어 온

갖 나쁜 형상을 보고, 혹은 괴상한 새가 날아와서 모이며, 혹은 살고 있는 곳에서 온갖 괴상한 일이 나타난다면, 이 사람이 만일 여러 가지 묘한 공양물을 갖추어, 저 칠불여래께 공경하고 공양하면, 나쁜 꿈과 나쁜 형상과 온갖 불길한 일들이 모두 다 사라지고, 능히 재앙을 당하지 않게 된다.

혹은 물과 불과 칼과 독(毒)과, 험한 낭떠러지에 매달리거나, 흉포(凶暴)한 코끼리·사자·호랑이·이리·사나운 곰과, 독사·독한 전갈·지네·그리마(蚰蜒)·모기(蚊)·등에(虻) 등으로 두려워한다면, 만일 능히 지극한 마음으로 저 부처님을 기억하여 생각하고 공경하며 공양하면, 일체의 두려움에서 모두 해탈을 얻게 된다.

만일 다른 나라가 침범하여 어지럽게 하거나 도적들이 난리를 일으킨다 해도, 저 여래불을 기억하여 생각하고 공경하면 또한 모두 해탈하게 된다.

또 문수사리여! 만일 어떤 청정한 믿음을 지닌 선

남자와 선여인 등이 목숨이 다하도록 다른 하늘을 섬기지 않으며, 오직 마땅히 한마음으로 불법승(佛法僧) 삼보(三寶)에 귀의하여 계율을 받아 지니되, 만일 오계와 십계와 보살의 사백계와 비구의 이백오십계와 비구니의 오백계를 받아 있는 가운데서, 혹여 깨뜨려 범하여 악도세계에 떨어질까 두려워한다면, 만일 능히 오로지 저 부처님의 명호를 생각하고 공경하며 공양하면, 반드시 삼악도에 나는 일을 당하지 않게 될 것이다.

혹 어떤 여인이 곧 아이를 낳으려는 때를 임하여 극심한 고통을 받는 일이 있더라도, 만일 능히 지극한 마음으로 저 칠불여래의 명호를 부르면서 예배하고 찬탄하며 공경하고 공양한다면, 많은 고통이 모두 없어지고, 태어나는 아이는 신분(身分)을 온전히 잘 갖추고 용모가 단정하여 보는 이들을 기쁘게 하며, 근기가 예리하고 총명하며 편안하고 병이 적어서, 사람이 아닌 것들에게 그 정기를 빼앗기는 일이 없다.”

그때에 부처님께서 아난에게 말씀하셨다.

“내가 칭송하는 것과 같이 저 칠불여래께서 지니신 공덕은, 곧 모든 부처님이 심히 깊이 행하시는 자리로 분명하게 알기가 어려운 것인데, 그대는 믿을 수 있겠느냐?”

아난이 말씀드렸다.

“큰 덕을 갖추신 세존이시여! 저는 부처님께서 말씀하신 가르침에 의심을 내지 않습니다.

그 까닭이 무엇인가 하면, 일체 부처님의 몸과 말과 마음으로 짓는 행위는 청정하지 않음이 없기 때문입니다.

세존이시여! 해와 달을 굴려 떨어뜨리고 묘고산왕(妙高山王·須彌山)을 기울여 움직인다고 하더라도 모든 부처님의 말씀은 틀림이 없습니다.

세존이시여! 어떤 중생들은 믿음의 뿌리(信根)를 갖추지 못하여 모든 부처님께서 심히 깊이 행하시는 자리를 듣고서 이러한 생각을 합니다.

'어찌하여 단지 칠불여래의 명호만을 생각하여도, 곧바로 그 같이 뛰어난 공덕의 이익을 얻는다고 하시는가?'

이렇게 믿지 않는 마음으로 말미암아서 도리어 비방하는 마음을 내기 때문에, 오랜 동안 큰 이익과 즐거움을 잃어버리고, 모든 악도에 떨어져서 끊임없이 떠돌아야 합니다."

부처님께서 아난에게 말씀하셨다.

"그 모든 유정들이 만일 칠불여래의 명호를 듣고서, 지극한 마음으로 받아 지니고 의심을 내지 않는데도 악도에 떨어지는 일은 있을 수가 없다.]

다만 이미 정해진 업을 바꿀 수가 없는 이는 제외된다.

[아난이여! 이 모든 부처님이 심히 깊이 행하시는 바는 믿고 이해하기가 어려운 일인데도, 그대가 지금 능히 받아들이는 것은 마땅히 모두가 이 여

래의 위력(威力)인 줄을 알아야 한다.

아난이여! 일체의 성문(聲聞)과 독각(獨覺)과 아직 지위(地位)에 오르지 못한 많은 보살들은 모두 다 있는 그대로 믿고 이해할 수가 없으며, 오직 다음 생에 부처가 되는 일생보처보살(一生補處菩薩)만이 제외가 된다.

아난이여! 사람의 몸을 얻기가 어렵고, 불법승 삼보를 믿고 공경하며 존중하기도 또한 어렵지만, 칠불여래의 명호를 듣는 것은 이보다 몇 배나 더 어렵다.

아난이여! 저 칠불여래의 한량없는 보살행(菩薩行)과 한량없는 훌륭한 교화의 방편(善巧方便)과 한량없는 광대한 서원은, 내가 만일 일겁(一劫)이나 또는 일겁 이상을 자세히 말한다 해도, 겁은 속히 지나가서 다할 것이지만, 저 부처님의 행원(行願)과 훌륭한 교화의 방편은 다하는 일이 없다."

그때에 대중 가운데 있던 구탈(救脫)이라고 이름

하는 한 보살마하살이 곧 자리에서 일어나, 오른쪽 어깨를 드러내고 오른 무릎을 땅에 대며 몸을 굽혀 합장하고 부처님께 말씀드렸다.

"큰 덕을 갖추신 세존이시여! 상법이 구르는 시대에 어떤 중생이 갖가지 고난으로 재앙을 당하고, 오랫동안 병들어 여위고 쇠약하며, 마시거나 먹을 수 없어서 목구멍과 입술이 메말라 갈라지고, 사방이 모두 어두워 보여 죽음이 바로 눈앞에 있어서, 부모와 친속(親屬)과 친구와 지인(知人)들이 그 사람의 주위를 둘러싸고 울부짖으며 우는데, 그러나 그 자신은 그 자리에 누워 염마왕의 사자(使者)가 그의 신식(神識)을 인도하여 염마법왕의 앞에 이르는 것을 보게 됩니다.

그런데 모든 유정들에게는 구생신(俱生神)이 있어서, 그 지은 바에 따라 혹은 죄라고, 혹은 복이라고, 모두 자세히 써서 빠짐없이 지녔다가 염마법왕에게 바치면, 그때에 저 염마법왕은 그에게 일

일이 따져서 묻고, 지은 바를 계산하여 그 죄와 복에 따라서 처분을 하게 됩니다.

그때 저 병든 사람의 친속과 지인들이 만일 능히 그를 위하여, 칠불여래께 귀의하고, 많은 스님들을 청하여 이 경을 계속 읽도록 하며, 일곱 겹의 등을 밝히고 수명을 잇는 오색의 신령한 깃발을 매달면, 어떤 경우 이러한 곳에 그의 의식이 돌아와서 꿈속에 있는 것처럼 분명하게 자신을 보게 되고, 혹은 칠일, 혹은 이십일일, 혹은 삼십오일, 혹은 사십구일이 지나서 그의 의식이 돌아올 때에, 꿈에서 깨어난 것처럼 자신의 모든 선하고 선하지 않은 업과 얻는 과보를 기억하여 알게 되며, 자신의 업과 과보를 직접 보았기 때문에 목숨이 어려워진다 해도 모든 악업을 다시 짓지 않게 될 것입니다.

이런 까닭으로 청정한 믿음을 지닌 선남자와 선여인 등은, 모두가 응당히 칠불여래의 명호를 받아

지니고 힘이 따르는 대로 능히 공경하고 공양하여
야 합니다."

그때에 아난이 구탈보살에게 물었다.

"선남자여! 저 칠불여래께 응당히 어떻게 공경하
고 공양해야 하며, 수명을 잇는 깃발과 등은 또
어떻게 만들어야 합니까?"

구탈보살이 말하였다.

"큰 덕을 갖추신 이여! 만일 어떤 병든 사람이 병
의 괴로움에서 벗어나고자 한다면, 마땅히 그 사
람을 위해서 칠일동안 밤낮으로 팔관재계를 받아
지니면서, 응당히 음식과 여타의 생필품으로써 힘
이 따르는 대로 비구스님들에게 공양하고, 밤낮에
여섯 때(六時)로 저 칠불여래께 예배하고 공양하
며, 이 경을 마흔 아홉 번 소리 내어 읽고, 마흔
아홉 개의 등을 밝히며, 저 여래불의 형상을 일곱
분 만들어 한분 한분의 형상 앞마다 각각 일곱
개의 등을 놓아두되, 하나의 등마다 크기를 수레

바퀴 만하게 하여 사십구일 동안 그 광명이 끊이지 않도록 하며, 오색의 비단 깃발을 길이가 마흔아홉 뼘 되게 만들어 달고, 응당히 여러 종류의 중생들 마흔아홉 수를 방생(放生)하면, 가히 위험과 재앙의 어려움이 지나가고, 모든 횡액(橫厄)과 악한 귀신들이 떨어져 나가게 될 것입니다.]

큰 덕을 갖추신 아난이여! 이것이 여래께 공양을 올리는 바른 의식(儀式)입니다.

만일 어떤 사람이 칠불여래 가운데 한 부처님의 명호를 부르고 공양하면 모두 이처럼 한량없는 공덕을 얻어 구하여 원하는 바가 만족할 것인데, 하물며 능히 모든 분께 극진히 공양하는 것이야 어떠하겠습니까?

[또 아난존자여! 만일 찰제리 관정왕 등에게 재난이 일어났을 때, 이른바 백성들에게 전염병이 도는 재난, 다른 나라가 침범하는 재난, 나라에 반란이 일어나는 재난, 별자리에 변괴가 생기는 재

난, 일식과 월식의 재난, 때 아닌 바람과 비의 재
난, 가뭄이 계속되는 재난 등이 일어나면, 그 찰
제리 관정왕 등은 그때에 응당히 일체의 유정들에
게 자비심을 일으켜서 갇혀있는 모든 죄인들을 풀
어주고, 앞서 말한 공양하는 법을 의지하여, 저
칠불여래께 공양을 올리면, 이러한 선근(善根)과
저 여래불의 본원력으로 말미암아 그 나라는 곧
편안함을 얻게 되고, 바람과 비는 때마다 알맞아
서 곡식이 잘 익으며, 일체의 유정들은 병이 없어
기뻐하고 즐거워하며, 그 나라 안에는 사납고 포
악한 야차 등의 귀신들이 유정들을 괴롭히는 일이
없어지고, 일체의 나쁜 일들은 모두 즉시에 사라
지며, 찰제리 관정왕 등은 수명과 기력과 무병(無
病)함과 자재함이 모두 더하여 늘게 될 것입니다.
아난존자여! 만일 황제와 황후와 비주(妃主)와 황
태자와 왕자와 대신과 재상과 왕후와 시녀와 백관
(百官)과 백성들이, 병들어 고통을 받고 여러 액난

을 당하여도, 또한 응당히 오색의 신령한 깃발을 만들어 매달고 수명을 잇는 등을 밝히며, 여러 생명을 방생하고 갖가지 빛깔의 꽃을 흩뿌리며 온갖 좋은 향을 피운다면, 병은 없어져서 낫게 되고 많은 재난에서 벗어날 것입니다."

그때에 아난이 구탈보살에게 물었다.

"선남자여! 어떻게 이미 다한 목숨을 더하여 늘게 할 수가 있습니까?"

구탈보살이 말하였다.

"큰 덕을 갖추신 이여! 그대는 일찍이 여래께서 말씀하신 아홉 가지 횡사(橫死)를 듣지 못하였습니까? 그러한 까닭에 수명을 잇는 깃발과 등을 만들도록 권하여 많은 복덕을 닦게 하였으니, 복을 닦음으로써 그 수명이 다할 때까지 괴로워하고 근심함을 겪지 않게 되는 것입니다."

아난이 물었다.

"어떤 것이 아홉 가지 횡사입니까?"

구탈보살이 말하였다.

"어떤 유정들이 비록 가벼운 병에 걸렸으나, 의사와 약이 없고 간병해줄 사람도 없으며, 설령 다시 의사를 만난다 해도 맞지 않는 약을 주어서, 실제로 죽지 않아도 될 것을 바로 횡사하게 됩니다.

또 세간의 사마외도(邪魔外道)와 요사스럽고 간악한 사람들이 망령되게 말하는 길흉화복(吉凶禍福)을 믿어 갑자기 두려움이 생겨서, 마음을 스스로 바로 잡지 못하여 점쟁이에게 재난의 해결책을 물어보고, 여러 종류의 중생을 죽여서 신명(神明)에게 바치고 빌며, 온갖 도깨비를 불러서 복을 달라고 애걸하고, 수명을 연장하기를 바라지만 끝내 이루지 못하며, 어리석고 미혹(迷惑)하여 삿되고 잘못된 견해를 믿다가, 드디어는 횡사하여 지옥에 들어가서 벗어날 기약이 없으니, 이것이 첫 번째 횡사입니다.

두 번째 횡사는 뜻하지 않게 국법(國法)에 걸리어

사형 당하는 것이며,

세 번째 횡사는 사냥을 즐기고 놀며, 음행에 빠지고 술을 좋아하면서 법도(法度)가 없이 방일(放逸)하다가, 갑자기 사람 아닌 것들에게 그 정기(精氣)를 빼앗겨 죽는 것이며,

네 번째 횡사는 갑자기 불에 타 죽는 것이며,

다섯 번째 횡사는 갑자기 물에 빠져 죽는 것이며,

여섯 번째 횡사는 갑자기 갖가지 사나운 짐승에게 잡아 먹혀 죽는 것이며,

일곱 번째 횡사는 갑자기 산벼랑에서 떨어져 죽는 것이며,

여덟 번째 횡사는 독약과 해치는 기도와 저주(詛呪)와, 주문(呪文)으로 일으킨 시체(起屍鬼) 등의 해침을 입고 갑자기 죽는 것이며,

아홉 번째 횡사는 굶주림과 목마름의 고통을 당하면서도 음식을 얻지 못하여 곧바로 갑자기 죽는 것입니다.

이것이 여래께서 간략하게 말씀하신 아홉 가지 횡사이고, 그 밖에 다시 한량없는 횡사가 있으나 모두 다 말하기는 어렵습니다.

또 아난존자여! 저 염마왕은 세간의 명부(名簿)의 기록을 주관하여, 만일 어떤 유정들이 불효하고 오역죄(五逆罪)를 지으며, 불법승 삼보를 파괴하고 욕보이며, 임금과 신하의 법도를 무너뜨리고, 믿음과 계율을 헐뜯는다면, 염마법왕은 지은 죄의 가볍고 무거움에 따라 자세히 조사해서 벌을 주기에, 이런 까닭으로 나는 지금 모든 유정들에게 권하여, 등을 밝히고 깃발을 만들며 방생을 하여 복을 닦아서, 괴로운 액난을 벗어나고 온갖 재난을 만나지 않게 하려는 것입니다."

그때에 대중 가운데 열두 야차대장이 함께 법회에 자리해 있었으니, 이른바 궁비라대장·벌절라대장·미기라대장·안저라대장·알니라대장·산저라대장·인달라대장·파이라대장·마호라대장·진달라대장·초두라대장·비갈라대장이었다. 이들 열두 야차대장은 저마다 각각 칠천의 야차권속들을 거느리고 있었는데, 그들이 동시에 소리를 높여 부처님께 말씀드렸다.

"세존이시여! 저희들은 이제 부처님의 위신력을 입어 칠불여래의 명호를 듣고는, 다시 또 악도세계에 떨어진다는 두려움이 없어졌습니다.

저희들은 서로 이끌어 모두가 한 마음으로 목숨이 다할 때까지 불법승 삼보에 귀의하고, 맹세코 마땅히 일체의 유정들을 책임져서 의롭고 이롭게 하며 요익(饒益)하여 안락하도록 하겠습니다.

어떤 시골과 도시와 나라와 어느 한적한 숲속에서라도, 만일 이 경(經)을 널리 퍼뜨리거나 또는 칠불여래의 명호를 받아 지니고 공경하며 공양하는 이가 있다면, 저희 권속들은 이러한 사람을 보호하여 지키고, 일체의 고난에서 모두 해탈하게 하며, 원하고 구하는 모든 것을 모두 만족하게 하고, 또 질병과 액난에서 벗어나기를 구하는 이들이, 또한 응당히 이 경을 소리 내어 읽으면서, 오색실로 저희들의 이름을 매듭지어 묶으면, 소원을 이룬 후에야 풀어지도록 하겠습니다.”

그때에 부처님께서 모든 야차대장들을 칭찬하며 말씀하셨다.

“훌륭하고 훌륭하다. 야차대장들이여! 그대들이 칠불여래의 은덕을 보답하려고 생각하거늘, 항상 응당히 이와 같이 일체의 유정들을 이익되고 안락하게 하여야 한다.”]

그때에 법회 가운데 있던 많은 천상(天上)의 무리들이 지혜가 부족하여 이렇게 생각하였다.

‘어찌하여 이 항하의 모래만큼 많은 부처님 세계를 지나서 지금 계시는 여래불의 명호를 잠깐 듣는 것으로 곧 끝없이 뛰어난 공덕을 얻는다고 하시는가?’

그때에 석가모니 부처님께서 모든 천상의 무리들

이 마음에 생각하는 바를 아시고, 즉시에 일체 여래에 알리어 청하는 심히 깊고 묘한 선정(禪定)에 드셨다.

잠시 선정에 드시기를 마치자, 일체의 삼천대천세계가 여섯 가지 모양(動起踊振吼擊)으로 흔들려 움직이고, 천상의 만다라(曼茶羅) 꽃과 향기로운 향가루가 비오듯이 내리니, 저 칠불여래께서 이와 같은 광경을 보시고, 각기 그 세계로부터 사바세계에 이르시어 석가여래 부처님과 함께 서로 공경하며 인사를 하셨다.

그때 불세존께서는 그 지난 세상의 본래 원력으로 인하여 각자 천상의 보배로 장엄한 사자자리(師子座)위에 편안히 앉아 머무시며, 모든 보살과 천룡팔부(天龍八部)와 인비인(人非人)들과, 국왕과 왕자와 왕후와 비주(妃主)들과, 아울러 많은 대신과 바라문과 장자(長者)와 거사(居士)들에게 앞뒤로 둘러싸여 설법을 하셨다.

그때 모든 천상의 무리들은 저 여래불께서 모두 구름처럼 모이셨음을 보고, 크게 희유(希有)함이 일어나 의심이 곧 없어졌으며, 그 모든 대중이 일찍이 없었던 일이라 감탄하면서 한목소리로 찬양하였다.

"훌륭하고 훌륭하십니다. 석가여래 부처님이시여! 저희들을 넉넉히 이익되게 하시고 의심스러운 생각을 없애주시기 위하여, 저 여래불 모두를 이곳에 오시도록 하셨습니다."

그때 모든 대중이 각자 자신의 힘이 따르는 대로, 묘한 지혜의 향기로운 꽃과 온갖 영락(瓔珞)과 여러 가지 천상의 노래와 춤으로 여래불께 공양하고, 오른쪽으로 일곱 번 돌고 합장하여 예경하고 찬탄하며 말하였다.

"희유하고 희유하십니다. 모든 여래불의 심히 깊은 경계는 생각으로 가히 헤아릴 수가 없어서, 옛적의 본래 원력과 훌륭한 교화의 방편(善巧方便)으로 말미암아 이와 같이 신기한 모습을 한가지로 나타내셨습니다."

그때에 대중들은 저마다 서원(誓願)을 일으키기를, '모든 중생이 모두 다 이와 같은 여래의 뛰어난 선정(禪定: 勝定)을 얻기를 원하옵니다.' 라고 하였다.

그때에 문수사리보살이 곧 자리에서 일어나 합장하고 공경하며 부처님을 일곱 번 돌고 두 발아래 예배하고서 말씀드렸다.

"세존이시여! 훌륭하고 훌륭하십니다. 여래의 선정(禪定)의 힘은 불가사의(不可思議)하여서, 본래 원력과 훌륭한 교화의 방편으로 말미암아 중생들이 뜻한 대로 이루어지도록 하십니다.

오직 원하옵건대 큰 힘을 지닌 신주(神呪)를 설하여 주시어서, 다음 세상에 복(福)이 없는 중생들로 하여금, 병에 걸려 괴로워하거나, 해와 달과 별들의 모든 재난이나 전염병과 원수나 악한사람을 겪거나, 험한 길을 다니다가 많은 두렵고 무서운 일을 당하게 되면, 능히 믿고 의지하여 평온함을 얻게 하여 주시옵소서.

저 모든 중생이 이 신주(神呪)에 의지하여 혹은 자신이 쓰거나 혹은 남에게 쓰게 하여 받아 지니고서 읽고 외우며, 널리 다른 사람을 위해 말하여 준다면, 항상 모든 부처님의 보살핌을 입게 되고, 부처님께서 친히 몸을 나타내시어 원하는 것을 만족하게 하시며, 악도에 떨어지지 않고, 또한 갑자기 횡사하는 일이 없을 것입니다."

그때 모든 여래불께서 문수사리보살을 칭찬하여 말씀하셨다.

"훌륭하고 훌륭하다. 이것이야말로 우리의 위신력(威神力)으로, 그대로 하여금 중생을 가엾고 불쌍히 여기어 모든 괴로움과 어려움을 여의게 할 신주(神呪)를 설하여 줄 것을 청하게 하였으니, 그대는 응당히 자세히 듣고 마음속으로 깊이 잘 생각하여라. 내가 마땅히 설하여 주리라.

문수사리여! 큰 신주(神呪)가 있어서 이름을 '여래 정력유리광(如來定力琉璃光)'이라고 하니, 만일 어떤 남자나 여인이 쓰고 베끼며, 읽고 외우며, 공경하고 공양하면서, 모든 중생에게 큰 자비의 마음을 일으킨다면, 원하고 구하는 바를 모두 만족하게 이루고, 모든 부처님이 몸을 나타내어 보살피시며, 온갖 장애(障礙)와 괴로움을 여의고 반드시 부처님 세계에 나게 될 것이다."

그때 칠불여래께서 하나의 음성으로 즉시에 주문(呪文)을 설하셨다.

如來定力琉璃光大神呪

"단질타 구미구미 예니미니희 말저말저 삽다 달타 갈다 삼마지 알제슬치제 알제말제 파례 파파 수단니 살바파파나세야 발제발도 올답미 오미구미 불탁 기달라 발리수단니 담미녜담미 미로 미로 미로 시걸려 살바 가라밀률도 니바뢰니 발제 소발제 불

타타 알제슬차니나 갈락차 도미 살바제바 삼미 알
삼미 삼만나 한란 도미 살바 불타 보리살타 섬미
섬미 발라섬미만 도미 살바이저 오파달바 살바 비
하대야 살바살타난 자 보란니 보란니 보란야미 살
바 아사 폐유리야 발리저바세 살바파파 착양갈
려 사바하"

[타드야타 구메 구메 이니메 니히 마티 마티 샆타 타
타가타 사마디 아디스티테 아테 마테 파레 파파 쏘
다니 사르바 파파 나싸야 부데 부다 우타메 우메 쿠
메 부다 크세트라 파리쏘다니 다메 니다메 메루 메
루 메루 시카레 사르바 아카라므르튜 니바라니 부데
수부데 부다 아디스타나 아디스티테 락사 투메 사르
바데바 사메 아사메 사마나 바하란 투메 사르바 부
다 보디사트바 싸메 싸메 프라싸만투메 사르바 이티
우파드라바 사르바 비하다야 사르바 샅바남 챠 푸라
네 푸라네 푸란야메 사르바 아싸메 바이듀랴 프라티

바세 사르바 파팜 크샤양카라 스바하]

그때에 칠불여래께서 이 주문을 설하시자, 광명이 두루 비치고 대지(大地)가 흔들려 움직이며, 갖가지 헤아릴 수 없는 신통한 변화들이 일시에 모두 나타났다.

그때 모든 대중이 이런 일을 보고는 각자 자신의 힘이 따르는 대로, 천상의 향기로운 꽃과 바르는 향과 가루 향으로 저 부처님들께 받들어 올리고, 오른쪽으로 일곱 번을 돌면서 모두가 큰 소리로 "훌륭하십니다!" 하고 외치니, 저 불세존께서 하나의 음성으로 크고 높은 소리를 내어 말씀하셨다.

"그대들 일체의 인간과 천상의 대중은 응당히 이와 같이 알아야 한다.

만일 어떤 선남자와 선여인이나, 또는 왕과 왕자와 왕비와 대신(大臣)과 관리(管理)와 백성의 무리들이, 만일 이 주문(呪文)을 의지해서 받아 지녀 읽고 외우며, 잘 듣고서 다른 사람에게 말하여 주고, 묘한 향기가 나는 꽃으로 경전(經典)에 공양하되, 깨끗한 새 옷을 입고 청정한 곳에 머무르면서 팔관재계(八關齋戒)를 지키며, 항상 모든 중생에게 자비와 연민의 마음을 내면서 이와 같이 공양한다면 한량없는 복을 얻을 것이다.

만일 또 어떤 사람이 이루어지기를 원하는 바가 있으면, 마땅히 칠불여래의 형상을 만들어 조용한 곳에 모시고서, 온갖 향과 꽃과 달아맨 비단 깃발과 일산(日傘)과 가장 좋은 음식과 여러 가지 노래와 춤으로 공양하며, 아울러 보살들과 모든 천신(天神)에 공양하고, 모셔둔 불상 앞에 단정히 앉아 주문을 외우되, 칠일동안 팔관재계를 지키면서 일천팔(一千八) 번을 채워 외우면, 저 모든 여래와 모든 보살들이 모두 다 보살펴 주고, 집금강보살(執金剛菩薩)과 아울러 제석천(帝釋天)과 범천(梵天)과 사천왕(四天王)들도 와서 그 사람을 곁에서 보호하여 지키며, 지니고 있던 오무간(五無間)의 죄와 일체의 업장(業障)이 모두 다 사라져 없어지고, 병이 없고 수명이 늘어나며, 또한 갑자기 횡사하는 일이 없고, 모든 전염병과, 다른 방면(方面)의 도적이 경계(境界)를 침범해 오려 하는 것과, 다투고 전쟁하며 송사하고 원수를 지며, 굶주리고 흉년이 들며 가물고 침수(沈水)되는, 이와 같은 등의 두려움이 일체 모두가 없어지고, 전부 자비한 마음을 내게 되어 마치 부모와 같아지며, 원하여 구하는 바가 있으면 뜻대로 되지 않음이 없을 것이다."

그때에 집금강보살과 제석천과 범천과 사천왕이 자리에서 일어나 합장하고 공경하며 석가모니 부처님의 발아래 예배하고서 말씀드렸다.

"세존이시여! 저희들 대중 모두가 이미 여러 부처님의 본래 원력과 뛰어난 공덕을 들어서 알게 되었고, 더하여 여러 부처님의 자비가 지극하심을 보고서 이렇게 저희 중생들이 기꺼이 공양을 받들어 올리게 되었습니다.

세존이시여! 만일 어떤 곳에서 이 경전과 칠불여래의 명호와 다라니의 법문을 널리 퍼뜨리고 공양하거나 쓰고 베끼면, 저희들 모두가 부처님의 위신력을 받들어 즉시 그 곳에 가서 그들을 지키고 보호하되, 국왕과 대신이나 도시와 시골의 남자나 여인들이 온갖 고통과 많은 질병으로 괴로워서 마음이 어지럽지 않게 하고, 항상 평온하며 재물과 음식이 풍족하게 할 것이니, 저희들에게 이것이야말로 곧 모든 부처님의 은혜에 보답하는 일이 될 것입니다.

세존이시여! 저희들이 기꺼이 부처님 앞에서 스스로 귀중한 서원(誓願)을 세우오리니, 만일 청정한 믿음을 지닌 어떤 남자와 여인이 저희를 기억하여 생각하는 이라면, 응당히 이 주문을 외워야 합니다." 하고는 즉시에 주문을 설하였다.

金剛手菩薩摩訶薩·大梵天王·天主帝釋·持國天王·增長天王·廣目天王·多聞天王·諸優婆塞及諸護法一切聖衆擁護遂願陀羅尼

"단질타 악구막구 달라구 마마구구려 하호 혜 말라말라말라 수긴려포려 사바하"

[타드야타 아구 마구 타라구 마마구 쿠레 하후혜 므라 므라 므라 수쿠레 푸레 스바하]

"만일 청정한 믿음을 지닌 어떤 남자와 여인이나 국왕과 왕자와 대신과 재상(宰相)과 왕후와 궁녀들이, 칠불여래의 명호와 이 신주(神呪)를 외우되, 쓰고 베껴서 소리 내어 읽으며 공경하여 공양한다면, 현세(現世)에 모두가 병이 없고 수명이 늘어나며, 온갖 괴로움과 번뇌를 여의고 삼악도(三惡道)에 떨어지지 않을 것이며, 수행함에 물러나지 않고 나아가서는 최상의 깨달음에 이르러, 저 모든 부처님의 세계에 마음대로 다시 나서 항상 모든 부처님을 뵙게 될 것이며, 숙명지(宿命智)를 얻고서, 바른 진실에서 벗어남을 알아차리고(念) 바른 마음가짐으로 마음을 고요히 하며(定) 능히 지녀서 잃지 않는 지혜(總持)를 온전하게 잘 갖추지 못함이 없을 것입니다.

또한 귀신에 잡힌 것처럼 정신(精神)이 흐려지는 병(鬼瘧) 등에 걸렸을 적에도, 이 주문을 써서 팔꿈치에 묶어 맨 후에, 병이 만일 나았으면 청정한 곳에 놓아두어야 합니다."

그때에 집금강보살이 칠불여래께서 계신 곳에 나아가 오른쪽으로 세 번 돌며 한분 한분마다 예배하고 공경하며 말씀드렸다.

"세존이시여! 오직 원하옵건대 저희를 자비로 보살펴 주시옵소서. 제가 지금 다음 세상에 이 경(經)을 지니는 남자나 여인을 넉넉히 이익되게 하기 위하여 다시 다라니(陀羅尼)의 주문을 설하겠습니다."

그때 저 칠불여래께서 집금강보살을 칭찬하여 말씀하셨다.

"훌륭하고 훌륭하다. 집금강이여! 우리가 그대에게 힘을 베풀어 도와줄 것이니 신주(神呪)를 설하여서, 다음 세상에 이 경(經)을 지니는 사람을 보호하여 온갖 괴로움을 없애고 구하는 바를 만족하게 하여라."

그때 집금강보살이 즉시에 주문을 설하였다.

執金剛菩薩摩訶薩護持滿求陀羅尼

"나마 삽다남 삼먁삼불타남 나마 살바 발절라 달라남 달질타 옴 발절려 발절려 모하 발절려 발절라파사 타뢰니 삼마 삼마 삼만다 아발뢰저 할다 발절려 섬마섬마 발라섬만도 미 살바 비아대야 구로구로 살바 갈마 아벌뢰나 니차야 삼마야 말노삼말라 박가반 발절라파니 살바 사미 발리보뢰야 사바하"

[나마 삽타남 삼먁삼붇다남 나마 사르바 바즈라 다라 남 타드야타 옴 바즈레 바즈레 마하 바즈레 바즈라 파싸 다라니 사마 사마 사만타 아프라티하타 바즈레 싸마 싸마 프라싸마나투 메 사르바 비하다야 쿠루쿠 루 사르바 카르마 아바라나 크사야 사마야 마누스마 라 바가밤 바즈라파니 사르바 아싸메 파리푸라야 스 바하]

"세존이시여! 만일 또 어떤 사람이 칠불여래의 명호를 지니고 저 부처님의 본래 원력과 공덕 을 기억하여 생각하며, 아울러 이 주문을 지니 고 읽고 외우며 다른 사람에게 말하여 준다면, 제가 그 사람으로 하여금 원하는 바가 만족하 여 모자람이 없도록 하겠습니다.
또한 저를 보고 선(善)과 악(惡)을 묻고자 하는 이 는, 응당히 이 경(經)을 쓰고 베끼며, 칠불여래의 상(像)과 아울러 집금강보살의 상(像)을 만들어 모시고, 모든 상(像)의 몸 안에 부처님의 사리(舍利)를 안치(安置)하여, 이 상(像) 앞에서 위에서 말한 바와 같이 가지가지로 공양하고 예배하며 상(像)의 둘레를 돌고, 중생에게 자비의 마음을 일으켜 팔관재계를 받아서 날마다 세 때(三時)로 몸을 씻어 깨끗이 하고, 청정하게 세 때(三時)로 옷을 다르게 하며, 계명(戒命)을 설하는 일일(一日)부터 십오일(十五日)까지의 보름(白月·白分) 중에, 팔일(八日)에서 십오일(十五日)까지 매일 주문(呪文)을 일백팔(一百八) 번 외워서 마음이 흐트러져 어지러운 것이 없어지면, 제가 꿈속에 곧 저의 몸을 나타내어 전부 말하여 주고, 구하는 바에 따라 모두를 만족하게 하겠습니다."

그때 많은 대중이 모인 법회 가운데 있던 모든 보살들이 모두 다 큰소리로 외치며 말하였다.

"훌륭하고 훌륭합니다. 집금강이여! 불가사의한 다라니(陀羅尼)를 참으로 잘 말씀하였습니다."

그때 칠불여래께서 이와 같이 말씀하셨다.

"우리들이 그대가 설한 신주(神呪)를 보호하여 일체의 중생을 넉넉히 이익되게 하고, 모두가 안락함을 얻게 하며, 구하여 원하는 바를 만족하게 하면서, 이 주문이 세상에서 없어지지 않도록 할 것이다."

그때에 다시 칠불여래께서 모든 보살과 제석천과 범천과 사천왕에게 가르쳐 말씀하셨다.

"우리가 지금 이 신주(神呪)와 아울러 이 경전(經典)을 그대들에게 당부하여 맡기니, 다음 세상의 나중 오백년(後五百歲)에 가르침의 법(法)이 없어지려고 할 때, 그대들은 응당히 이 경(經)을 보호하고 지켜야 한다.

이 경(經)의 위력(威力)과 이익은 대단히 많아서, 능히 온갖 죄를 없애고 좋은 염원(念願)을 이루어지게 하니, 바른 법(正法)을 비방하고 성현(聖賢)을 헐뜯는 복이 없는 중생에게는 이 경(經)을 건네주지 말아서, 가르침의 법이 없어지는 일을 초래하지 않도록 하여라."

그때에 동방세계의 칠불여래세존께서는 이곳의 대중들이 행하는 바가, 부처님의 가르침을 받을 만한 인연을 이미 모자람이 없이 충분하고 넉넉하게 갖추어서 다시는 의심함이 없는 것을 보시고는, 모두 본래국토로 되돌아가시니, 그 자리에서 문득 보이지 않으셨다.

그때에 구수(具壽) 아난이 곧 자리에서 일어나 부처님의 두 발아래 예배하고, 오른 무릎을 땅에 대며 합장하고 공경하면서 부처님께 말씀드렸다.

"세존이시여! 이 경(經)의 이름은 마땅히 무엇이라 하며, 저희들은 어떻게 받들어 지녀야 합니까?"

부처님께서 아난에게 말씀하셨다.

"이 경(經)의 이름은 '칠불여래응정등각본원공덕수승장엄(七佛如來應正等覺本願功德殊勝莊嚴)'이며, 또한 '문수사리소문(曼殊室利所問)'이며, 또한 '약

사유리광여래본원공덕(藥師琉璃光如來本願功德)’이
며, 또한 ‘집금강보살발원요기(執金剛菩薩發願要
期)’이며, 또한 ‘정제일체업장(淨除一切業障: 拔除
一切業障)’이며, 또한 ‘소유원구개득원만(所有願求
皆得圓滿)’이며, 또한 ‘십이대장발원호지(十二大將
發願護持: 十二神將饒益有情結願神呪)’라고 하나니,
이와 같은 이름으로 그대는 마땅히 받들어 지니도
록 하여라.”

그때 부처님께서 이 경(經)을 설하여 마치시고 나
니, 모든 큰 보살과, 성문대중·천·용·야차·건
달바·아수라·가루라·긴나라·마후라가·인비인
등의 일체 대중이, 부처님의 말씀을 듣고 모두가
크게 기뻐하며 믿고 받아서 받들어 행하였다.

약사여래관정진언 藥師如來灌頂眞言

나모 바가바떼 바이사쟈 구루 와이두랴
쁘라바라자야
따타가따야 아르하떼 삼먁삼붓다야 따드야타
옴 바이사제 바이사제 바이사쟈 사뭇가떼 스바하

[약사유리광여래불께 귀의 합니다.
여래이신 분, 아라한이신 분, 완전한 정등각자이신 분이시여!
그 약으로서, 그 약으로서, 약효가 성취되게 하소서!]

원하오니 이공덕이 온세상에 널리퍼져
원이차공덕 보급어일체　願以此功德　普及於一切

저와함께 모든중생 극락세계 태어나서
아등여중생 당생극락국　我等與衆生　當生極樂國

무량수불 함께뵙고 모두성불 하여지다
동견무량수 개공성불도　同見無量壽　皆共成佛道

3. 대방광원각수다라요의경

大方廣圓覺修多羅了義經

唐 佛陀多羅 漢譯

경전을 펴는 게송 [개경게 開經偈]

가장높고 심히깊은 부처님의 미묘한법

무상심심미묘법　無上甚深微妙法

백천만겁 지나도록 만나뵙기 어려워라

백천만겁난조우　百千萬劫難遭遇

제가이제 보고듣고 받아지녀 외우오니

아금문견득수지　我今聞見得受持

부처님의 진실한뜻 알아지길 원합니다

원해여래진실의　願解如來眞實意

법장을 여는 진언 [개법장진언 開法藏眞言]

「옴 아라남 아라다」

대방광원각수다라요의경

서   분(序分)

이와 같이 나는 들었다.

어느 때 바가바(婆伽婆)께서 신통대광명장의 삼매정수(三昧正受)에 드시니, 일체 여래가 빛나고 장엄하게 머무시는 자리이며, 모든 중생의 청정(淸淨)한 깨달음의 자리였다.

몸과 마음이 적멸(寂滅)하여 평등한 본체(∴ 本際)가 시방세계에 원만하며 둘 아닌 것(不二)을 좇아 따르고, 둘 아닌 경계에서 모든 정토(淨土)를 나투시어, 대보살마하살 십만 인과 함께 하시었으니, 그 이름이   문수사리보살·보현보살·보안보살·금강장보살·미륵보살·청정혜보살·위덕자재보살·변음보살·정제업장보살·보각보살·원각보살·현선수보살 등이 으뜸인 제자가 되어, 모든 권속들과 함께 삼매에 들어가 여래의 평등한 법회에 같이 머물렀다.

문수보살장(文殊菩薩章)

이때 문수사리보살이 대중 가운데 있다가 곧 자리에서 일어나 부처님 발에 엎드려 절하고, 오른쪽으로 세 번 돌고서 두 무릎을 세워 꿇고 합장하며 부처님께 말씀드렸다.

"대비하신 세존이시여! 원하옵건대 이 법회에 온 모든 대중을 위하여 여래께서 본래 일으키신 청정한 인지법행(因地法行)을 말씀해 주시고, 나아가 보살이 대승 가운데에서 청정한 마음을 일으켜 모든 병을 멀리 여의는 방법을 설하시어, 미래의 말세중생으로서 대승을 구하는 이들로 하여금 능히 사견(邪見)에 떨어지지 않게 하소서."

이렇게 말씀드리고서 오체(五體)를 땅에 대어 절

하며 이같이 세 번을 거듭해서 청하였다.

그때에 부처님께서 문수사리보살에게 말씀하셨다.

"훌륭하고 훌륭하다. 선남자여! 그대들이 능히 모든 보살을 위하여 여래의 인지법행을 물으며, 또 말세의 일체 중생 가운데 대승을 구하는 이들을 위하여 바른 머무름을 얻어서 사견에 떨어지지 않게 하니, 그대는 이제 자세히 들어라. 마땅히 그대를 위하여 설하리라."

그때 문수사리보살이 가르침을 받들어 기뻐하며 모든 대중들과 함께 조용히 귀를 기울였다.

"선남자여! 위없는 법왕(法王)에게 대다라니문(大陀羅尼門)이 있으니 원각(圓覺)이라 한다.

일체 청정한 진여와 보리와 열반과 바라밀을 흘려 내어 보살을 가르쳐 주나니, 일체 여래가 본래 일으킨 인지(因地)에서, 모든 청정한 깨달음의 상(相)을 원만히 비춤에 의지해 영원히 무명(無明)을 끊고 비로소 불도(佛道)를 이루시었다.

어떤 것이 무명인가? 선남자여! 일체 중생이 시작 없는 옛적부터 갖가지로 뒤바뀐 것이 마치 어리석은 사람이 사방의 장소를 바꾼 것과 같아서, 망령(妄靈)되게 사대(四大: 지수화풍)를 자신의 몸으로 알고, 육진(六塵: 여섯 가지 대상)에 연유해 나타난 것을 자신의 마음으로 삼는다.

비유하면 저 병든 눈이 허공 가운데서 헛꽃(空花)과 다른 달(第二月)을 보는 것과 같다.

선남자여! 허공에는 실제로 꽃이 없는데 병든 자가 망령되이 집착을 하나니, 허망한 집착 때문에 미혹되어 허공의 자성(自性)을 잘못 알고 있을 뿐만 아니라, 또한 실제의 꽃이 나는 곳도 잘못 알고 있다. 이런 까닭에 망령되게 생사(生死)에 헤매이니, 이를 이름하여 무명이라 한다.

선남자여! 이 무명이란 것은 실체가 있는 것이 아니어서, 마치 꿈을 꾸는 사람이 꿈꿀 때는 없지 않으나, 꿈에서 깨면 얻을 바가 조금도 없다는 것을 아는 것과 같고, 수많은 헛꽃이 허공에서 사라지지만, 사라지는 곳이 정하여 있다고 말할 수 없는 것과 같다. 왜냐하면 생겨난 곳이 없기 때문이다. 일체 중생도 생겨남이 없는 가운데서 망령되게 생멸(生滅)을 보니, 이런 까닭에 생사에 헤매인다고 설명한다.

선남자여! 여래의 인지에서 원각을 닦는 이는 이 헛꽃을 아는 즉시 생사에 헤매임이 없을 것이며, 또한 생사에 끄달릴 몸과 마음도 없을 것이니, 억지로 애써서 없어지는 것이 아니라 본래 성품이 없기 때문이다. 저 알거나 깨닫는 것도 다만 허공과 같고, 허공인 줄 아는 것도 곧 헛꽃의 모습이지만, 또한 알거나 깨닫는 성품이 없다고도 말할 수 없으니, 있고 없음을 모두 버려야만 이를 일러 곧 청정한 깨달음을 좇아 따른다(隨順)고 하는 것이다. 왜냐하면 허공의 성품이기 때문이며, 항상 부동(不動)하여 움직이지 않기 때문이며, 여래장

(如來藏) 안에는 일어나고 멸함이 없으며 알거나 보는 것이 없기 때문이며, 법계(法界)의 성품이 궁극에는 원만하여 시방세계에 두루한 것과 같기 때문이니, 이것을 곧 이름 하여 인지법행(: 無常無我의 진리)이라 한다.

보살은 이것에 인하여 대승 가운데 청정한 마음을 일으키고, 말세의 중생도 이를 의지해 수행하여 사견에 떨어지지 않게 되는 것이다."

그때에 부처님께서 이 뜻을 거듭해서 베푸시고자 하여 게송으로 말씀하셨다.

문수여! 그대는 마땅히 알아라
일체 모든 여래가 본래의 인지를 따라
모두 지혜의 깨달음으로써
무명을 분명하게 알았느니라

저것이 헛꽃인 줄 알면

곧 능히 생사의 유전(流轉)을 면할 것이니
꿈속의 사람이 깨었을 때에
얻을 바 없음과 같느니라

깨달음도 허공과 같아서
평등하여 움직여 구르지 않으니
깨달음이 시방에 두루하면
곧 불도를 이루리라

뭇 헛것이 멸하면 흔적이 없듯이
도를 이룸도 또한 얻음이 없으니
본래의 성품이 원만한 때문이니라

보살이 이 원만한 가운데서
능히 보리심을 일으키나니
말세의 모든 중생도
이를 닦으면 사견을 면하리라

보현보살장(普賢菩薩章)

이때 보현보살이 대중 가운데 있다가 곧 자리에서 일어나 부처님 발에 엎드려 절하고, 오른쪽으로 세 번 돌고서 두 무릎을 세워 꿇고 합장하며 부처님께 말씀드렸다.

"대비하신 세존이시여! 원하옵건대 이 법회의 모든 보살들을 위하며, 나아가 말세의 일체 중생으로서 대승을 닦는 이들을 위하여, 이 원각의 청정한 경계를 듣고 어떻게 수행하여야 하는지 말씀해 주시옵소서.

세존이시여! 만일 저 중생이 헛것(幻) 같은 줄 아는 자이면 몸과 마음도 또한 헛것이거늘, 어떻게 헛것으로서 헛것을 닦겠습니까?

만일 모든 헛것 같은 성품이 일체가 다 멸했다면 곧 마음도 없음이니, 누구로서 수행할 것인데, 어찌 다시 헛것 같은 수행을 말씀하십니까?

만일 모든 중생이 본래부터 수행하지 않는다면 생사 가운데 항상 헛것의 변화(幻化)에 머물고, 더하여 경계가 헛것임을 분명하게 알지 못하리니, 그 망상(妄想)하는 마음으로 어찌 해탈(解脫)할 수 있겠습니까?

원하옵건대 말세의 일체 중생을 위하여, 어떤 방편(方便)을 지어서 점차(漸次)로 닦아 익혀야, 모든 중생으로 하여금 온갖 헛것에서 영원히 여의게 하는지 말씀해 주시옵소서.”

이렇게 말씀드리고서 오체를 땅에 대어 절하며 이같이 세 번을 거듭해서 청하였다.

그때에 부처님께서 보현보살에게 말씀하셨다.

“훌륭하고 훌륭하다. 선남자여! 그대들이 능히 모든 보살과 말세의 중생을 위하여, 보살이 헛것 같은 삼매를 닦아 익힐 방편과 점차를 물어서 중생들로 하여금 모든 헛것을 여의게 하니, 그대는 이제 자세히 들어라. 마땅히 그대를 위하여 설하리라.”

그때 보현보살이 가르침을 받들어 기뻐하며 모든 대중들과 함께 조용히 귀를 기울였다.

"선남자여! 일체 중생의 갖가지 헛것의 변화(幻化)가 모두 여래의 원각묘심(圓覺妙心)에서 나오는 것이니, 마치 헛꽃이 허공에서 생겨난 것 같다가 비록 헛꽃이 멸할지라도 허공의 본성은 무너지지 않는다.

중생의 헛것 같은 마음도 또한 헛것에 의지해 멸하게 되나, 모든 헛것이 다 멸하더라도 본래 깨달음의 마음은 움직이지 않는다.

헛것에 의지해 깨달음을 말함도 또한 헛것이라 하니, 만일 깨달음이 있다고 말한다면 아직 헛것을 여의지 못한 것이며, 깨달음이 없다고 말하는 것도 또한 그러하다. 이런 까닭에 헛것이 멸함을 이름 하여 부동(不動)이라 한다.

선남자여! 일체 보살과 말세의 중생은 응당히 일체 헛것의 변화와 같은 마음의 허망한 경계를 멸리 여의어야 하나니, 멀리 여의려는 마음을 굳게 집착함으로 인한 헛것 같은 마음 또한 다시 멀리 여의고, 헛것을 멀리 여의려는 것도 또한 다시 멀리 여의며, 헛것을 멀리 여의려는 것을 다시 여의려는 것도 또한 다시 멀리 여의어서, 여읠 바가 없음을 얻게 되면 곧 모든 헛것이 없어지게 된다. 비유하면, 불을 붙임에 두 나무를 서로 비벼 일어난 불이, 나무를 다 태우고 재는 날아가며 연기도 사라지는 것과 같다. 헛것으로써 헛것을 닦는 것도 이와 같아서, 모든 헛것이 비록 다하더라도 끊어져 없어지지(斷滅) 않는다.

선남자여! 헛것인줄 알면 곧 여읜지라 방편을 지을 것도 없고, 헛것을 여의면 곧 깨달음이라 점차도 없는 것이다. 일체 보살과 말세의 중생은 이에 의지해 수행할지니, 그와 같아야 능히 모든 헛것을 영원히 여의게 된다."

그때에 부처님께서 이 뜻을 거듭해서 베푸시고자

하여 게송으로 말씀하셨다.

보현아! 그대는 마땅히 알아라.
일체 중생의 시작함 없는 헛것의 무명은
모두가 여래의 원각심에서 나왔으니
마치 헛꽃이 허공에 의해 생겨난 것 같다가
헛꽃이 만일 다시 사라지더라도
허공은 본래 움직이지 않느니라

헛것을 쫓아 모든 깨달음이 생기고
헛것이 멸함에 깨달음이 원만해지나
깨달음의 마음은 움직이지 않는다

만일 모든 보살과 말세의 중생이
항상 응당히 헛것을 멀리 여의면
모든 헛것을 모두 다 여의리니
나무에서 불이 일어남에

나무가 다하면 불도 꺼짐과 같으니라

깨달은 즉 점차가 없고
방편 또한 그러하느니라

보안보살장(普眼菩薩章)

이때 보안보살이 대중 가운데 있다가 곧 자리에서
일어나 부처님 발에 엎드려 절하고, 오른쪽으로
세 번 돌고서 두 무릎을 세워 꿇고 합장하며 부
처님께 말씀드렸다.
"대비하신 세존이시여! 원하옵건대 이 법회의 모
든 보살들을 위하며, 나아가 말세의 일체 중생을
위하여, 보살이 수행하는 점차(漸次)를 말씀해 주
시옵소서. 어떻게 사유(思惟)하고 어떻게 머물러
가지며(住持), 중생이 아직 깨닫지 못했으면 어떤
방편을 써야 널리 깨닫게 하겠습니까?

세존이시여! 만일 저 중생이 바른 방편과 바른 사유가 없으면, 부처님께서 말씀하시는 삼매를 듣고서도 마음이 미혹하고 답답함이 일어나 곧 원각에 깨달아 들어가지 못할 것입니다.

원하옵건대 자비를 베푸시어 저희들과 말세의 중생을 위하여 임시의 방편(假說方便)을 말씀해 주시옵소서.”

이렇게 말씀드리고서 오체를 땅에 대어 절하며 이같이 세 번을 거듭해서 청하였다.

그때에 부처님께서 보안보살에게 말씀하셨다.

“훌륭하고 훌륭하다. 선남자여! 그대들이 능히 모든 보살과 말세의 중생을 위하여, 여래에게 수행하는 점차와 사유와 머물러 가짐과 임시로 설하는 갖가지 방편을 물으니, 그대는 이제 자세히 들어라. 마땅히 그대를 위하여 설하리라.”

그때 보안보살이 가르침을 받들어 기뻐하며 모든 대중들과 함께 조용히 귀를 기울였다.

"선남자여! 저 새로이 배우는 보살과 말세의 중생이 여래의 청정한 원각의 마음을 구하고자 하면, 응당히 바른 알아차림(正念)으로 모든 헛것을 멀리 여의어야 된다. 먼저 여래의 사마타행(止·寂靜)에 의지하여 금계(禁戒)를 굳게 지니고, 대중에 편안히 머무르거나 고요한 거처에 단정히 앉아서, 항상 이러한 생각을 하라.

나의 지금 이 몸은 사대(四大)가 화합한 것이니, 이른바 머리카락과 손톱과 이빨과 가죽과 살과 힘줄과 뼈와 골수와 뇌와 때(垢)와 빛깔(色)은 모두 흙으로 돌아가고, 침과 콧물과 고름과 피와 진액과 거품과 가래와 눈물과 정기(精氣)와 대소변은 모두 물로 돌아가며, 더운 기운은 불로 돌아가고, 움직여 도는 것은 바람으로 돌아간다. 사대가 각각 흩어지면 지금의 허망한 몸은 어디에 있겠는가.

곧 알아라. 이 몸이 필경 실체가 없거늘, 화합해서 형상이 이루어진 것이 실로 헛것의 변화와 같다. 네 가지 인연이 임시로 화합하여 망령되게 육근(六根: 여섯 가지 작용)이 있고, 육근과 사대가 안팎으로 합쳐 이루어지며 망령되게 인연기운이 그 가운데 쌓여서 모여 인연의 모습이 있는듯하게 되니, 임시 이름 하여 마음이라 한다.

선남자여! 이 허망한 마음은 만일 육진(六塵: 여섯 가지 대상)이 없으면 있을 수 없으며, 사대가 흩어지면 육진도 얻을 수 없으니, 그 가운데 인연과 육진이 제각기 흩어져 없어지면, 마침내 반연(攀緣: 대상에 의지)하는 마음도 볼 수 없게 된다.

선남자여! 저 중생의 헛것인 몸이 멸하기 때문에 헛것인 마음도 멸하고, 헛것인 마음이 멸하기 때문에 헛것인 육진도 멸하며, 헛것인 육진이 멸하기 때문에 헛것을 멸함도 멸하며, 헛것을 멸함이 멸하기 때문에 헛것 아닌 것은 멸하지 않는다. 비유하면 거울을 닦음에 때(垢)가 다하면 밝음이 나타나는 것과 같다.

선남자여! 마땅히 알아라. 몸과 마음이 모두 헛것의 때이니, 헛것인 때의 모습이 영원히 사라지면 시방세계가 청정하게 된다.

선남자여! 비유하면 청정한 마니보주에 오색(五色)이 비치어서 사방을 따라 각각 달리 나타나면, 어리석은 이들은 저 마니보주에 실제로 오색이 있다고 보는 것과 같다.

선남자여! 원각의 청정한 성품이 몸과 마음으로 나타나 종류에 따라 각각 응하면, 저 어리석은 이들은 청정한 원각에 실제로 그와 같은 몸과 마음의 제 모습이 있다고 말함도 또한 그러하다. 이로 말미암아 헛것의 변화를 멀리 여의지 못하나니, 이런 까닭에 나는 말하기를 몸과 마음이 헛것의 때(垢)라 하노라.

헛것의 때를 여읨을 대하여 보살이라 이름하여 말하나, 때가 다하고 여읨을 대함이 사라지면 곧 여읨과 때도 없고 이름을 붙일 이도 없다.

선남자여! 이 보살과 말세의 중생이 모든 헛것을 깨달아 얻어 영상(影像)을 멸하면, 그때에 곧 사방이 없는 청정을 얻으리니, 끝없는 허공이 깨달음에서 나타난 바이니라.

깨달음이 원만하고 밝은 까닭에 마음의(心) 청정함이 드러나고, 마음이 청정한 까닭에 대상을 보는(見塵) 것이 청정하고, 보는(見) 것이 청정한 까닭에 보는 작용(眼根)이 청정하고, 작용(根)이 청정한 까닭에 보고 앎(眼識)이 청정하고, 앎(識)이 청정한 까닭에 대상을 듣는(聞塵) 것이 청정하고, 듣는(聞) 것이 청정한 까닭에 듣는 작용(耳根)이 청정하고, 작용(根)이 청정한 까닭에 듣고 앎이(耳識) 청정하고, 앎(識)이 청정한 까닭에 대상을 깨달음이(覺塵) 청정하다. 이와 같이 비설신의(鼻舌身意)에 있어서도 또한 그러하다.

선남자여! 작용(根)이 청정한 까닭에 보이는 대상(色塵)이 청정하고, 보이는(色) 것이 청정한 까닭에 들리는 대상(聲塵)이 청정하며, 향미촉법(香味觸法)도 또한 그러하다.

선남자여! 육진이 청정한 까닭에 흙의 요소(地大)가 청정하고, 흙(地)이 청정한 까닭에 물의 요소(水大)가 청정하며, 불의 요소(火大)와 바람의 요소(風大)도 또한 그러하다.

선남자여! 사대(四大)가 청정한 까닭에 십이처(十二處)·십팔계(十八界)·이십오유(二十五有)가 청정하고, 저들이 청정한 까닭에 십력(十力)·사무소외(四無所畏)·사무애지(四無礙智)·불십팔불공법(佛十八不共法)·삼십칠조도품(三十七助道品)이 청정하다. 이와 같이 팔만사천 다라니문에 있어서도 일체가 청정하다.

선남자여! '있는 그대로의 진실한 모습인' 일체 실상(實相)의 성품이 청정한 까닭에 한 몸이 청정하고, 한 몸이 청정한 까닭에 여러 몸이 청정하고, 여러 몸이 청정한 까닭에 이와 같이 시방중생의 원각에 있어서도 청정하다.

선남자여! 한 세계가 청정한 까닭에 여러 세계가 청정하고, 여러 세계가 청정한 까닭에 이와 같이 허공이 다하고 삼세(三世)를 원만히 감싸기까지에 있어서도, 일체가 평등하고 청정하여 움직이지 않는다.

선남자여! 허공이 이와 같이 평등하여 움직이지 않는 까닭은 마땅히 깨달음의 성품이 평등하여 움직이지 않음을 알고, 사대가 움직이지 않는 까닭은 마땅히 깨달음의 성품이 평등하여 움직이지 않음을 알며, 이와 같이 팔만사천 다라니문이 평등하여 움직이지 않음에 있어서도 마땅히 깨달음의 성품이 평등하여 움직이지 않음을 알아야 한다.

선남자여! 깨달음의 성품이 두루 차서(遍滿) 청정하고 움직이지 않으며 원만하여 끝이 없으므로, 마땅히 육근이 법계(法界)에 두루 찬 줄을 알고, 육근이 두루 차므로 마땅히 육진이 법계에 두루 찬 줄을 알며, 육진이 두루 차므로 마땅히 사대가 법계에 두루 찬 줄을 알고, 이와 같이 다라니문에 있어서도 법계에 두루 찬 줄을 알아야 한다.

선남자여! 저 묘한 깨달음의 성품이 두루 차므로 말미암아 작용(根)의 성품과 대상(塵)의 성품이 무너짐도 없고 섞임도 없으며, 작용과 대상이 무너짐이 없는 까닭에 이와 같이 다라니문에 있어서도 무너짐도 없고 섞임도 없다. 마치 백 천개의 등이 한 방에 비치면 그 빛이 두루 차서 무너짐도 없고 섞임도 없는 것과 같다.

선남자여! 깨달음을 성취하는 까닭에 마땅히 보살은 법에 얽매임을 따르지도 않고, 법에서 벗어남을 구하지도 않으며, 생사(生死)를 싫어하지도 않고, 열반(涅槃)을 좋아하지도 않으며, 계를 지님(持戒)을 공경하지도 않고, 계를 범함을 미워하지도 않으며, 오래 익힘을 중히 하지도 않고, 처음 배움을 가벼이 하지도 않음을 알아야 한다.

왜냐하면 일체가 깨달음이기 때문이다. 비유하면

안광(眼光)이 눈앞의 대상을 밝고 분명하게 알아서 그 비춤이 원만하여 미워함도 좋아함도 없는 것과 같으니, 왜냐하면 비춤의 본체는 둘이 아니어서 미워함도 좋아함도 없기 때문이다.

선남자여! 이 보살과 말세의 중생으로 이 마음을 닦아 익혀 성취한 것에는 닦음도 없고 또한 성취함도 없다. 원각이 두루 비춰 적멸하여 차별을 떠나므로, 그 가운데 백천만억아승지불가설 항하의 모래만큼 많은 모든 부처님 세계가, 마치 헛것 모양 어지러이 일었다가 어지러이 사라지고, 합치지도 않고 떨어지지도 않으며, 얽매임도 없고 벗어남도 없는 것과 같다.

비로소 알리라. 중생이 본래 부처이니 생사와 열반이 마치 지난밤의 꿈과 같다.

선남자여! 지난밤 꿈과 같으므로, 마땅히 알아라. 생사와 열반이 일어날 것도 없고 사라질 것도 없으며, 오는 것도 없고 가는 것도 없다.

그 증득할 바를 얻을 것도 없고 잃을 것도 없으며, 취할 것도 없고 버릴 것도 없다. 그 능히 증득하는 것에는 지을(作) 것도 없고 그칠(止) 것도 없으며, 맡길(任) 것도 없고 없앨(滅) 것도 없다. 이 깨달음 가운데는 능히 주체(能)도 없고 대상(所)도 없으며, 마침내 깨달음도 없고 깨달을 것도 없어서 일체의 법성(法性)이 평등하여 무너지지 않는다.

선남자여! 저 보살이 이와 같이 수행하고, 이와 같이 점차로 나아가며, 이와 같이 사유하고, 이와 같이 머물러 가지며, 이와 같이 방편을 쓰고, 이와 같이 깨달아 들어가야 하니, 이와 같은 법을 구하면 또한 미혹하여 마음이 답답하지 않으리라.”

그때에 부처님께서 이 뜻을 거듭해서 베푸시고자 하여 게송으로 말씀하셨다.

보안아! 그대는 마땅히 알아라
일체 중생의 몸과 마음이

모두 헛것과 같아서
몸의 형상은 사대에 속하고
마음의 성품은 육진으로 돌아가니
사대의 본체가 각각 흩어지면
누가 화합한 것이 되리오

이와 같이 점차로 수행하면
일체가 모두 청정하여서
움직이지 않고 법계에 두루하니
지음도 그침도 맡김도 없앰도 없고
또한 능히 깨달을 것도 없으리라

모든 부처님 세계가
마치 허공의 헛꽃과 같아서
삼세가 모두 평등하나니
마침내 오고 감이 없느니라
처음 발심한 보살과 말세의 중생이

불도에 들기를 구하려 한다면
응당히 이와 같이 닦아 익힐지니라

금강장보살장(金剛藏菩薩章)

이때 금강장보살이 대중 가운데 있다가 곧 자리에
서 일어나 부처님 발에 엎드려 절하고, 오른쪽으로
세 번 돌고서 두 무릎을 세워 꿇고 합장하며 부처
님께 말씀드렸다.
"대비하신 세존이시여! 일체의 모든 보살들을 아끼
고 위하여, 여래의 청정한 원각의 대다라니와 인지
법행(因地法行)과 점차(漸次)와 방편(方便)을 널리 펴
시어서 모든 중생들의 어리석고 무지함을 깨우쳐
밝게 하시니, 법회에 있는 대중들이 부처님의 자애
로운 가르침을 받들어 헛것(幻)으로 흐려짐이 환히
밝아져서 지혜의 눈이 청정해졌습니다.
세존이시여! 만일 모든 중생이 본래부터 부처(本來

成佛)라면 무슨 까닭에 다시 일체의 무명(無明)이 있는 것입니까?

또한 만일 저 무명이 중생에게 본래 있는 것이라면 무슨 인연의 연고로 여래께서는 다시 본래부터 부처라고 말씀하시며, 시방의 중생(異生: 凡夫)이 본래부터 부처의 도리를 이루었는데 나중에 무명이 일어난다면, 일체 여래께서는 어느 때에 다시 일체의 번뇌(煩惱)가 생겨나게 됩니까?

오직 원하옵건대 지극히 너그러운 큰 자비를 버리지 마시고, 모든 보살들을 위하여 신묘하고 깊은 진리(祕密藏)를 열어 주시며, 더하여 말세의 일체 중생이 이와 같은 수다라(修多羅: 契經)의 가르침의 이치를 완전하고 명백하게 나타내시는 법문(了義法門)을 듣고 알아, 의혹(疑惑)과 잘못(悔)을 영원히 끊게 하여 주시옵소서."

이렇게 말씀드리고서 오체를 땅에 대어 절하며 이같이 세 번을 거듭해서 청하였다.

그때에 부처님께서 금강장보살에게 말씀하셨다.

"훌륭하고 훌륭하다. 선남자여! 그대들이 능히 모든 보살과 말세의 중생을 위하여, 여래에게 심히 깊고 신묘함이 가득한(祕密) 가장 높고 원만(圓滿)한 경지(境地)의 완전한 방편(究竟方便)을 물으니, 이는 모든 보살의 가장 높은 가르침의 이치를 완전하고 명백하게 나타내는(了義) 대승(大乘)으로, 능히 가르침을 따라 배우는(修學) 시방의 보살과 모든 말세의 일체 중생으로 하여금 결코 흔들리지 않는 신심(決定信)을 얻어서 의혹과 잘못을 영원히 끊게 하는 것이니, 그대는 이제 자세히 들어라. 마땅히 그대를 위하여 설하리라."

그때 금강장보살이 가르침을 받들어 기뻐하며 모든 대중들과 함께 조용히 귀를 기울였다.

"선남자여! 일체 세계의 처음(始)과 끝(終)과, 생겨남(生)과 없어짐(滅)과, 앞(前)과 뒤(後)와, 있음(有)과 없음(無)과, 모임(聚)과 흩어짐(散)과, 일어남(起)

과 그침(止)이 순간순간마다 서로 이어져, 갔다가 돌아오기를 되풀이하며 갖가지로 취(取)하고 버리는(捨) 것이 모두 다 윤회(輪廻)이니, 아직 윤회에서 나오지 못하고서 원각을 분별(分別)한다면 그 원각의 성품도 곧 함께 끊임없이 이어지는(流轉) 것이어서, 이와 같이하여 윤회를 벗어난다는 것은 있을 수가 없다.

비유하면 움직이는 눈(目)이 능히 가라앉은 물을 흔드는 것과 같고, 또 움직이지 않는 눈이 회전(迴轉)하는 불을 따라 움직여 도는 것과 같으며, 구름이 흐르면 달이 움직이는 것과, 배가 나아가면 언덕이 움직이는 것도 또한 다시 이와 같다.

선남자여! 돌아가는(旋) 모든 것이 멈추지 않으면 저 온갖 나타남이(物) 먼저 멈추는 일은 분명히 있을 수가 없으니, 하물며 생사에 윤회하는 때 묻은 마음이 아직 청정함을 더하지 않고서 부처의 원각을 본다면 어찌 다시 되돌아가지 아니하겠는가. 이런 까닭에 그대들이 곧 세 가지 번뇌(또는 見思惑·塵沙惑·無明惑의 三惑)가 생겨나게 된다.

선남자여! 비유하면 병든 눈으로 망령되이 헛꽃(空花)을 보다가, 만일 병든 눈이 나아졌더라도, 이 눈병이 나아 없어졌다고 말할 수 없는 것과 같아서, 어느 때든 다시 일어나 일체의 모든 것을 흐리게 하는 것이니, 왜냐하면 눈병과 헛꽃의 두 가지 모양이 서로 마주 대한 다른 것이 아니기 때문이다.

또 헛꽃이 허공에서 사라질 때 허공에서 어느 때에 다시 헛꽃이 일어난다고 말할 수 없는 것과 같으니, 왜냐하면 허공에는 본래 꽃이 없어서 일어나고 사라짐이 없기 때문이다.

생사(生死)와 열반(涅槃)도 그와 같이 일어났다 사라지고 하지만, 모든 번뇌를 끊어 버린(妙覺) 원만한 비춤에는 꽃도 눈병도 멀리 여의게 된다.

선남자여! 마땅히 알아라. 허공은 실로 잠깐 있는 것도 아니며, 또 잠깐 없는 것도 아닌데, 하물며 다시 여래의 원각이 좇아 따라서(隨順), 허공의 평등한 근본 성품(本性)이 되고 있음이겠는가.

선남자여! 금광(金礦)을 녹임에 있어 금은 녹여서 생겨나는 것이 아니며, 이미 금을 이루었으면 다시 광석으로 되지 않는 것과 같다.

끝이 없는 시간이 지나도 금의 성품은 무너지지 않아서, 응당히 본래 이뤄진 것이 아니라고 말하지 못하니, 여래의 원각도 또한 다시 이와 같다.

선남자여! 일체 여래의 묘한 원각의 마음은 본래 보리(菩提)도 열반(涅槃)도 없고, 또한 부처를 이룸도 부처를 이루지 못함도 없으며, 망령되이 윤회함도 윤회 아니함도 없다.

선남자여! 모든 성문(聲聞)들이 다만 원만한 경계에서 몸과 마음과 말이 모두 다 끊어져도, 마침내 그를 직접 깨달아 나타난 열반에는 이르지 못하나니, 하물며 사유(思惟)하는 마음을 가지고 어찌 여래의 원각의 경계를 헤아릴 수 있겠는가.

반딧불을 가지고 수미산(須彌山)을 태우려 하여도 결국에는 불을 붙일 수 없는 것과 같이, 윤회하는 마음으로써 윤회의 소견을 내어 여래의 큰 적멸의 바다(大寂滅海: 번뇌를 완전히 벗어난 열반의 근원)에 들어가려 하여도 끝내 이르지 못하는 것이다.

이런 까닭에 나는 말하기를 일체 보살과 말세의 중생이 먼저 비롯한 곳이 없는 윤회의 근본을 끊으라고 하노라.

선남자여! 지음(作)이 있는 사유(思惟)는 생겨난 마음(有心)에서 일어나는 것이니, 모두 이 육진(六塵: 여섯 가지 대상)의 망상(妄想)에 연유한 기운이요, 실제 마음의 본체는 아니다.

이미 헛꽃과 같으니 이러한 사유로써 부처의 경계를 분별한다면, 마치 헛꽃이 다시 헛과실(空果)을 맺는 것과 같아서 이랬다저랬다 망상만 되풀이하여 바르게 머물러 있음이 없다.

선남자여! 헛되고 망령된 들뜬 마음이 저리 교묘한

소견이 많은지라 원각의 방편을 이루게 할 수가 없으니, 이와 같이 분별로는 올바르게 묻는 일이 되지 않는 것이다."

그때에 부처님께서 이 뜻을 거듭해서 베푸시고자 하여 게송으로 말씀하셨다.

금강장아! 마땅히 알아라
여래의 적멸한 성품은
마치고 시작한 적이 없으니
만일 윤회의 마음으로써 사유한다면
곧 다시 되돌아가서
다만 윤회의 가장자리에 이를 뿐으로
부처의 바다에 들어갈 수 없느니라

비유하면 금광을 녹임에 있어
금은 녹여서 생겨나는 것이 아니며
비록 다시 본래의 금이지만

마침내 녹임으로써 이루어지니
한번 진금(眞金)의 근본을 이루었으면
다시 거듭해 광석이 되지 않는 것과 같다

생사와 열반과 범부와 모든 부처가
한가지로 헛꽃의 모양(空花相)이라
사유도 그대로 헛것의 변화(幻化)이거늘
하물며 어찌 허망함을 따져 물으리오
만일 능히 이 마음을 명백히 하면
그러한 뒤에 원각을 구할지니라

미륵보살장(彌勒菩薩章)

이때 미륵보살이 대중 가운데 있다가 곧 자리에서
일어나 부처님 발에 엎드려 절하고, 오른쪽으로 세
번 돌고서 두 무릎을 세워 꿇고 합장하며 부처님께
말씀드렸다.

"대비하신 세존이시여! 널리 보살들을 위하여 여래의 신묘하고 깊은 진리(祕密藏)를 열어서, 모든 대중들로 하여금 윤회의 심오한 이치를 깨달아 그릇됨과 올바름을 분별하게 하시며, 능히 말세의 일체 중생에게 두려움 없이 진리를 꿰뚫어 볼 수 있는 눈(道眼)을 베푸시어, 큰 열반에 있어서 결코 흔들리지 않는 신심(決定信)을 내어, 다시 거듭하여 윤회의 경계를 따라 되풀이 하여 도는 소견을 일으키지 않게 하셨나이다.

세존이시여! 만일 모든 보살과 말세의 중생이 여래의 큰 적멸의 바다(大寂滅海: 번뇌를 완전히 벗어난 열반의 근원)에 거닐고자 할진대 어찌해야 마땅히 윤회의 근본을 끊을 수가 있으며, 저 윤회에는 본래 지니고 있는 성질이 몇 가지나 되고, 부처님의 보리(菩提)를 배워 익힘에는 몇 가지 등의 차별을 두어야 하며, 번뇌에 되돌아 들어감에 있어 마땅히 어떠한 교화방편(敎化方便)을 베풀어야 모든 중생을 제도하겠습니까?

오직 원하옵건대 세상의 중생을 구제하는 큰 자비를 버리지 마시고, 모든 가르침을 따라 행하는 일체 보살과 말세의 중생으로 하여금 지혜의 눈이 맑고 깨끗하여 마음의 거울을 밝게 비추어서, 여래의 위없는 지견(知見)을 온전히 깨닫게 하여 주시옵소서."

이렇게 말씀드리고서 오체를 땅에 대어 절하며 이같이 세 번을 거듭해서 청하였다.

그때에 부처님께서 미륵보살에게 말씀하셨다.

"훌륭하고 훌륭하다. 선남자여! 그대들이 능히 모든 보살과 말세의 중생을 위하여 여래에게 심히 깊고 신묘하며 뛰어난 뜻을 청하여 물어서, 모든 보살들로 하여금 지혜의 눈이 맑고 깨끗해지며, 나아가 일체의 말세중생으로 하여금 영원히 윤회를 끊고, 마음으로 '있는 그대로의 진실한 모습인' 실상(實相)을 깨달아 '나지도 없어지지도 않는 부동(不動)

의 진리인' 무생법인(無生法忍)을 갖추게 하려하니, 그대는 이제 자세히 들어라. 마땅히 그대를 위하여 설하리라."

그때 미륵보살이 가르침을 받들어 기뻐하며 모든 대중들과 함께 조용히 귀를 기울였다.

"선남자여! 일체 중생이 비롯함이 없는 즈음부터 갖가지 은애(恩愛)와 탐욕(貪欲)이 있음을 말미암은 연고로 윤회가 있어서, 이러한 모든 세계의 일체 타고나는 종류인 알(卵)에서 난 것이나, 태(胎)에서 난 것이나, 습기(濕)에서 생긴 것이나, 변화(化)하여 생긴 것이나, 모두가 음욕(婬欲)에 인하여 생명(: 性命)을 정하니, 마땅히 알아라. 윤회는 애욕(愛欲)이 근본이 된다.

모든 탐욕이 있음을 말미암아 애욕의 성질이 일어나도록 거들어서, 이런 까닭에 능히 생사가 서로 이어지게 한다.

음욕은 애욕을 인하여 생기고, 생명은 음욕을 인하

여 있는데, 중생이 생명에 애착(愛着)하여 다시 음욕의 근본에 의지하니, 애욕은 원인이 되고 생명을 애착함은 결과가 되는 것이다.

탐욕의 경계(欲境: 욕망의 대상)로 말미암아 거슬리고 순응함을 일으키니, 경계가 애착하는 마음에 등을 지면 미움과 질투가 생겨나 갖가지 업(業)을 지어서, 이런 까닭에 다시 지옥과 아귀에 태어나고, 탐욕이 가히 싫어할 것임을 알아서 업(業)을 싫어하고 도(道)를 좋아하여 악(惡)을 버리고 선(善)을 즐기면 다시 하늘이나 인간에 나타난다.

또한 모든 애욕이 가히 싫어할 악한 것임을 알아서 애욕을 멀리하고 버림을 좋아하면 도리어 애욕의 근본이 성해져서, 곧 '생멸하는 인연현상인' 유위(有爲)의 선업의 과보(善果)가 점차 더하여 나타나니, 모두가 윤회인 까닭에 성스러운 도(聖道)를 이루지 못한다.

그러므로 중생이 생사를 벗어나서 모든 윤회를 면

하고자 한다면 먼저 탐욕을 끊고 갈애(渴愛: 五慾에 탐착함)를 없애야 한다.

선남자여! 보살이 변화하여 세간(世間)에 나타내 보임은 애욕이 근본이 된 것이 아니라, 다만 자비로써 저들로 하여금 탐욕을 버리게 하고자 거짓으로 탐욕하여 생사 속에 들어간 것이니, 만일 모든 말세의 일체 중생이 능히 모든 탐욕을 버리고 미워함과 사랑함을 없애며, 영원히 윤회를 끊으려고 부지런히 여래의 원각의 경계를 구하면, 청정한 마음을 따라 곧 진리를 깨달아 얻을 것이다.

선남자여! 일체 중생이 본래 탐욕으로 말미암아 무명이 드러나서 다섯 가지 성정(性情)인 오성(五性)을 차별하여 같지 아니함이 환히 나타나고, 두 가지 장애(二障)에 의하여 분별함이 나타나니, 어떤 것이 두 가지 장애인가?

하나는 이치(理致)에 장애함(理障)이니, 바른 지견(知見)을 가로막고, 다른 하나는 현상(現象)에 장애함(事障)이니, 모든 생사를 이어지게 한다.

어떤 것이 다섯 가지 성정(性情)인가?

선남자여! 만일 이 두 가지 장애를 끊어 없앰을 아직 얻지 못하면 부처를 이루지 못했다고 이름하는 것이며, 만일 모든 중생이 영원히 탐욕을 버리어 먼저 현상에 장애함을 없앴으나 아직 이치에 장애함을 끊지 못하면, 다만 성문(聲聞)이나 연각(緣覺)의 깨달음에는 능히 들어가지만 보살의 경계에는 능히 머물러 나타나지 못한다.

선남자여! 만일 모든 말세의 일체 중생이 여래의 큰 원각의 바다에 떠있고자 하면, 먼저 마땅히 원(願)을 일으키고 부지런히 두 가지 장애를 끊어야 하니, 두 가지 장애를 굴복시켜 물리치면 곧 보살의 경계에 깨달아 들어갈 것이며, 만일 현상에 장애함과 이치에 장애함을 물리쳐 영원히 끊어 없애면, 곧 여래의 미묘한 원각에 들어가 보리와 큰 열반으로 가득차서 머무르게 된다.

선남자여! 일체 중생이 모두가 원각을 체득하여 얻을 수 있으니, 선지식(善知識)을 만나서 그가 지은 바 인지법행(因地法行)을 의지하면, 그때에 배워 익힘에 곧 단박에 깨달음에 이르게 하는 돈(頓)과 점진적으로 깨달음에 이르게 하는 점(漸)이 있을 것이며, 만일 여래의 위없는 보리를 바르게 배워 행하는 길을 만나면 근기(根機)의 크고 작음을 막론하고 모두가 부처의 경지를 이루리라.

만일 모든 중생이 비록 훌륭한 벗을 구하려 하지만 그릇된 견해(邪見)를 지닌 이를 만나면 올바른 깨달음을 얻지 못하리니, 이를 곧 이름하여 불법에 어긋나는 견해(外道)가 본래 지니고 있는 성질(種性)이라 하며, 그릇된 견해를 펴는 자(邪師)의 잘못이지 중생의 허물이 아니니, 이를 이름하여 중생의 다섯 가지 성정(性情)의 차별이라 한다.

선남자여! 보살은 오직 큰 자비의 방편으로써 세간에 들어가서 깨닫지 못한 이를 깨우쳐 밝히고, 더 나아가 갖가지 형상(形相)을 나타내어 이치에 따르거나 거스르는 경계(逆順境界)에서, 그들과 더불어 고락을 함께하며(同事) 부처를 이루도록 교화하나니, 모두가 비롯함이 없는 청정한 원력(願力)에 의지한 것이다.

만일 모든 말세의 일체 중생이 큰 원각을 따라서 점차 더하여 갈 마음을 일으킨다면, 마땅히 보살의 청정한 큰 원을 일으켜 응당 이 말을 하기를, '원하옵건대 제가 지금에 있어서 부처님의 원각에 머물러 선지식을 구하오니 불법에 어긋나는 견해(外道)와 더불어 성문(聲聞)과 연각(緣覺)의 이승(二乘)을 만나지 않아지이다.' 하고, 서원에 의지해 수행하여 점차로 모든 장애(障礙)를 끊어서, 장애가 다하고 서원이 가득차면 곧 해탈(解脫)의 청정한 진리의 으뜸자리(淸淨法殿)에 올라 큰 원각의 묘한 장엄의 지경(地境)을 깨닫게 되리라."

그때에 부처님께서 이 뜻을 거듭해서 베푸시고자

하여 게송으로 말씀하셨다.

미륵아! 그대는 마땅히 알아라
일체 모든 중생이
큰 해탈을 얻지 못하는 것은
모두가 탐욕을 말미암아
생사에 떨어지는 까닭이니
만일 능히 미워함과 사랑함과
탐진치를 끊어내면
차별한 성정(性情)에 따르지 아니하고
모두가 불도를 이루어 얻으리라

두 가지 장애를 영원히 끊어 없애고
스승을 구하여 바른 깨달음을 얻어
보리의 서원을 좇아서 따라간다면
큰 열반에 편안히 머무르리라

시방의 모든 보살 큰 자비의 서원으로
생사에 들어감을 나타내 보이나니
지금 이때 가르침을 따라 행하는 이와
더불어 말세의 중생 모두가
부지런히 모든 애견(愛見)을 끊어 없애면
곧 큰 원각에 돌아가리라

청정혜보살장(淸淨慧菩薩章)

이때 청정혜보살이 대중 가운데 있다가 곧 자리에서 일어나 부처님 발에 엎드려 절하고, 오른쪽으로 세 번 돌고서 두 무릎을 세워 꿇고 합장하며 부처님께 말씀드렸다.

"대비하신 세존이시여! 저희들을 위하여 이와 같은 부사의(不思議)한 일을 널리 말씀해 주시니, 본래 본 적이 없고 본래 들은 적이 없는 일로서, 저희들이 지금 부처님의 가르침을 잘 받아서 몸과 마음이 편안하고 분명하여 크게 이익 됨을 얻었습니다.

원하옵건대 법회에 온 모든 대중을 위하여 여래의 원만한 깨달음의 성품을 거듭해 말씀해 주시어서, 일체 중생과 모든 보살과 부처님께서 깨달아 얻는 것이 어떻게 차별이 있는지, 말세의 중생들로 하여금 이 성스러운 가르침을 듣고 따라서, 지혜를 열어 점차로 들어갈 수 있게 하여 주시옵소서.”

이렇게 말씀드리고서 오체를 땅에 대어 절하며 이같이 세 번을 거듭해서 청하였다.

그때에 부처님께서 청정혜보살에게 말씀하셨다.

“훌륭하고 훌륭하다. 선남자여! 그대들이 능히 모든 보살과 말세의 중생을 위하여, 점차(漸次)와 차별(差別)을 청하여 물으니, 그대는 이제 자세히 들어라. 마땅히 그대를 위하여 설하리라.”

그때 청정혜보살이 가르침을 받들어 기뻐하며 모든 대중들과 함께 조용히 귀를 기울였다.

“선남자여! 원각의 본성은 성정(性情)이 없는 것이

나, 성정이 생겨남에 모두가 성정을 좇아 일어나니, 얻을 것도 없고 깨달을 것도 없어서, '있는 그대로의 진실한 모습인' 실상(實相) 가운데는 실로 보살도 모든 중생도 없는 것이다.

왜냐하면 보살과 중생이 모두가 헛것의 변화(幻化)인데, 헛것의 변화가 멸하는 까닭에 얻을 이도 깨달을 이도 없는 때문이다.

비유하면 눈의 작용(眼根)이 제 눈을 보지 못함과 같아서, 본성이 스스로가 평등하여 평등한 것이 달리 없음이니라.

중생이 미혹하고 뒤집혀서 일체 헛것의 변화를 완전히 멸하지 못하므로, 멸함과 멸하지 못함에 망령되이 작용을 하는 가운데 문득 차별을 드러내니, 만일 여래의 적멸(寂滅: 번뇌를 완전히 벗어난 열반)을 좇아 따라갈 수 있다면 실로 적멸도 적멸한 이도 없을 것이다.

선남자여! 일체 중생이 시작 없는 옛적부터 망령되

이 나라는 생각(想我)과 나를 애착(愛我)하는 것을 말미암아, 생각생각이 생겨나고 없어짐을 일찍이 스스로가 알지 못한 까닭에, 미워함과 사랑함을 일으켜서 색성향미촉(色聲香味觸)의 다섯가지 대상에 대한 욕망(五欲)을 탐하고 집착하나니, 만일 훌륭한 벗이 가르쳐 맑은 원각의 성품을 깨닫게 하여 생겨나고 없어짐을 드러내어 밝히면, 곧 이 생겨남의 성정이 스스로 애써 생각하는 것(勞慮)임을 알게 되리라.

만일 다시 어떤 사람이 애써 생각하는 것을 영원히 끊어서 법계(法界: 一切法)의 청정함을 얻었으나, 곧 그 청정하다는 견해(見解)가 스스로 장애(障礙)가 되면, 그 까닭에 원각에 자재(自在)하지 못하니, 이것을 이름하여 범부(凡夫)가 원각의 성품을 좇아 따르는 것이라 한다.

선남자여! 일체 보살이 견해가 장애되어 비록 견해의 장애를 끊었으나, 여전히 보고 깨닫는 것(見覺)

에 머물면, 장애를 깨달으려함이 장애가 되어 자재
하지 못하니, 이것을 이름하여 아직 보살의 자리
(地)에 들지 못한 이가 원각의 성품을 좇아 따르는
것이라 한다.

선남자여! 비추어서 보려는 것과 깨달으려 하는 것
을 모두 장애라 하니, 그러므로 보살은 항상 깨달
음에 머물지 않아 비추어서 보려는 것과 비추어서
보려는 이가 동시에 적멸한다.

비유하면 어떤 사람이 스스로 그 머리를 끊으면 머
리가 이미 끊어진 까닭에 능히 끊을 이가 없는 것
과 같으니, 곧 장애된 마음으로 스스로 모든 장애
를 멸하면 장애가 이미 끊어져 없어져서 장애를 멸
할 이가 없다.

수다라(修多羅: 契經)의 가르침은 달을 가리키는 손
가락과 같아서, 만일 달을 보고 되돌리면 가리킨
손가락이 결국 달이 아님을 분명히 알게 되니, 일
체 여래의 갖가지 가르침으로 보살에게 열어서 보

임도 이와 같다. 이것을 이름하여 보살이 이미 자리(地)에 들어간 이가 원각의 성품을 좇아 따르는 것이라 한다.

선남자여! 일체의 장애가 곧 완전한 깨달음(究竟覺)이니, 바른 생각이나 바르지 않은 생각이나 해탈(解脫) 아님이 없으며, 바른 법(法)이나 바르지 않은 법이나 모두 이름이 열반(涅槃)이며, 지혜와 어리석음이 전부 반야(般若)이며, 보살과 불법에 어긋나는 견해를 지닌 외도(外道)의 성취한 법이 한가지로 보리(菩提)이며, 무명(無明)과 진여(眞如: 眞理)가 다른 경계가 아니며, 계(戒)·정(定)·혜(慧)와 음행(婬)·분노(怒)·어리석음(癡)이 모두 청정한 범행(梵行)이며, 중생(衆生世間: 有情)과 국토(國土世間: 無情)가 동일한 법의 성품(法性)이며, 지옥과 천궁(天宮)이 모두가 정토(淨土)이며, 불성(佛性)이 있는 중생이나 불성이 없는 중생이나 다 같이 부처의 깨달음을 이루며, 일체의 번뇌가 결국에는 해탈(解脫)이라, 법계의 바다 같은 지혜로 모든 현상을 뚜렷이 비춤이 마치 허공(虛空)과 같으니, 이것을 이름하여 여래의 원각의 성품을 좇아 따르는 것이라 한다.

선남자여! 다만 모든 보살과 말세의 중생이 어느 때에 처해있던, 망령된 생각을 일으키지 말고, 헛되이 분별하는 마음을 또한 쉬어 없애려 하지 말며, 망령된 생각의 경계에 머물러 분명하게 알려하지 말고, 분명하게 알 것이 없음에 진실을 분별하지 말아야 하니, 저 모든 중생이 이 법문을 듣고서 믿고 이해하며 받아 지녀 놀라고 두려워하지 않으면, 이것을 곧 이름하여 원각의 성품을 좇아 따르는 것이라 한다.

선남자여! 그대들은 마땅히 알아라. 이와 같은 중생들은 이미 일찍이 백천만억 항하의 모래만큼 많은 모든 부처님과 큰 보살들에게 공양하여 수많은 공덕의 근본을 심었으니, 부처님께서 말씀하시기를 이런 사람을 이름하여 부처의 일체 지혜(種智)를 이루었다고 한다.”
그때에 부처님께서 이 뜻을 거듭해서 베푸시고자
하여 게송으로 말씀하셨다.

청정혜여! 마땅히 알아라
원만한 보리의 성품은 얻을 것도 없고
또한 깨달을 것도 없으며,
보살도 중생도 없으니,
깨닫고 아직 깨닫지 못한 때를 따라서
점차와 차별이 있느니라

중생이 견해가 장애되고
보살이 깨달음을 여의지 못하며
자리(地)에 들어가 영원히 적멸하고
일체의 현상에 머무르지 아니하나
부처의 깨달음의 지혜(大覺)는 모두 다 원만하니
이름하여 두루 좇아 따른다고 하느니라

말세의 모든 중생이
마음에 헛되이 망령됨을 내지 않으면
부처가 말하기를 이런 사람은
현세에 곧 보살이라 하나니
항하사 부처님께 공양하여
공덕이 이미 원만하였음이라
아무리 수많은 방편이 있다 하여도
모두 이름하여
좇아 따르는 지혜라 하느니라

위덕자재보살장(威德自在菩薩章)

이때 위덕자재보살이 대중 가운데 있다가 곧 자리
에서 일어나 부처님 발에 엎드려 절하고, 오른쪽으
로 세 번 돌고서 두 무릎을 세워 꿇고 합장하며 부
처님께 말씀드렸다.
"대비하신 세존이시여! 저희들을 위하여 이와 같이

원각의 성품을 좇아 따르는 법을 널리 분별하시어, 모든 보살들로 하여금 마음이 밝게 빛나 드러나게 하시니, 부처님의 가르침을 받들어서 배워 익힘을 거듭하지 않고서도 뛰어난 이익을 얻었나이다.

세존이시여! 비유하면 큰 성에 밖으로 네 개의 문이 있어 사방에서 오는 이가 오직 한 길만이 아닌 것과 같이, 일체 보살이 불국토를 장엄하고 보리(菩提)를 이루는 것도 한 가지 방편만이 아닙니다.

오직 원하옵건대 세존이시여! 저희들을 위하여 일체의 방편과 점차와 아울러 수행하는 이에는 모두 몇 가지 종류가 있는지를 널리 말씀해 주시어, 이 법회의 보살과 말세의 중생으로서 대승을 구하는 이들로 하여금 속히 진리를 깨달아 얻어서 여래의 큰 적멸의 바다(大寂滅海: 번뇌를 완전히 벗어난 열반의 근원)에 거닐게 하여 주시옵소서."

이렇게 말씀드리고서 오체를 땅에 대어 절하며 이같이 세 번을 거듭해서 청하였다.

그때에 부처님께서 위덕자재보살에게 말씀하셨다.

"훌륭하고 훌륭하다. 선남자여! 그대들이 능히 모든 보살과 말세의 중생을 위하여 이와 같은 방편을 여래에게 물으니, 그대는 이제 자세히 들어라. 마땅히 그대를 위하여 설하리라."

그때 위덕자재보살이 가르침을 받들어 기뻐하며 모든 대중들과 함께 조용히 귀를 기울였다.

"선남자여! 위없는 미묘한 깨달음이 모든 시방에 두루하여 여래와 더불어 일체 법(法)을 나타나게 하나니 근본이 한가지로 평등한지라, 모든 수행에도 실로 둘이 없건만 방편을 좇아 따름에는 그 수가 한량이 없으되, 돌아갈 바에 원만히 거둔다면 성품의 차별을 따라 세 가지 종류를 대할 수 있다.

선남자여! 만일 모든 보살이 청정한 원각을 깨달아 청정한 원각의 마음으로써 고요함을 취해 수행을 하면, 모든 생각이 맑아진 까닭에 식별하는 마음이 어지러이 움직였음을 깨닫고 고요한 지혜가 생겨나니, 몸과 마음의 번뇌가 이로부터 영원히 소멸하여 곧 능히 안으로 번뇌와 괴로움이 사라진 열반의 고요함(寂靜輕安)이 일어난다.

번뇌와 괴로움이 사라진 열반의 고요함(寂靜)을 말미암은 까닭에 시방 세계의 모든 여래의 마음이 그 가운데 나타남이 거울 속의 영상(映像)과 같으니, 이런 방편을 이름하여 사마타(奢摩他: 止·寂靜)라 한다.

선남자여! 만일 모든 보살이 청정한 원각을 깨달아 청정한 원각의 마음으로써 마음의 성품과 여섯가지 작용과 대상(根塵)이 모두가 헛것의 변화(幻化)로 인한 것임을 깨달아 알면, 곧 모든 헛것(幻)을 일으켜서 헛것인 것을 제거하고 모든 헛것을 변화하여 헛것의 무리를 깨우치나니, 헛것을 일으킴을 말미암은 까닭에 곧 능히 안으로 큰 자비의 고요함(大悲輕安)이 일어난다.

일체 보살이 이로부터 수행을 일으켜 점차 더하여

나아가니, 헛것인 것을 자세히 살펴봄(觀)은 헛것에 동조(同調)하지 않는 까닭이며, 헛것에 동조하지 않음을 자세히 살펴봄도 모두가 헛것인 까닭에 헛것의 형상을 영원히 여의리라.

이것이 모든 보살의 원만한 묘한 수행인 것이니 흙이 싹을 기르는 것과 같아서, 이런 방편을 이름하여 삼마발제(三摩鉢提: 等至·正受)라 한다.

선남자여! 만일 모든 보살이 청정한 원각을 깨달아 청정한 원각의 마음으로써 헛것의 변화와 깨끗한 형상에 집착하지 않으면, 몸과 마음이 모두 걸림이 되는 것을 분명히 알아서, 육근(六根: 여섯 가지 작용)으로 대상을 인식(知覺)하지 않는 밝은 지혜(明)로 모든 장애를 허락하지 아니하여 장애와 장애 없는 경계를 영원히 뛰어넘으니, 깨달음의 즐거움이 그윽한 세계와 몸과 마음이 서로 마주하여 번뇌의 지경(地境)에 있으나, 그릇 속의 종과 북소리가 밖으로 퍼져나가는 것과 같이, 번뇌와 열반이 서로 붙들거나 장애하지 않아서, 곧 능히 안으로 적멸의 고요함(寂滅輕安)이 일어난다.

묘한 깨달음을 좇아 따르는 적멸의 경계는 아상(我相: 自)과 인상(人相: 他)의 형상이나 특성(: 身心)으로는 이르지 못하는 바이며, 중생(衆生: 衆生相)과 수명(壽命: 壽者相·命者想)이 모두 들뜬 생각이 되는 것이니, 이런 방편을 이름하여 선나(禪那: 靜慮·思惟修)라 한다.

선남자여! 이 세 가지 법문은 모두가 이 원각에 가까이 좇아 따르는 것으로, 시방의 여래가 이것을 인하여 성불하였고, 시방의 보살들의 갖가지 방편이 일체가 서로 같지 않음도 모두가 이와 같은 세 가지 행함에 기초하여 의지하니, 만일 온전히 깨달아 얻으면 곧 원각을 이룰 것이다.

선남자여! 가령 어떤 사람이 성스러운 도(道)를 익혀서 교화하여 백천만억의 아라한이나 벽지불의 경지를 이루게 하더라도, 다른 어떤 사람이 이 원각

의 장애가 없는 법문을 듣고 한 찰나 사이라도 좇
아 따라서 배워 익히는 것만 못하다."
그때에 부처님께서 이 뜻을 거듭해서 베푸시고자
하여 게송으로 말씀하셨다.

위덕아! 그대는 마땅히 알아라.
위없는 큰 깨달음의 마음은
본래(: 本際) 두 모습이 없건만
모든 방편을 좇아 따라서
그 수가 곧 한량이 없느니라

여래가 모두 열어서 보이심에
곧 세 가지가 있음이니
적정(寂靜)인 사마타는
거울에 모든 영상(映像)이 비치는 것 같고
헛것(幻) 같은 삼마제는
싹이 점점 더 자라는 것 같고

선나는 오직 적멸이라
저 그릇 속의 종과 북 같으니
세 가지 묘한 법문이
모두 이 원각을 좇아 따르느니라

시방의 모든 여래와 큰 보살들이
이를 인하여 깨달음을 얻나니
세 가지 행함을 온전히 깨닫는 까닭에
이름하여 완전한 열반이라 하느니라

변음보살장(辯音菩薩章)

이때 변음보살이 대중 가운데 있다가 곧 자리에서
일어나 부처님 발에 엎드려 절하고, 오른쪽으로 세
번 돌고서 두 무릎을 세워 꿇고 합장하며 부처님께
말씀드렸다.
"대비하신 세존이시여! 이와 같은 법문은 심히 희

유(希有)합니다.

세존이시여! 이 모든 방편으로 일체 보살이 원각의 문(門)에 들어가는데 있어 몇 가지로 배워 익혀야 됩니까?

원하옵건대 대중과 말세의 중생을 위하여 방편을 열어 보이시어 '있는 그대로의 진실한 모습인' 실상(實相)을 깨닫게 하여 주시옵소서."

이렇게 말씀드리고서 오체를 땅에 대어 절하며 이같이 세 번을 거듭해서 청하였다.

그때에 부처님께서 변음보살에게 말씀하셨다.

"훌륭하고 훌륭하다. 선남자여! 그대들이 능히 모든 대중과 말세의 중생을 위하여, 여래에게 이와 같이 배워 익히는 것을 물으니, 그대는 이제 자세히 들어라. 마땅히 그대를 위하여 설하리라."

그때 변음보살이 가르침을 받들어 기뻐하며 모든 대중들과 함께 조용히 귀를 기울였다.

"선남자여! 일체 여래의 원각이 청정하여 본래 배

워 익힐 것도 없고 배워 익힐 이도 없으나, 일체 보살과 말세의 중생이 깨닫지 못하고 헛것의 힘(幻力)에 의지해 배워 익히므로, 바로 이때에 곧 이십오종(二十五種)의 청정한 선정의 바퀴(定輪)가 있게 된다.

만일 저 보살이 오직 지극히 고요함(極靜)을 취하여, 고요함의 힘을 말미암은 연고로 영원히 번뇌를 끊고 마침내 성취하여서 자리에서 일어나지 않고 바로 열반에 들면, 이 보살은 하나의 사마타(奢摩他: 止·寂靜)를 닦는다고 한다.

만일 저 보살이 오직 헛것 같음(如幻)을 자세히 살펴보아(觀), 부처님의 힘으로써 세계(世界)를 변화하여 갖가지로 작용하며, 보살의 청정한 묘행(妙行)을 갖추어 행하면서 다라니(陀羅尼)에 따르는 고요한 마음(寂念)과 모든 고요한 지혜(靜慧)를 잃지 않으면, 이 보살은 하나의 삼마발제(三摩鉢提: 等至·正受)를 닦는다고 한다.

만일 저 보살이 오직 모든 헛것(幻)을 멸하여 작용
(作用: 方便)을 취하지 않고, 오로지 번뇌를 끊어
번뇌가 끊어져 다하면, 곧 '있는 그대로의 진실한
모습인' 실상(實相)을 깨닫게 되니, 이 보살은 하나
의 선나(禪那: 靜慮·思惟修)를 닦는다고 한다.

만일 저 보살이 먼저 지극히 고요함을 취하고, 고
요한 지혜로써 온갖 헛것인 것을 비추어 보다가,
문득 이 가운데에서 보살행을 일으키면, 이 보살은
먼저 사마타를 닦고 뒤에 삼마발제를 닦는다고 한
다.

만일 저 보살이 고요한 지혜에 의한 연고로 지극히
고요한 성품을 깨달아, 문득 번뇌를 끊고 영원히
생사(生死)를 벗어나면, 이 보살은 먼저 사마타를
닦고 뒤에 선나를 닦는다고 한다.

만일 저 보살이 번뇌와 괴로움이 사라진 열반의 고
요한(寂靜) 지혜로써 다시 헛것의 힘을 드러내어 갖
가지로 변화하면서 모든 중생을 제도하다가, 후에

번뇌를 끊고 적멸(寂滅: 번뇌를 완전히 벗어난 열반)에 들면, 이 보살은 먼저 사마타를 닦고 중간에 삼마발제를 닦고 뒤에 선나를 닦는다고 한다.

만일 저 보살이 지극히 고요한 힘으로써 번뇌를 끊어 그치게 하고, 후에 보살의 청정한 묘행(妙行)을 일으켜서 모든 중생을 제도하면, 이 보살은 먼저 사마타를 닦고 중간에 선나를 닦고 뒤에 삼마발제를 닦는다고 한다.

만일 저 보살이 지극히 고요한 힘으로써 마음의 번뇌를 끊고, 후에 중생을 제도하여 세계를 일으켜 세우면, 이 보살은 먼저 사마타를 닦고 나란히 삼마발제와 선나를 닦는다고 한다.

만일 저 보살이 지극히 고요한 힘으로써 변화를 일으킴을 돕고, 후에 번뇌를 끊으면, 이 보살은 나란히 사마타와 삼마발제를 닦고 뒤에 선나를 닦는다고 한다.

만일 저 보살이 지극히 고요한 힘으로써 적멸을 돕

게 하고, 후에 작용을 일으켜 경계(境界: 일체 인과의 대상)를 변화하면, 이 보살은 나란히 사마타와 선나를 닦고 뒤에 삼마발제를 닦는다고 한다.

만일 저 보살이 변화의 힘으로써 갖가지로 좇아 따르며 지극히 고요함을 취하면, 이 보살은 먼저 삼마발제를 닦고 뒤에 사마타를 닦는다고 한다.

만일 저 보살이 변화의 힘으로써 갖가지 경계에서 적멸을 취하면, 이 보살은 먼저 삼마발제를 닦고 뒤에 선나를 닦는다고 한다.

만일 저 보살이 변화의 힘으로써 깨달음의 행(佛事)을 하고, 번뇌와 괴로움이 사라진 열반의 고요함(寂靜)에 편안히 있으면서 번뇌를 끊으면, 이 보살은 먼저 삼마발제를 닦고 중간에 사마타를 닦고 뒤에 선나를 닦는다고 한다.

만일 저 보살이 변화의 힘으로써 작용에 걸림이 없고, 번뇌를 끊은 까닭에 지극히 고요함에 편안히 머무르면, 이 보살은 먼저 삼마발제를 닦고 중간에 선나를 닦고 뒤에 사마타를 닦는다고 한다.

만일 저 보살이 변화의 힘으로써 방편을 작용하여 지극히 고요함과 적멸의 두 가지를 함께 좇아 따르면, 이 보살은 먼저 삼마발제를 닦고 나란히 사마타와 선나를 닦는다고 한다.

만일 저 보살이 변화의 힘으로써 갖가지 작용을 일으켜 지극히 고요함을 돕다가, 후에 번뇌를 끊으면, 이 보살은 나란히 삼마발제와 사마타를 닦고 뒤에 선나를 닦는다고 한다.

만일 저 보살이 변화의 힘으로써 적멸을 돕다가, 후에 청정하고 지을(作) 것 없는 고요한 생각(靜慮)에 머무르면, 이 보살은 나란히 삼마발제와 선나를 닦고 뒤에 사마타를 닦는다고 한다.

만일 저 보살이 적멸의 힘으로써 지극히 고요함을 일으키고 청정함에 머무르면, 이 보살은 먼저 선나를 닦고 뒤에 사마타를 닦는다고 한다.

만일 저 보살이 적멸의 힘으로써 작용을 일으키고

일체의 경계에서 적멸의 작용을 좇아 따르면, 이 보살은 먼저 선나를 닦고 뒤에 삼마발제를 닦는다고 한다.

만일 저 보살이 적멸의 힘으로써 갖가지 자성(自性: 本性)을 고요한 생각(靜慮)에 편안히 머물러서 변화를 일으키면, 이 보살은 먼저 선나를 닦고 중간에 사마타를 닦고 뒤에 삼마발제를 닦는다고 한다.

만일 저 보살이 적멸의 힘으로써 지을(作) 것 없는 자성으로 작용을 일으키고 청정한 경계에서 고요한 생각(靜慮)에 돌아가면, 이 보살은 먼저 선나를 닦고 중간에 삼마발제를 닦고 뒤에 사마타를 닦는다고 한다.

만일 저 보살이 적멸의 힘으로써 갖가지가 청정하고 고요한 생각(靜慮)에 머물러서 변화를 일으키면, 이 보살은 먼저 선나를 닦고 나란히 사마타와 삼마발제를 닦는다고 한다.

만일 저 보살이 적멸의 힘으로써 지극히 고요함을

돕고 변화를 일으키면, 이 보살은 나란히 선나와 사마타를 닦고 뒤에 삼마발제를 닦는다고 한다.

만일 저 보살이 적멸의 힘으로써 변화를 돕고 지극히 고요함을 일으켜 맑고 밝은 지혜에 이르면, 이 보살은 나란히 선나와 삼마발제를 닦고 뒤에 사마타를 닦는다고 한다.

만일 저 보살이 원각의 지혜로써 일체에 원만하게 합하고, 모든 성품(性品)과 현상(現象)에서 깨달음의 본성(覺性)을 여의지 않으면, 이 보살은 세 가지를 원융(圓融)하게 닦아서 청정한 자성을 좇아 따른다고 한다.

선남자여! 이것이 이름하여 보살의 이십오종(二十五種)의 바퀴(輪)이니, 일체 보살의 수행하는 것이 이와 같다.

만일 모든 보살과 말세의 중생으로 이 바퀴(輪)를 의지하는 이는, 마땅히 청정한 행(梵行)을 지니고, 몸과 마음을 고요히 하여 깊은 생각(思惟)으로 슬피 구하며 참회하기를 삼칠일(三七日)이 지나서, 이십오종(二十五種)의 바퀴(輪)를 따로따로 적어서 기록해 놓아두고, 지극한 마음으로 슬피 구하면서 손이 가는 대로 구절(句節)을 취하여 구절에 보이는 대로 따르면, 곧 단박에 깨달을 수 있는 근기(頓根機)인지 점차로 방편에 따라 깨달음을 얻게 되는 근기(漸根機)인지 알게 되리니, 한 생각이라도 의심하고 얕보면 끝내 성취하지 못하리라.”

그때에 부처님께서 이 뜻을 거듭해서 베푸시고자 하여 게송으로 말씀하셨다.

변음아! 그대는 마땅히 알아라
일체 모든 보살의 걸림없는 청정한 지혜는
모두가 선정에 의해서 생기나니
이른바 사마타와 삼마제와 선나의
세 가지 법을 돈(頓)과 점(漸)으로 닦으면
이십오종이 있느니라

시방의 모든 여래와 삼세의 수행자가
이 법을 인하지 않고는 보리를 이루지 못하나니
오직 단박에 깨달은 이와
이 법을 좇아 따르지 않는 이는 제외하니라

일체의 모든 보살과 말세의 중생이
항상 마땅히 이 바퀴를 지니고 좇아 따라서
부지런히 닦아 익히면
부처님의 큰 자비의 힘에 의해서
머지않아 열반을 깨달아 얻으리라

정제업장보살장(淨諸業障菩薩章)

이때 정제업장보살이 대중 가운데 있다가 곧 자리에서 일어나 부처님 발에 엎드려 절하고, 오른쪽으로 세 번 돌고서 두 무릎을 세워 꿇고 합장하며 부처님께 말씀드렸다.

"대비하신 세존이시여! 저희들을 위하여 이와 같이 부사의(不思議)한 일인 일체 여래의 인지(因地)의 모습(行相)을 널리 말씀해 주시어, 모든 대중들로 하여금 일찍이 없었던 일을 깨닫게 하시며, 부처님께서 항하의 모래만큼 많은 겁을 지나며 부지런히 애쓰신 경계에서 일체의 행하신 바(功用)를 자세히 보이심을 한순간처럼 하시니, 저희 보살들은 심히 절로 기쁘고 편안해졌나이다.

세존이시여! 만일 이 원각의 마음이 본래(: 本性) 청정하다면 무엇 때문에 더러움에 물들어서 모든 중생으로 하여금 미혹하고 어두워서 들어가지 못하게 합니까?

오직 원하옵건대 여래께서 저희들을 위하여 법(法)의 본성을 널리 깨달아 알게 하시어, 이 대중들과 말세의 중생으로 하여금 다가올 미래를 바르게 볼 수 있도록 하여 주시옵소서."

이렇게 말씀드리고서 오체를 땅에 대어 절하며 이

같이 세 번을 거듭해서 청하였다.

그때에 부처님께서 정제업장보살에게 말씀하셨다.

"훌륭하고 훌륭하다. 선남자여! 그대들이 능히 모든 대중과 말세의 중생을 위하여 어떻게 해야 할지 여래에게 이와 같은 방편을 물으니, 그대는 이제 자세히 들어라. 마땅히 그대를 위하여 설하리라."

그때 정제업장보살이 가르침을 받들어 기뻐하며 모든 대중들과 함께 조용히 귀를 기울였다.

"선남자여! 일체 중생이 시작 없는 옛적부터 망령된 생각으로, '나가 있다고 생각하는' 아상(我相)과, '나의 특성과 형상이 지금의 것인 줄 아는' 인상(人相)과, '각각의 특성과 형상대로의 행(行: 행위)과 식(識: 마음)을 내는' 중생상(衆生相)과, '이러한 특성과 형상이 변함없이 영원하리라 생각하는' 수명상(壽命相: 壽者相·命者想)이 있다고 집착하여, 네 가지 상(相)을 잘못된 견해(또는 無常·苦·無我·不淨을 常·樂·我·淨으로 보는 네 가지 잘못된 견해)로 분별하고서 나의 몸을 실재(實在)한 것이라고 여기니, 이로 말미암아 문득 미워함과 사랑함의 두 경계가 생겨난다.

허망(虛妄)한 몸에 거듭 허망한 것을 집착하여 두 가지 허망함이 서로 의지하니 허망한 업의 길(業道)이 생겨나고, 허망한 업(業)이 생기므로 망령되이 생사와 인과(生死因果)가 끊임없이 이어짐을(流轉) 보게 되며, 끊임없이 이어지는 생사와 인과를 싫어하는 이는 망령되이 열반을 본다고 하여, 이로 말미암아 청정한 깨달음에 들지 못하나니, 깨달음이 저 들어가는 이를 어긋나게 막는 것이 아니며, 저 들어가는 이가 있어도 깨달음이 들어가게 하는 것도 아닌 고로, 이런 까닭에 생각을 움직이거나 생각을 쉼이 모두 미혹하고 어두운데로 돌아가게 된다.

왜냐하면 시작 없는 때부터 일으켰던 근본의 무명을 자신의 주인으로 삼은 까닭으로, 일체 중생이 지혜의 눈이 없이 태어나서 몸과 마음 등의 성품이 모두가 무명인 것이니, 비유하면 어떤 사람이 스스로 목숨을 끊지 못하는 것과 같다.

그러므로 마땅히 알아라. 나를 사랑하는 이가 있으면 내가 좇아 따르고, 좇아 따르지 않는 이에게는 곧 미워하고 원망함이 생겨나니, 미워하고 사랑하는 마음이 무명을 자라게 하는 까닭에 서로 끊임없이 이어지면서, 깨달음을 구하여도 모두 성취하지 못하는 것이다.

선남자여! 어떤 것이 아상인가?

이른바 저 중생이 마음의 작용(心所)을 체험(體驗)해 아는 것이다.

선남자여! 비유하면 어떤 사람이 온몸이 고르고 편안하여 내 몸을 잊었다가, 사지가 당기고 늘어져서 몸을 바르게 돌보는 것이 어그러져 아주 조금 침과 뜸을 놓으면, 곧 내가 있음을 알게 되는 것과 같으니, 이런 까닭에 체험해 아는 것에 의지해야 비로소 나라는 모양(體)이 나타난다.

선남자여! 그 마음이 여래가 깨달아 마침내 분명히 안 청정열반에 이르러도 모두가 아상이다.

선남자여! 어떤 것이 인상인가?

이른바 저 중생이 체험해 안 것을 마음으로 깨닫는 것이다.

선남자여! 내가 있다고 깨달은 이는 다시는 나를 알려고 하지 않으니, 내가 아니라고 깨달은 바의 깨달음도 또한 그와 같으매, 깨달음이 이미 일체의 체험해 안 것을 뛰어넘었다 해도 모두 인상이라고 한다.

선남자여! 그 마음이 원만히 깨달은 열반에 이르러도 모두가 바로 아상인 것이니, 마음에 조금이라도 깨달았다함이 남아있으면 모든 힘을 다하여 진리를 깨닫는다고 해도 모두 인상이라고 한다.

선남자여! 어떤 것이 중생상인가?

이른바 저 중생이 마음으로 스스로 체험해 알거나

깨닫는 것으로 미치지 못하는 것이다.

선남자여! 비유하면 어떤 사람이 이와 같이 말하기를, '나는 바로 중생이다.' 라고 한다면, 곧 알아라. 그 사람이 중생이라고 말한 것은 아상(: 我)도 아니고 인상(: 彼)도 아니라는 것이니, 어찌하여 아상이 아닌가? 내가 바로 중생이니 곧 바로 아상이 아니며, 어찌하여 인상이 아닌가? 내가 바로 중생이니 인상도 내가 아닌 까닭이다.

선남자여! 단지 저 중생이 체험해 알았다함과 깨달아 알았다함은 모두가 아상이며 인상이니, 아상과 인상이 미치지 못하는 곳에 알았다고 하는 바가 있으면 중생상이라고 한다.

선남자여! 어떤 것이 수명상인가?

이른바 저 중생(: 衆生相)이 마음으로 청정하게 비추어 깨달아 아는 것이니, 일체의 지어진(作) 업(業)의 지혜가 스스로 볼 수 없는 것이 마치 목숨의 뿌리(命根)와 같다.

선남자여! 만일 마음으로 일체의 깨달음을 비추어 본다면 모두 번뇌가 되니, 깨달은 바와 깨달은 이가 번뇌를 여의지 못한 까닭으로, 마치 끓는 물로 얼음을 녹임에 얼음이 녹은 것을 아는 얼음이 따로 있지 않은 것과 같아서, 나를 살펴서 나를 깨닫는 것도 또한 이와 같다.

선남자여! 말세의 중생이 네 가지 상(相)을 알지 못하면, 아무리 수많은 겁을 지내며 부지런히 애써 도(道)를 닦더라도 다만 유위(有爲: 인연현상)라 불릴 뿐, 끝내 일체의 성스러운 깨달음을 이루지 못하니, 이런 까닭에 정법의 말세라고 하는 것이다.

왜냐하면 일체의 나를 분별하여 열반이라고 여기는 때문이며, 체험해 알았다함과 깨달아 알았다함을 성취했다고 부르기 때문이니, 비유하면 어떤 사람이 도적을 아들이라고 여겨서 그 집의 재물이 결국 보존되지 못하는 것과 같다.

왜냐하면 나를 애착(愛着)함이 있으면 또한 열반도

애착하니, 나를 애착하는 숨겨진 뿌리가 열반의 모습(相)을 만들고, 나를 미워함이 있으면 또한 생사(生死)도 미워하니, 애착함이 참으로 생사임을 알지 못하는 까닭에 따로 생사를 미워하므로 번뇌를 벗어난 해탈이라고 할 수가 없다.

어떻게 그것이 법다운 해탈이 아님을 알겠는가?

선남자여! 저 말세의 중생이 보리(菩提)를 배워 익히다가 자신의 조그마한 깨달음으로써 스스로 청정이라고 여기니, 아직도 여전히 아상의 근본을 다 없애지 못한 것이다.

만일 다시 어떤 사람이 그의 법을 찬탄하면 곧 기뻐하는 마음을 내어서 바로 제도하려고 하고, 만일 다시 그가 깨달은 바를 비방하면 문득 성을 내고 원망하니, 곧 알아라.

아상을 견고히 집착하여 지님(執持)으로 가장 근원적인 심층의식(深層意識: 藏識·種子識·아뢰야식)에 드러나지 않게 숨었다가 육근(六根)에 넘나들기를 거듭해서 잠시도 끊어짐이 없다.

선남자여! 저리 도(道)를 익히는 이는 아상을 없애지 못하는 까닭에 청정한 깨달음에 들지 못하는 것이다.

선남자여! 만일 내가 공한(我空) 줄 알면 나를 헐뜯을 이도 없으니, 내가 있어(有我) 설법한다면 아상이 아직 끊어지지 않은 때문으로, 중생상과 수명상도 또한 다시 이와 같다.

선남자여! 말세의 중생이 병(病)을 법이라고 말함에 이런 까닭에 가히 불쌍하고 가여운 이라고 하니, 아무리 부지런히 정진하여도 온갖 병이 더하여 늘게 되는 연고로 청정한 깨달음에 들지 못하는 것이다.

선남자여! 말세의 중생이 네 가지 상(相)을 알지 못하고, 여래의 깨달음과 행한 바의 것으로 자기의 수행이라고 여기면 끝내 성취하지 못한다.

혹 어떤 중생은 얻지 못하고도 얻었다 하고, 깨달

지 못하고도 깨달았다 하며, 뛰어난 이를 보고 마음에 질투를 내니, 그 중생이 나라는 애착을 끊지 못한 연유이므로 이런 까닭에 청정한 깨달음에 들지 못하는 것이다.

선남자여! 말세의 중생이 도(道)를 이루기를 희망하되 깨달음을 구하려 하지 않고, 오직 많이 보고 듣기를 더하여 나라는 소견(我見)을 점점 더 자라게 하니, 다만 마땅히 부지런히 정진하여 번뇌를 항복시키고, 큰 용맹을 일으켜서 얻지 못한 것을 얻게 하고, 끊지 못한 것을 끊게 하여, 탐냄과 성냄과 애착과 교만과 아첨과 바르지 못함(邪曲)과 질투가 경계를 대하여도 생겨나지 않으면, 인상(: 彼)과 아상(: 我)이 정애(情愛: 恩愛)로써 집착하는 일체가 적멸(寂滅: 번뇌를 완전히 벗어난 열반)할 것이다.

부처가 말하기를 이 사람은 점차로 성취하리라 하니, 선지식(善知識)에게 구하면 그릇된 견해(邪見)에 빠지지 않으나, 만일 구하는 바에 있어서 따로 미

위함과 사랑함을 일으키면 곧 청정한 깨달음의 근
원에 들지 못한다고 한다."
그때에 부처님께서 이 뜻을 거듭해서 베푸시고자
하여 게송으로 말씀하셨다.

정업아! 그대는 마땅히 알아라
일체 모든 중생이 모두가
나를 애착하여 잡는 까닭에
시작 없는 옛적부터 망령되이 윤회하나니
네 가지 상을 없애지 못하면
보리를 이루지 못하리라

사랑하고 미워함이 마음에서 생겨나고
아첨과 바르지 못함이 온갖 생각 속에 있으면
이런 까닭에 크게 미혹하고 어두워서
깨달음을 이룸에 들어가지 못하나니
만일 능히 깨달음의 세계에 들어가려면

먼저 탐진치를 버리고
법을 애착함도 마음에 남지 않으면
점차로 성취할 수 있으리라

나의 몸이 본래로 있는 것이 아니건데
미워함과 사랑함이 어떤 연유로 생기리오
이 사람이 선지식에게 구하면
끝내 사견에 떨어지지 않거니와
구하는 바에 따로 마음을 내면
필경에는 성취하지 못하느니라

보각보살장(普覺菩薩章)

이때 보각보살이 대중 가운데 있다가 곧 자리에서
일어나 부처님 발에 엎드려 절하고, 오른쪽으로 세
번 돌고서 두 무릎을 세워 꿇고 합장하며 부처님께
말씀드렸다.

"대비하신 세존이시여! 중생이 일으키는 미혹한 마음(衆生心)인, 번뇌의 망령된 생각으로 생긴 그릇된 견해(邪見)의 병(禪病)을 시원하게 말씀해 주시어, 모든 대중들로 하여금 일찍이 없었던 일을 깨닫게 하시니, 마음에 걸림이 없이 편안하고 고요함을 얻었습니다.

세존이시여! 말세의 중생이 부처님께서 떠나신지 점점 오래되면서, 성현(聖賢)은 숨어서 찾기 어렵고 삿된 법(邪法)은 더욱 성하여지니, 모든 중생으로 하여금 어떤 사람에게 구하며, 어떤 법에 의지하며, 어떤 수행을 해야 하며, 어떤 병을 제거하며, 어떻게 발심하게 해야 저 눈멀어 어리석은 무리들이 그릇된 견해에 빠지지 않게 하겠습니까?"

이렇게 말씀드리고서 오체를 땅에 대어 절하며 이같이 세 번을 거듭해서 청하였다.

그때에 부처님께서 보각보살에게 말씀하셨다.

"훌륭하고 훌륭하다. 선남자여! 그대들이 능히 여래

에게 이와 같이 수행을 어떻게 해야 할지 물어서, 말세의 일체 중생에게 능히 두려움 없이 진리를 꿰뚫어 볼 수 있는 눈(道眼)을 베풀어 저들 중생으로 하여금 성스러운 도(聖道)를 이루게 하려 하니, 그대는 이제 자세히 들어라. 마땅히 그대를 위하여 설하리라.”

그때 보각보살이 가르침을 받들어 기뻐하며 모든 대중들과 함께 조용히 귀를 기울였다.

“선남자여! 말세의 중생이 장차 대승(大乘)의 마음을 일으켜 선지식에게 구해서 수행하고자 하는 이는, 마땅히 일체에 바른 지식과 견해(知見)를 지닌 사람을 구해야 하니, 마음이 상(相)에 머무르지 않으며, 성문(聲聞)이나 연각(緣覺)의 경계에 집착하지 않으며, 비록 번뇌의 모습을 나타내나 마음이 항상 청정하며, 온갖 허물이 있음을 보이나 청정한 행(梵行)을 찬탄하여 중생으로 하여금 바른 법도에 맞는 행위(律儀)가 아닌데에 들지 않게 하므로, 이와 같은 사람에게 구하면 곧 아뇩다라삼먁삼보리를 성취할 수 있게 된다.

말세의 중생이 이와 같은 사람을 보면 응당히 공양하되 몸과 목숨을 아끼지 않아야 한다.

그 선지식이 행주좌와(行住坐臥)의 네 가지 몸가짐(四威儀) 가운데 항상 청정한 행을 나타내거나 갖가지 허물을 드러내 보여도 마음에 교만(憍慢)함이 없어야 하니, 하물며 재물과 처자권속(妻子眷屬)을 취하여 있는 것이겠느냐.

선남자여! 만일 저 훌륭한 벗(善友)에게 나쁜 생각을 일으키지 않으면, 마침내 바른 깨달음을 능히 성취하여 마음의 꽃(心花)이 밝게 피어나 시방세계에 비출 것이다.

선남자여! 저 선지식이 깨달은바 묘한 법은 응당 네 가지 병을 여의니, 어떤 것이 네 가지 병인가?

첫째는 짓는 병(作病)이니, 만일 다시 어떤 사람이 이와 같이 말하기를, '내가 본심(本心)에 갖가지 행

을 지어서 원각을 구하리라.' 하면, 저 원각의 성품
은 지어서 얻는 것이 아닌 까닭에 병이라고 말하는
것이다.

둘째는 맡기는 병(任病)이니, 만일 다시 어떤 사람이
이와 같이 말하기를, '우리들이 지금에 있어서 생사
(生死)를 끊지 않고, 열반을 구하지 않으며, 열반과
생사에 생각을 일으키고 멸하지 않으면서, 저 일체
를 맡기고 모든 법의 성품을 따라서 원각을 구하리
라.' 하면, 저 원각의 성품은 맡겨서 내버려둠에 있
는 것이 아닌 까닭에 병이라고 말하는 것이다.

셋째는 그치는 병(止病)이니, 만일 다시 어떤 사람
이 이와 같이 말하기를, '내가 지금 내 마음의 모
든 생각을 영원히 그쳐서, 일체의 성품이 고요하고
평등함을 얻어 원각을 구하리라.' 하면, 저 원각의
성품은 그침으로 하나가 되는 것이 아닌 까닭에 병
이라고 말하는 것이다.

넷째는 끊어 없애는 병(滅病)이니, 만일 다시 어떤

사람이 이와 같이 말하기를, '내가 지금 일체의 번뇌를 영원히 끊어 몸과 마음이 마침내 공(空)하여 있는 곳이 없거늘, 하물며 작용함(根)과 대상(塵)의 허망한 경계가 어찌 있으리니, 일체가 영원한 열반(: 寂)으로써 원각을 구하리라.' 하면, 저 원각의 성품은 열반의 모습(相)이 아닌 까닭에 병이라고 말하는 것이다.

네 가지 병을 여읜 이는 곧 청정함을 알 것이니, 이렇게 자세히 살펴보는(觀) 이는 올바른 통찰의 지혜로 있는 그대로 본다고(正觀) 하며, 만일 이렇게 살펴보지 않는 이라면 올바르지 못하여 그릇되게 본다고(邪觀) 하는 것이다.

선남자여! 말세의 중생이 수행을 하고자 하는 이는 응당히 목숨이 다하도록 훌륭한 벗(善友)에게 공양하고 선지식을 섬겨야 할 것이니, 그 선지식이 가까이 오려 하면 응당 교만함을 끊고, 만일 다시 멀리하여도 응당 성내고 원망함을 끊어야 한다.

이치에 따르거나 거스르는(逆順) 경계를 나타내더라도 허공과 같이 여기고, 몸과 마음이 마침내 평등하여 모든 중생과 더불어 한 몸이어서 조금도 다를 것이 없음을 분명히 알아야 하니, 이와 같이 수행하여야 비로소 원각에 들어갈 것이다.

선남자여! 말세의 중생이 도(道)를 이룰 수가 없는 것은, 시작 없는 옛적부터 생겨난 나와 남을 미워하고 사랑하는 일체의 근원적 씨앗(種子)으로 인함이니, 그 까닭에 해탈(解脫)하지 못하는 것이다.

만일 다시 어떤 사람이 자신에게 원한(怨恨)을 갖고 있는 사람을 보기를 자기 부모와 같이하여 마음에 둘이 있지 않으면, 곧 모든 병이 없어지리니, 모든 법 가운데 나와 남을 미워하고 사랑함도 또한 다시 이와 같다.

선남자여! 말세의 중생이 원각을 구하고자 하면 응당히 마음을 일으키고서 이와 같이 말하기를, '허공이 다하도록 일체 중생으로 하여금 내가 모두 완전한 원각에 들게 하되, 원각 가운데에서 깨달음을 취할 이도 없음에, 저 아상과 인상과 일체의 모든 상(相)을 없애리라.' 하리니, 이와 같이 마음을 일으키면 그릇된 견해에 빠지지 않을 것이다."
그때에 부처님께서 이 뜻을 거듭해서 베푸시고자 하여 게송으로 말씀하셨다.

보각아! 그대는 마땅히 알아라
말세의 모든 중생이 선지식을 구하려 하면
응당히 올바로 깨달아
마음에 성문과 연각을 멀리한 이를 구하라
법 가운데 네 가지 병이 없어야 하니
이른바 지음과 그침과 맡김과 없앰이니라

가까이 하여도 교만이 없고
멀리하여도 성내고 원망하지 않으며
갖가지 경계를 드러내면

마음에 마땅히 희유함을 내어서
부처님이 출세하여 돌아온듯이 하라

바른 법도에 맞는 행위를 범하지 않으면
계행의 근본이 영원히 청정하리니
일체의 중생을 제도하여
완전한 원각에 들게 하되
아상과 인상이 없이 바른 지혜에 의지하면
문득 그릇된 견해를 뛰어넘어
원각을 깨달아 열반에 들리라

원각보살장(圓覺菩薩章)

이때 원각보살이 대중 가운데 있다가 곧 자리에서
일어나 부처님 발에 엎드려 절하고, 오른쪽으로 세
번 돌고서 두 무릎을 세워 꿇고 합장하며 부처님께
말씀드렸다.

"대비하신 세존이시여! 저희들을 위하여 청정한 원각의 갖가지 방편을 널리 말씀해 주시어 말세의 중생으로 하여금 큰 이익을 더하게 하셨나이다.

세존이시여! 저희들은 지금에 있어서 이미 진리를 깨달아 얻었으나, 만일 부처님께서 멸도(滅度)하신 뒤에 말세의 중생이 깨달음을 아직 얻지 못한 이는 어떻게 안거(安居)하여 이 원각의 청정한 경계를 닦으며, 이 원각 가운데 세 가지 청정한 자세히 살펴보는 수행(觀行)에서는 어느 것으로 첫째를 삼아야 합니까? 오직 원하옵건대 큰 자비로 모든 대중과 말세의 중생을 위하여 크고 넉넉한 이익(饒益)을 베풀어 주시옵소서."

이렇게 말씀드리고서 오체를 땅에 대어 절하며 이같이 세 번을 거듭해서 청하였다.

그때에 부처님께서 원각보살에게 말씀하셨다.

"훌륭하고 훌륭하다. 선남자여! 그대들이 능히 여래에게 이와 같은 방편을 물어서, 크고 넉넉한 이익을 모든 중생에게 베풀려고 하니, 그대는 이제 자세히 들어라. 마땅히 그대를 위하여 설하리라."

그때 원각보살이 가르침을 받들어 기뻐하며 모든 대중들과 함께 조용히 귀를 기울였다.

"선남자여! 일체의 중생이 만일 부처님이 세상에 머무실 때나, 또는 부처님이 열반에 드신 뒤에나, 또는 말법의 때에, 대승(大乘)의 성품을 갖춘 많은 중생이 있어서 부처님의 신묘함이 가득한(祕密) 큰 원각의 마음을 믿고 수행하려고 하면, 만일 가람(伽藍)에 있게 되면 대중의 무리에 안거하며, 인연되는 일이 있는 사유(事由)에는 분수에 따라 생각하고 살피되, 내가 이미 말한 것과 같이 해야 한다.

만일 다시 다른 일의 인연이 없으면 곧 도량(道場)을 만들고 의당 기한(期限)을 정해야 하니, 만일 긴 기한을 정하면 백이십일(百二十日)이고, 중간 기한은 백일(百日)이며, 짧은 기한은 팔십일(八十日)로 하여 깨끗한 거처에서 안거해야 한다.

만일 부처님이 계실 때이면 마땅히 바르게 생각(正思惟)하고, 만일 부처님이 열반에 드신 뒤이면 형상(形像)을 만들어 갖추고서, 마음을 눈 가는데 두고(心存目想) 바르게 기억하여(正憶念) 여래가 머물러 계시던 때와 같이 하며, 온갖 깃발(幡)과 꽃을 달고 삼칠일(三七日)을 지내면서 머리를 조아려 시방의 모든 부처님의 이름에 슬피 구하며 참회하면, 좋은 경계를 만나 마음에 편안함을 얻으리니, 삼칠일이 지나서는 한결같이 생각을 다스려야 한다.

만일 사월(四月: 夏首)을 지나 석 달을 안거 하려면 마땅히 청정한 보살로 머물러 살면서, 마음이 성문(聲聞)을 여의어 대중의 무리에 의지하지 않게 하고, 안거일에 이르면 곧 부처님 앞에서 이와 같이 말하기를, '저, 비구ㆍ비구니ㆍ우바새ㆍ우바이 아무개가 보살승(菩薩乘)에 기대어 적멸(寂滅: 번뇌를 완전히 벗어난 열반)의 행을 닦으며, '있는 그대로의 진실한 모습인' 청정한 실상(實相)에 함께 들어가 머물러 지키면서, 큰 원각으로써 나의 가람(伽藍)을 삼아 몸과 마음을 '차별을 여읜' 평등한 성품의 지혜(平等性智)에 안거하고자 함은, 열반의 자성(: 本性)은 얽매여 딸림이 없는 까닭이니, 지금 제가 공경히 청하옵니다.

성문(聲聞)에 의지하지 않고, 마땅히 시방의 여래와 큰 보살들과 더불어 석 달을 안거하려 하오니, 보살의 위없이 묘한 깨달음(妙覺)의 큰 인연을 닦기 위한 때문이므로, 대중의 무리에 얽매이지 않겠나이다.' 하라.

선남자여! 이것이 보살이 나타내 보인 안거라고 하니, 세 가지 기한이 지나면 따라가 행함에 걸림이 없을 것이다.

선남자여! 만일 저 말세의 수행하는 중생이 보살의 깨달음을 구하기 위하여 세 가지 기한에 들어간 이는, 저 들은바가 아니면 일체의 경계에 결코 집착(: 取)해서는 안 된다.

선남자여! 만일 모든 중생이 사마타를 닦으려면, 먼저 지극히 고요함을 취하여 여러 생각(思念)을 일으키지 않으면 고요함이 극에 달아 문득 깨달으매, 이와 같이 처음의 고요함이 한 몸으로부터 한 세계에 이르나니 깨달음도 또한 이와 같다.

선남자여! 만일 깨달음이 한 세계에 두루한 이는 한 세계 가운데 어떤 한 중생이 한 생각을 일으키는 것을 모두 다 능히 알고, 백천의 세계도 또한 다시 이와 같으니, 저 들은바가 아니면 일체의 경계에 결코 집착해서는 안 된다.

선남자여! 만일 모든 중생이 삼마발제를 닦으려면, 먼저 마땅히 시방의 여래와 시방세계의 일체 보살을 기억해 생각하고서, 갖가지 법문(: 門)에 의지하여 점차로 수행하며 삼매에 부지런히 애쓰고, 큰 원(願)을 널리 일으켜 자신의 마음에 배게(熏) 하여 근원적 씨앗(種子)을 이룰지니, 저 들은바가 아니면 일체의 경계에 결코 집착해서는 안 된다.

선남자여! 만일 모든 중생이 선나를 닦으려면, 먼저 숨을 세는 방법(數門)을 취하고, 마음 가운데서 생겨나 머물고 사라지는 생각의 범위를 구별하여(分齊) 수효를 분명히 알게 하리니, 이와 같이 두루 하면 행주좌와(行住坐臥)의 네 가지 몸가짐(四威儀) 가운데 분별하는 생각의 수효를 분명히 알지 못함이 없으며, 점차로 더 나아가서는 백천 세계의 비한 방울까지도 알게 되어 마치 손안의 물건을 눈으로 직접 보는 것과 같으니, 저 들은바가 아니면 일체의 경계에 결코 집착해서는 안 된다.

이것이 세 가지 자세히 살펴보는 법(三觀)의 첫째 방편이라고 하니, 만일 모든 중생이 세 가지를 두루 닦아서 부지런히 정진하면 곧 여래가 세상에 나타났다고 하는 것이다.

만일 나중의 말세에 둔한 근기(根機)의 중생이 마음에 도(道)를 구하려고 하나 성취할 수가 없다면, 옛적의 업장으로 말미암은 것이니, 마땅히 부지런히 참회하고 항상 희망을 일으키며, 먼저 미워함과 사랑함과 질투와 아첨과 바르지 못함(邪曲)을 끊고, 훌륭하고 드높은 마음을 구하여, 세 가지 청정한 자세히 살펴보는 법에서 하나를 따라 배우되, 이 살펴보는 법으로 얻지 못하면 다시 다른 살펴보는 법을 익혀, 마음에서 놓아 버리지 않고 점차로 깨달아 가기를 구해야 할 것이다."

그때에 부처님께서 이 뜻을 거듭해서 베푸시고자 하여 게송으로 말씀하셨다.

원각아! 그대는 마땅히 알아라
일체의 모든 중생이 위없는 도를 행하려면
먼저 마땅히 세 가지 기한을 맺고
시작 없는 옛적부터의 업을 참회하며
삼칠일을 지내면서
그런 뒤에 바르게 생각할지니
저 들은바가 아니면 경계에 결코 집착해서는

안 되느니라

사마타는 지극히 고요하고
삼마는 바르게 기억해 지니며
선나는 숨을 세는 법을 밝히니
이것이 세 가지 청정한 살펴보는 법으로
만일 능히 부지런히 닦아 익히면
부처님이 세상에 나타났다고 하리

근기가 둔하여 성취하지 못한 이는
항상 마땅히 부지런히 마음으로
시작 없는 옛적부터의 일체 죄를 참회할지니
모든 업장 만일에 소멸한다면
부처의 경계가 문득 나타나리라

현선수보살장(賢善首菩薩章)

이때 현선수보살이 대중 가운데 있다가 곧 자리에서 일어나 부처님 발에 엎드려 절하고, 오른쪽으로 세 번 돌고서 두 무릎을 세워 꿇고 합장하며 부처님께 말씀드렸다.

"대비하신 세존이시여! 저희들과 말세의 중생을 위하여 이와 같이 부사의(不思議)한 일을 널리 깨닫게 하셨나이다.

세존이시여! 이 대승(大乘)의 가르침은 이름을 무엇이라고 하며, 어떻게 받들어 지니며, 중생이 배워 익히면 어떤 공덕을 얻으며, 저희로 하여금 어떻게 경(經)을 지닌 사람을 보호하고 지켜야 하며, 이 가르침을 널리 퍼뜨리면 어떤 자리(地)에 이르게 됩니까?"

이렇게 말씀드리고서 오체를 땅에 대어 절하며 이같이 세 번을 거듭해서 청하였다.

그때에 부처님께서 현선수보살에게 말씀하셨다.

"훌륭하고 훌륭하다. 선남자여! 그대들이 능히 모든 보살과 말세의 중생을 위하여, 여래에게 이와 같이 경(經)의 가르침의 공덕과 이름을 물으니, 그대는 이제 자세히 들어라. 마땅히 그대를 위하여 설하리라."

그때 현선수보살이 가르침을 받들어 기뻐하며 모든 대중들과 함께 조용히 귀를 기울였다.

"선남자여! 이 경은 백천만억 항하의 모래만큼 많은 모든 부처님이 설한 것이며, 삼세(三世)의 여래가 지키고 보호하는 것이며, 시방의 보살이 믿고 의지(歸依)하는 것이며, 열두 가지로 나누어 놓은 가르침(十二部經)의 청정한 분별의 지혜(眼目)이다. 이 경은 '대방광원각다라니(大方廣圓覺陀羅尼)'라고 이름하며, 또한 '수다라요의(修多羅了義)'라고 이름하며, 또한 '비밀왕삼매(祕密王三昧)'라고 이름하며, 또한 '여래결정경계(如來決定境界)'라고 이름하며,

또한 '여래장자성차별(如來藏自性差別)'이라고 이름 하니, 그대는 마땅히 받들어 지닐 것이다.

선남자여! 이 경은 오직 여래의 경계를 나타낸 것으로, 오로지 부처님 여래만이 능히 다 베풀어 설할 수 있으니, 만일 모든 보살과 말세의 중생이, 이것에 의지해 수행하며 점차로 더하여 나아가면 부처의 자리에 이르게 될 것이다.

선남자여! 이 경은 단박에 깨달음에 이르게 하는 대승의 가르침(頓教大乘)이라고 하니, 단박에 깨달을 수 있는 근기(頓根機)의 중생이 이것을 따라 진리를 깨달으며, 또한 점차로 닦는 일체 중생들도 거두어 포용한다.

비유하면 큰 바다가 작은 개천을 거절하지 않으며, 또 모기(蚊)와 등에(虻)나 아수라(阿修羅)가 그 물을 마시면 모두 가득 참(充滿)을 얻는 것과 같다.

선남자여! 가령 어떤 사람이 순전히 칠보(七寶)로써 삼천대천세계에 가득히 쌓아 보시에 쓴다고 해도,

어떤 사람이 이 경의 이름과 한 구절의 뜻을 듣는 것만 못하다.

선남자여! 가령 어떤 사람이 백천 항하의 모래만큼 많은 중생을 교화하여 아라한의 깨달음의 경지를 얻게 하여도, 어떤 사람이 이 경의 반 게송(半偈)을 분별하여 베풀어 설한 것만 못하다.

선남자여! 만일 다시 어떤 사람이 이 경의 이름을 듣고 믿는 마음으로 의심하지 않으면, 마땅히 알아라. 이 사람은 한 부처님이나 두 부처님께만 모든 복과 지혜를 심은 것이 아니라, 이와 같이 항하의 모래가 다 없어질 때까지 일체의 부처님 자리에 모든 선근(善根)을 심었으므로, 이 경의 가르침을 듣는 것이다.

그대 선남자여! 마땅히 말세의 바른 수행자를 보호하여, 깨달음을 방해하는 악마(惡魔)와 모든 불법에 어긋나는 견해(外道)들이, 그 몸과 마음을 괴롭게 하여 뒤로 물러나 굴함이 생겨나지 않게 하라."

[그때에 부처님께서 이 뜻을 거듭해서 베푸시고자
하여 게송으로 말씀하셨다.

현선수여! 마땅히 알아라
이 경은 모든 부처님이 설한 것이며
여래들이 보호하고 지키는 것이며
십이부경(十二部經)의 분별의 지혜이나니
이름이 대방광원각다라니로서
여래의 경계를 나타낸 것이니라

이것을 의지해 수행하는 이는
점차로 더하여 나아가면
부처의 자리에 이르게 되니
바다가 수많은 개울을 받아들이며
마시는 이는 모두 충만해지는 것과 같다

가령 칠보를 삼천대천세계에 쌓아 보시하여도

이 경을 듣는 것만 못하며
만일 항하의 모래만큼 많은 중생을 교화하여
모두 아라한을 얻게 하여도
이 경의 반 게송을 들려준 것만 못하느니라

그대들은 미래의 세상에서
이 경을 베풀거나 지닌 이를 보호하여서
뒤로 물러나 굴함이 생겨나지 않게 하라]

그때에 모임 가운데 화수금강(火首金剛)·최쇄금강
(摧碎金剛)·니람파금강(尼藍婆金剛) 등 팔만 금강과
아울러 그 권속들이, 곧 자리에서 일어나 부처님
발에 엎드려 절하고서 부처님께 말씀드렸다.
"세존이시여! 만일 나중의 말세에 일체 중생이 능
히 이 틀림없는 대승(大乘)을 지니고 있으면, 저희
가 마땅히 청정한 분별의 지혜(眼目)를 보호하는 것
과 같이 지키고 보호할 것이며, 나아가 도량의 수

행하는 곳까지 저희들 금강이 직접 무리를 거느리고 아침저녁으로 지키고 보호하여 물러서지 않게 하며, 그 집에 영원히 재앙과 장애가 없고 역병이 소멸하며 재물이 풍족하여 항상 모자람이 없게 하겠습니다.”

그때에 대범천왕(大梵天王)·이십팔천왕(二十八天王)과 아울러 수미산왕(須彌山王)·호국천왕(護國天王) 등이, 곧 자리에서 일어나 부처님 발에 엎드려 절하고 오른쪽으로 세 번 돌고서 부처님께 말씀드렸다.

“세존이시여! 저희 또한 이 경을 지니는 이를 지키고 보호하여 항상 편안하고 고요해서 마음이 물러서지 않게 하겠습니다.”

그때에 길반다(吉槃茶)라는 이름의 대력귀왕(大力鬼王)이 있어, 십만 귀왕들과 함께 곧 자리에서 일어나 부처님 발에 엎드려 절하고 오른쪽으로 세 번 돌고서 부처님께 말씀드렸다.

"세존이시여! 저희 또한 이 경을 지니는 이를 지키고 보호하여 아침저녁으로 받들고 지켜서 물러나 굴하지 않게 하며, 그 사람이 사는 곳에서 일 유순(一由旬) 이내에 만일 어떤 귀신이 그 경계를 침범한다면, 저희가 마땅히 그를 부수어 작은 먼지와 같게 하겠나이다."

부처님께서 이 경을 말씀하시기를 마치니, 일체의 보살과 천룡귀신(天龍鬼神)의 팔부권속(八部眷屬)과 모든 천왕(天王)과 범왕(梵王) 등의 일체 대중이, 부처님의 말씀을 듣고 모두가 크게 기뻐하며 믿고 받아서 받들어 행하였다.

원하오니 이공덕이 온세상에 널리퍼져
원이차공덕 보급어일체 願以此功德 普及於一切

저와함께 모든중생 극락세계 태어나서
아등여중생 당생극락국 我等與衆生 當生極樂國

무량수불 함께뵙고 모두성불 하여지다
동견무량수 개공성불도 同見無量壽 皆共成佛道

대방광원각수다라요의경
大方廣圓覺修多羅了義經

序分 (서분)

여시아문 일시 바가바 입어신통대광명장 삼매정수 일
如是我聞　一時　婆伽婆　入於神通大光明藏　三昧正受　一

체여래 광엄주지 시제중생 청정각지 신심적멸 평등본
切如來　光嚴住持　是諸衆生　淸淨覺地　身心寂滅　平等本

제 원만시방 불이수순 어불이경 현제정토 여대보살마
際　圓滿十方　不二隨順　於不二境　現諸淨土　與大菩薩摩

하살 십만인구 기명왈 문수사리보살 보현보살 보안보
訶薩　十萬人俱　其名曰　文殊師利菩薩　普賢菩薩　普眼菩

살 금강장보살 미륵보살 청정혜보살 위덕자재보살 변
薩　金剛藏菩薩　彌勒菩薩　淸淨慧菩薩　威德自在菩薩　辯

음보살 정제업장보살 보각보살 원각보살 현선수보살등
音菩薩　淨諸業障菩薩　普覺菩薩　圓覺菩薩　賢善首菩薩等

이위상수 여제권속 개입삼매 동주여래 평등법회
而爲上首　與諸眷屬　皆入三昧　同住如來　平等法會

文殊菩薩章(문수보살장)

어시 문수사리보살 재대중중 즉종좌기 정례불족 우요
於是 文殊師利菩薩 在大衆中 卽從座起 頂禮佛足 右遶

삼잡 장궤차수 이백불언 대비세존 원위차회 제래법중
三匝 長跪叉手 而白佛言 大悲世尊 願爲此會 諸來法衆

설어여래 본기청정 인지법행 급설보살 어대승중 발청
說於如來 本起淸淨 因地法行 及說菩薩 於大乘中 發淸

정심 원리제병 능사미래 말세중생 구대승자 불타사견
淨心 遠離諸病 能使未來 末世衆生 求大乘者 不墮邪見

작시어이 오체투지 여시삼청 종이부시 이시세존 고문
作是語已 五體投地 如是三請 終而復始 爾時世尊 告文

수사리보살언 선재선재 선남자 여등내능위제보살 자순
殊師利菩薩言 善哉善哉 善男子 汝等乃能爲諸菩薩 諮詢

여래 인지법행 급위말세 일체중생 구대승자 득정주지
如來 因地法行 及爲末世 一切衆生 求大乘者 得正住持

불타사견 여금제청 당위여설 시문수사리보살 봉교환희
不墮邪見 汝今諦聽 當爲汝說 時文殊師利菩薩 奉敎歡喜

급제대중 묵연이청 선남자 무상법왕 유대다라니문 명
及諸大衆 默然而聽 善男子 無上法王 有大陀羅尼門 名

위원각 유출일체청정진여 보리열반 급바라밀 교수보살
爲圓覺 流出一切淸淨眞如 菩提涅槃 及波羅密 敎授菩薩

일체여래 본기인지 개의원조청정각상 영단무명 방성불
一切如來 本起因地 皆依圓照淸淨覺相 永斷無明 方成佛

도 운하무명 선남자 일체중생 종무시래 종종전도 유여
道 云何無明 善男子 一切衆生 從無始來 種種顚倒 猶如

미인 사방역처 망인사대 위자신상 육진연영 위자심상
迷人 四方易處 妄認四大 爲自身相 六塵緣影 爲自心相

비피병목 견공중화 급제이월 선남자 공실무화 병자망
譬彼病目 見空中花 及第二月 善男子 空實無花 病者妄

집 유망집고 비유혹차허공자성 역부미피실화생처 유차
執 由妄執故 非唯惑此虛空自性 亦復迷彼實花生處 由此

망유륜전생사 고명무명 선남자 차무명자 비실유체 여
妄有輪轉生死 故名無明 善男子 此無明者 非實有體 如

몽중인 몽시비무 급지어성 료무소득 여중공화 멸어허
夢中人 夢時非無 及至於醒 了無所得 如衆空花 滅於虛

공 불가설언 유정멸처 하이고 무생처고 일체중생 어무
空 不可說言 有定滅處 何以故 無生處故 一切衆生 於無

생중 망견생멸 시고설명 륜전생사 선남자 여래인지 수
生中 妄見生滅 是故說名 輪轉生死 善男子 如來因地 修

원각자 지시공화 즉무륜전 역무신심 수피생사 비작고
圓覺者 知是空花 卽無輪轉 亦無身心 受彼生死 非作故

무 본성무고 피지각자 유여허공 지허공자 즉공화상 역
無 本性無故 彼知覺者 猶如虛空 知虛空者 卽空花相 亦

불가설무지각성 유무구견 시즉명위 정각수순 하이고
不可說無知覺性 有無俱遣 是則名爲 淨覺隨順 何以故

허공성고 상부동고 여래장중 무기멸고 무지견고 여법
虛空性故 常不動故 如來藏中 無起滅故 無知見故 如法

계성 구경원만 변시방고 시즉명위 인지법행 보살인차
界性 究竟圓滿 遍十方故 是則名爲 因地法行 菩薩因此

어대승중 발청정심 말세중생 의차수행 불타사견
於大乘中 發淸淨心 末世衆生 依此修行 不墮邪見

이시세존 욕중선차의 이설게언 문수여당지 일체제여래
爾時世尊 欲重宣此義 而說偈言 文殊汝當知 一切諸如來

종어본인지 개이지혜각 요달어무명 지피여공화 즉능면
從於本因地 皆以智慧覺 了達於無明 知彼如空花 卽能免

류전 우여몽중인 성시불가득 각자여허공 평등부동전
流轉 又如夢中人 醒時不可得 覺者如虛空 平等不動轉

각변시방계 즉득성불도 중환멸무처 성도역무득 본성
覺遍十方界 卽得成佛道 衆幻滅無處 成道亦無得 本性

원만고 보살어차중 능발보리심 말세제중생 수차면사견
圓滿故 菩薩於此中 能發菩提心 末世諸衆生 修此免邪見

普賢菩薩章(보현보살장)

어시 보현보살 재대중중 즉종좌기 정례불족 우요삼잡
於是普賢菩薩 在大衆中 卽從座起 頂禮佛足 右遶三匝

장궤차수 이백불언 대비세존 원위차회 제보살중 급위
長跪叉手 而白佛言 大悲世尊 願爲此會 諸菩薩衆 及爲

말세 일체중생 수대승자 문차원각 청정경계 운하수행
末世 一切衆生 修大乘者 聞此圓覺 清淨境界 云何修行

세존 약피중생 지여환자 신심역환 운하이환 환수어환
世尊 若彼衆生 知如幻者 身心亦幻 云何以幻 還修於幻

약제환성 일체진멸 즉무유심 수위수행 운하부설 수행
若諸幻性 一切盡滅 則無有心 誰爲修行 云何復說 修行

여환 약제중생 본불수행 어생사중 상거환화 증불료지
如幻 若諸衆生 本不修行 於生死中 常居幻化 曾不了知

여환경계 영망상심 운하해탈 원위말세일체중생 작하방
如幻境界 令妄想心 云何解脫 願爲末世一切衆生 作何方

편 점차수습 영제중생 영리제환 작시어이 오체투지 여
便 漸次修習 令諸衆生 永離諸幻 作是語已 五體投地 如

시삼청 종이부시 이시세존 고보현보살언 선재선재 선
是三請 終而復始 爾時世尊 告普賢菩薩言 善哉善哉 善

남자 여등내능위제보살 급말세중생 수습보살 여환삼매
男子 汝等乃能爲諸菩薩 及末世衆生 修習菩薩 如幻三昧

방편점차 영제중생 득리제환 여금제청 당위여설 시보
方便漸次 令諸衆生 得離諸幻 汝今諦聽 當爲汝說 時普

현보살 봉교환희 급제대중 묵연이청 선남자 일체중생
賢菩薩 奉教歡喜 及諸大衆 默然而聽 善男子 一切衆生

종종환화 개생여래 원각묘심 유여공화 종공이유 환화
種種幻化 皆生如來 圓覺妙心 猶如空花 從空而有 幻花

수멸 공성불괴 중생환심 환의환멸 제환진멸 각심부동
雖滅 空性不壞 衆生幻心 還依幻滅 諸幻盡滅 覺心不動

의환설각 역명위환 약설유각 유미리환 설무각자 역부
依幻說覺 亦名爲幻 若說有覺 猶未離幻 說無覺者 亦復

여시 시고환멸 명위부동 선남자 일체보살 급말세중생
如是 是故幻滅 名爲不動 善男子 一切菩薩 及末世衆生

응당원리 일체환화 허망경계 유견집지 원리심고 심여
應當遠離 一切幻化 虛妄境界 由堅執持 遠離心故 心如

환자 역부원리 원리위환 역부원리 이원이환 역부원리
幻者 亦復遠離 遠離爲幻 亦復遠離 離遠離幻 亦復遠離

득무소리 즉제제환 비여찬화 양목상인 화출목진 회비
得無所離 卽除諸幻 譬如鑽火 兩木相因 火出木盡 灰飛

연멸 이환수환 역부여시 제환수진 불입단멸 선남자 지
煙滅 以幻修幻 亦復如是 諸幻雖盡 不入斷滅 善男子 知

환즉리 부작방편 리환즉각 역무점차 일체보살 급말세
幻卽離 不作方便 離幻卽覺 亦無漸次 一切菩薩 及末世

중생 의차수행 여시내능 영리제환
衆生 依此修行 如是乃能 永離諸幻

이시세존 욕중선차의 이설게언 보현여당지 일제제중생
爾時世尊 欲重宣此義 而說偈言 普賢汝當知 一切諸衆生

무시환무명 제종제여래 원각심건립 유여허공화 의공이
無始幻無明 皆從諸如來 圓覺心建立 猶如虛空花 依空而

유상 공화약부멸 허공본부동 환종제각생 환멸각원만
有相 空花若復滅 虛空本不動 幻從諸覺生 幻滅覺圓滿

각심부동고 약피제보살 급말세중생 상응원리환 제환실
覺心不動故 若彼諸菩薩 及末世衆生 常應遠離幻 諸幻悉

개리 여목중생화 목진화환멸 각즉무점차 방편역여시
皆離 如木中生火 木盡火還滅 覺則無漸次 方便亦如是

普眼菩薩章(보안보살장)

어시 보안보살 재대중중 즉종좌기 정례불족 우요삼잡
於是 普眼菩薩 在大衆中 卽從座起 頂禮佛足 右遶三匝

장궤차수 이백불언 대비세존 원위차회 제보살중 급위
長跪叉手 而白佛言 大悲世尊 願爲此會 諸菩薩衆 及爲

말세 일체중생 연설 보살 수행점차 운하사유 운하주지
末世 一切衆生 演說 菩薩 修行漸次 云何思惟 云何住持

중생미오 작하방편 보령개오 세존 약피중생 무정방편
衆生未悟 作何方便 普令開悟 世尊 若彼衆生 無正方便

급정사유 문불여래 설차삼매 심생미민 즉어원각 불능
及正思惟 聞佛如來 說此三昧 心生迷悶 則於圓覺 不能

오입 원흥자비 위아등배 급말세중생 가설방편 작시어
悟入 願興慈悲 爲我等輩 及末世衆生 假說方便 作是語

이 오체투지 여시삼청 종이부시 이시세존 고보안보살
已 五體投地 如是三請 終而復始 爾時世尊 告普眼菩薩

언 선재선재 선남자 여등내능위제보살 급말세중생 문
言 善哉善哉 善男子 汝等乃能爲諸菩薩 及末世衆生 問

어여래 수행점차 사유주지 내지 가설 종종방편 여금제
於如來 修行漸次 思惟住持 乃至 假說 種種方便 汝今諦

청 당위여설 시보안보살 봉교환희 급제대중 묵연이청
聽 當爲汝說 時普眼菩薩 奉教歡喜 及諸大衆 默然而聽

선남자 피신학보살 급말세중생 욕구여래 정원각심 응
善男子 彼新學菩薩 及末世衆生 欲求如來 淨圓覺心 應

당정념 원리제환 선의여래 사마타행 견지금계 안처도
當正念 遠離諸幻 先依如來 奢摩他行 堅持禁戒 安處徒

중 연좌정실 항작시념 아금차신 사대화합 소위 발모조
衆 宴坐靜室 恒作是念 我今此身 四大和合 所謂 髮毛爪

치 피육근골 수뇌구색 개귀어지 타체농혈 진액연말 담
齒 皮肉筋骨 髓腦垢色 皆歸於地 唾涕膿血 津液涎沫 痰

루정기 대소변리 개귀어수 난기귀화 동전귀풍 사대각
淚精氣 大小便利 皆歸於水 暖氣歸火 動轉歸風 四大各

리 금자망신 당재하처 즉지차신 필경무체 화합위상 실
離 今者妄身 當在何處 卽知此身 畢竟無體 和合爲相 實

동환화 사연가합 망유육근 육근사대 중외합성 망유연
同幻化 四緣假合 妄有六根 六根四大 中外合成 妄有緣

기 어중적취 사유연상 가명위심 선남자 차허망심 약무
氣 於中積聚 似有緣相 假名爲心 善男子 此虛妄心 若無

육진 즉불능유 사대분해 무진가득 어중연진 각귀산멸
六塵 則不能有 四大分解 無塵可得 於中緣塵 各歸散滅

필경무유 연심가견 선남자 피지중생 환신멸고 환심역
畢竟無有 緣心可見 善男子 彼之衆生 幻身滅故 幻心亦

멸 환심멸고 환진역멸 환진멸고 환멸역멸 환멸멸고 비
滅 幻心滅故 幻塵亦滅 幻塵滅故 幻滅亦滅 幻滅滅故 非

환불멸 비여마경 구진명현 선남자 당지신심 개위환구
幻不滅 譬如磨鏡 垢盡明現 善男子 當知身心 皆爲幻垢

구상영멸 시방청정 선남자 비여청정마니보주 영어오색
垢相永滅 十方淸淨 善男子 譬如淸淨摩尼寶珠 映於五色

수방각현 제우치자 견피마니 실유오색 선남자 원각정
隨方各現 諸愚癡者 見彼摩尼 實有五色 善男子 圓覺淨

성 현어신심 수류각응 피우치자 설정원각 실유여시 신
性 現於身心 隨類各應 彼愚癡者 說淨圓覺 實有如是 身

심자상 역부여시 유차불능 원어환화 시고 아설신심 환
心自相 亦復如是 由此不能 遠於幻化 是故 我說身心 幻

구 대리환구 설명보살 구진대제 즉무대구 급설명자 선
垢 對離幻垢 說名菩薩 垢盡對除 卽無對垢 及說名者 善

남자 차보살 급말세중생 증득제환 멸영상고 이시 편득
男子 此菩薩 及末世衆生 證得諸幻 滅影像故 爾時 便得

무방청정 무변허공 각소현발 각원명고 현심청정 심청
無方淸淨 無邊虛空 覺所顯發 覺圓明故 顯心淸淨 心淸

정고 견진청정 견청정고 안근청정 근청정고 안식청정
淨故 見塵淸淨 見淸淨故 眼根淸淨 根淸淨故 眼識淸淨

식청정고 문진청정 문청정고 이근청정 근청정고 이식
識清淨故 聞塵清淨 聞清淨故 耳根清淨 根清淨故 耳識

청정 식청정고 각진청정 여시내지 비설신의 역부여시
清淨 識清淨故 覺塵清淨 如是乃至 鼻舌身意 亦復如是

선남자 근청정고 색진청정 색청정고 성진청정 향미촉
善男子 根清淨故 色塵清淨 色清淨故 聲塵清淨 香味觸

법 역부여시 선남자 육진청정고 지대청정 지청정고 수
法 亦復如是 善男子 六塵清淨故 地大清淨 地清淨故 水

대청정 화대풍대 역부여시 선남자 사대청정고 십이처
大清淨 火大風大 亦復如是 善男子 四大清淨故 十二處

십팔계 이십오유청정 피청정고 십력 사무소외 사무애
十八界 二十五有清淨 彼清淨故 十力 四無所畏 四無礙

지 불십팔불공법 삼십칠조도품청정 여시내지 팔만사천
智 佛十八不共法 三十七助道品清淨 如是乃至 八萬四千

다라니문 일체청정 선남자 일체실상 성청정고 일신청
陀羅尼門 一切清淨 善男子 一切實相 性清淨故 一身清

정 일신청정고 다신청정 다신청정고 여시내지 시방중
淨 一身清淨故 多身清淨 多身清淨故 如是乃至 十方眾

생 원각청정 선남자 일세계청정고 다세계청정 다세계
生 圓覺清淨 善男子 一世界清淨故 多世界清淨 多世界

청정고 여시내지 진어허공 원과삼세 일체평등 청정부
清淨故 如是乃至 盡於虛空 圓裹三世 一切平等 清淨不

동 선남자 허공여시 평등부동 당지각성 평등부동 사대
動 善男子 虛空如是 平等不動 當知覺性 平等不動 四大

부동고 당지각성 평등부동 여시내지 팔만사천 다라니
不動故 當知覺性 平等不動 如是乃至 八萬四千 陀羅尼

문 평등부동 당지각성 평등부동 선남자 각성변만 청정
門 平等不動 當知覺性 平等不動 善男子 覺性遍滿 清淨

부동 원무제고 당지육근 변만법계 근변만고 당지육진
不動 圓無際故 當知六根 遍滿法界 根遍滿故 當知六塵

변만법계 진변만고 당지사대 변만법계 여시내지 다라
遍滿法界 塵遍滿故 當知四大 遍滿法界 如是乃至 陀羅

니문 변만법계 선남자 유피묘각 성변만고 근성진성 무
尼門 遍滿法界 善男子 由彼妙覺 性遍滿故 根性塵性 無

괴무잡 근진무괴고 여시내지 다라니문 무괴무잡 여백
壞無雜 根塵無壞故 如是乃至 陀羅尼門 無壞無雜 如百

천등 광조일실 기광변만 무괴무잡 선남자 각성취고 당
千燈 光照一室 其光遍滿 無壞無雜 善男子 覺成就故 當

지보살 불여법박 불구법탈 불염생사 불애열반 불경지
知菩薩 不與法縛 不求法脫 不厭生死 不愛涅槃 不敬持

계 부증훼금 부중구습 불경초학 하이고 일체각고 비여
戒 不憎毀禁 不重久習 不輕初學 何以故 一切覺故 譬如

안광 효료전경 기광원만 득무증애 하이고 광체무이 무
眼光 曉了前境 其光圓滿 得無憎愛 何以故 光體無二 無

증애고 선남자 차보살 급말세중생 수습차심 득성취자
憎愛故 善男子 此菩薩 及末世衆生 修習此心 得成就者

어차무수 역무성취 원각보조 적멸무이 어중백천만억
於此無修 亦無成就 圓覺普照 寂滅無二 於中百千萬億

아승지 불가설 항하사제불세계 유여공화 난기난멸 부
阿僧祇 不可說 恒河沙諸佛世界 猶如空花 亂起亂滅 不

즉불리 무박무탈 시지중생 본래성불 생사열반 유여작
卽不離 無縛無脫 始知衆生 本來成佛 生死涅槃 猶如昨

몽 선남자 여작몽고 당지생사 급여열반 무기무멸 무래
夢 善男子 如昨夢故 當知生死 及與涅槃 無起無滅 無來

무거 기소증자 무득무실 무취무사 기능증자 무작무지
無去 其所證者 無得無失 無取無捨 其能證者 無作無止

무임무멸 어차증중 무능무소 필경무증 역무증자 일체
無任無滅 於此證中 無能無所 畢竟無證 亦無證者 一切

법성 평등불괴 선남자 피제보살 여시수행 여시점차 여
法性 平等不壞 善男子 彼諸菩薩 如是修行 如是漸次 如

시사유 여시주지 여시방편 여시개오 구여시법 역불미민
是思惟 如是住持 如是方便 如是開悟 求如是法 亦不迷悶

이시세존 욕중선차의 이설게언 보안여당지 일체제중생
爾時世尊 欲重宣此義 而說偈言 普眼汝當知 一切諸衆生

신심개여환 신상속사대 심성귀육진 사대체각리 수위화
身心皆如幻 身相屬四大 心性歸六塵 四大體各離 誰爲和

합자 여시점수행 일체실청정 부동변법계 무작지임멸
合者 如是漸修行 一切悉淸淨 不動遍法界 無作止任滅

역무능증자 일체불세계 유여허공화 삼세실평등 필경무
亦無能證者 一切佛世界 猶如虛空花 三世悉平等 畢竟無

래거 초발심보살 급말세중생 욕구입불도 응여시수습
來去 初發心菩薩 及末世衆生 欲求入佛道 應如是修習

金剛藏菩薩章(금강장보살장)

어시 금강장보살 재대중중 즉종좌기 정례불족 우요삼
於是 金剛藏菩薩 在大衆中 卽從座起 頂禮佛足 右遶三

잡 장궤차수 이백불언 대비세존 선위일체 제보살중 선
匝 長跪叉手 而白佛言 大悲世尊 善爲一切 諸菩薩衆 宣

양여래 원각청정 대다라니 인지법행 점차방편 여제중
揚如來 圓覺淸淨 大陀羅尼 因地法行 漸次方便 與諸衆

생 개발몽매 재회법중 승불자회 환예랑연 혜목청정 세
生 開發蒙昧 在會法衆 承佛慈誨 幻翳朗然 慧目淸淨 世

존 약제중생 본래성불 하고부유 일체무명 약제무명 중
尊 若諸衆生 本來成佛 何故復有 一切無明 若諸無明 衆

생본유 하인연고 여래부설 본래성불 시방이생 본성불
生本有 何因緣故 如來復說 本來成佛 十方異生 本成佛

도 후기무명 일체여래 하시부생 일체번뇌 유원 불사무
道 後起無明 一切如來 何時復生 一切煩惱 唯願 不捨無

차대자 위제보살 개비밀장 급위말세 일체중생 득문여
遮大慈 爲諸菩薩 開祕密藏 及爲末世 一切衆生 得聞如

시 수다라교 요의법문 영단의회 작시어이 오체투지 여
是 修多羅敎 了義法門 永斷疑悔 作是語已 五體投地 如

시삼청 종이부시 이시세존 고금강장보살언 선재선재
是三請 終而復始 爾時世尊 告金剛藏菩薩言 善哉善哉

선남자 여등내능 위제보살 급말세중생 문어여래 심심
善男子 汝等乃能 爲諸菩薩 及末世衆生 問於如來 甚深

비밀 구경방편 시제보살 최상교회 요의대승 능사시방
祕密 究竟方便 是諸菩薩 最上教誨 了義大乘 能使十方

수학보살 급제말세 일체중생 득결정신 영단의회 여금
修學菩薩 及諸末世 一切衆生 得決定信 永斷疑悔 汝今

제청 당위여설 시 금강장보살 봉교환희 급제대중 묵
諦聽 當爲汝說 時 金剛藏菩薩 奉教歡喜 及諸大衆 默

연이청 선남자 일체세계 시종생멸 전후유무 취산기지
然而聽 善男子 一切世界 始終生滅 前後有無 聚散起止

념념상속 순환왕복 종종취사 개시윤회 미출윤회 이변
念念相續 循環往復 種種取捨 皆是輪迴 未出輪迴 而辨

원각 피원각성 즉동유전 약면윤회 무유시처 비여동목
圓覺 彼圓覺性 即同流轉 若免輪迴 無有是處 譬如動目

능요담수 우여정안 유회전화 운사월운 주행안이 역부
能搖湛水 又如定眼 猶迴轉火 雲駛月運 舟行岸移 亦復

여시 선남자 제선미식 피물선주 상불가득 하황윤전 생
如是 善男子 諸旋未息 彼物先住 尙不可得 何況輪轉 生

사구심 증미청정 관불원각 이불선복 시고 여등편생삼
死垢心 曾未淸淨 觀佛圓覺 而不旋復 是故 汝等便生三

혹 선남자 비여환예 망견공화 환예약제 불가설언 차예
惑 善男子 譬如患翳 妄見空花 患翳若除 不可說言 此翳

이멸 하시갱기 일체제예 하이고 예화이법 비상대고 역
已滅 何時更起 一切諸翳 何以故 翳花二法 非相待故 亦

여공화 멸어공시 불가설언 허공하시 갱기공화 하이고
如空花 滅於空時 不可說言 虛空何時 更起空花 何以故

공본무화 비기멸고 생사열반 동어기멸 묘각원조 이어
空本無花 非起滅故 生死涅槃 同於起滅 妙覺圓照 離於

화예 선남자 당지허공 비시잠유 역비잠무 황부여래 원
花翳 善男子 當知虛空 非是暫有 亦非暫無 況復如來 圓

각수순 이위허공 평등본성 선남자 여소금광 금비소유
覺隨順 而爲虛空 平等本性 善男子 如銷金礦 金非銷有

기이성금 부중위광 경무궁시 금성불괴 불응설언 본비
旣已成金 不重爲礦 經無窮時 金性不壞 不應說言 本非

성취 여래원각 역부여시 선남자 일체여래 묘원각심 본
成就 如來圓覺 亦復如是 善男子 一切如來 妙圓覺心 本

무보리 급여열반 역무성불 급불성불 무망윤회 급비윤
無菩提 及與涅槃 亦無成佛 及不成佛 無妄輪迴 及非輪

회 선남자 단제성문 소원경계 신심어언 개실단멸 종불
迴 善男子 但諸聲聞 所圓境界 身心語言 皆悉斷滅 終不

능지 피지친증 소현열반 하황능이 유사유심 측탁여래
能至 彼之親證 所現涅槃 何況能以 有思惟心 測度如來

원각경계 여취형화 소수미산 종불능착 이윤회심 생윤
圓覺境界 如取螢火 燒須彌山 終不能着 以輪迴心 生輪

회견 입어여래 대적멸해 종불능지 시고아설 일체보살
迴見 入於如來 大寂滅海 終不能至 是故我說 一切菩薩

급말세중생 선단무시 윤회근본 선남자 유작사유 종유
及末世衆生 先斷無始 輪迴根本 善男子 有作思惟 從有

심기 개시육진 망상연기 비실심체 이여공화 용차사유
心起 皆是六塵 妄想緣氣 非實心體 已如空花 用此思惟

변어불경 유여공화 부결공과 전전망상 무유시처 선남
辨於佛境 猶如空花 復結空果 展轉妄想 無有是處 善男

자 허망부심 다제교견 불능성취 원각방편 여시분별 비
子 虛妄浮心 多諸巧見 不能成就 圓覺方便 如是分別 非

위정문
爲正問

이시세존 욕중선차의 이설게언 금강장당지 여래적멸성
爾時世尊 欲重宣此義 而說偈言 金剛藏當知 如來寂滅性

미증유종시 약이윤회심 사유즉선복 단지윤회제 불능입
未曾有終始 若以輪迴心 思惟卽旋復 但至輪迴際 不能入

불해 비여소금광 금비소고유 수부본래금 종이소성취
佛海 譬如銷金礦 金非銷故有 雖復本來金 終以銷成就

일성진금체 불부중위광 생사여열반 범부급제불 동위공
一成眞金體 不復重爲礦 生死與涅槃 凡夫及諸佛 同爲空

화상 사유유환화 하황힐허망 약능요차심 연후구원각
花相 思惟猶幻化 何況詰虛妄 若能了此心 然後求圓覺

彌勒菩薩章(미륵보살장)

어시미륵보살 재대중중 즉종좌기 정례불족 우요삼잡
於是彌勒菩薩 在大衆中 卽從座起 頂禮佛足 右遶三匝

장궤차수 이백불언 대비세존 광위보살 개비밀장 영제
長跪叉手 而白佛言 大悲世尊 廣爲菩薩 開祕密藏 令諸

대중 심오윤회 분별사정 능시말세 일체중생 무외도안
大衆 深悟輪迴 分別邪正 能施末世 一切衆生 無畏道眼

어대열반 생결정신 무부중수 윤전경계 기순환견 세존
於大涅槃 生決定信 無復重隨 輪轉境界 起循環見 世尊

약제보살 급말세중생 욕유여래 대적멸해 운하당단 윤
若諸菩薩 及末世衆生 欲遊如來 大寂滅海 云何當斷 輪

회근본 어제윤회 유기종성 수불보리 기등차별 회입진
迴根本 於諸輪迴 有幾種性 修佛菩提 幾等差別 迴入塵

로 당설기종 교화방편 도제중생 유원불사 구세대비 영
勞 當設幾種 教化方便 度諸衆生 唯願不捨 救世大悲 令

제수행 일체보살 급말세중생 혜목숙정 조요심경 원오
諸修行 一切菩薩 及末世衆生 慧目肅清 照曜心鏡 圓悟

여래 무상지견 작시어이 오체투지 여시삼청 종이부시
如來 無上知見 作是語已 五體投地 如是三請 終而復始

이시 세존 고미륵보살언 선재선재 선남자 여등내능 위
爾時 世尊 告彌勒菩薩言 善哉善哉 善男子 汝等乃能 爲

제보살 급말세중생 청문여래 심오비밀 미묘지의 영제
諸菩薩 及末世衆生 請問如來 深奧祕密 微妙之義 令諸

보살 결청혜목 급령일체말세중생 영단윤회 심오실상
菩薩 潔淸慧目 及令一切末世衆生 永斷輪迴 心悟實相

구무생인 여금제청 당위여설 시미륵보살 봉교환희 급
具無生忍 汝今諦聽 當爲汝說 時彌勒菩薩 奉教歡喜 及

제대중 묵연이청 선남자 일체중생 종무시제 유유종종
諸大衆 默然而聽 善男子 一切衆生 從無始際 由有種種

은애탐욕 고유윤회 약제세계 일체종성 난생태생습생화
恩愛貪欲 故有輪迴 若諸世界 一切種性 卵生胎生濕生化

생 개인음욕 이정성명 당지윤회 애위근본 유유제욕 조
生 皆因婬欲 而正性命 當知輪迴 愛爲根本 由有諸欲 助

발애성 시고 능령생사상속 욕인애생 명인욕유 중생애
發愛性 是故 能令生死相續 欲因愛生 命因欲有 衆生愛

명 환의욕본 애욕위인 애명위과 유어욕경 기제위순 경
命 還依欲本 愛欲爲因 愛命爲果 由於欲境 起諸違順 境

배애심 이생증질 조종종업 시고 부생지옥아귀 지욕가
背愛心 而生憎嫉 造種種業 是故 復生地獄餓鬼 知欲可

염 애염업도 사악낙선 부현천인 우지제애 가염악고 기
厭 愛厭業道 捨惡樂善 復現天人 又知諸愛 可厭惡故 棄

애요사 환자애본 부현유위 증상선과 개윤회고 불성성
愛樂捨 還滋愛本 便現有爲 增上善果 皆輪迴故 不成聖

도 시고중생 욕탈생사 면제윤회 선단탐욕 급제애갈 선
道 是故衆生 欲脫生死 免諸輪迴 先斷貪欲 及除愛渴 善

남자 보살 변화 시현세간 비애위본 단이자비 영피사애
男子 菩薩變化 示現世間 非愛爲本 但以慈悲 令彼捨愛

가제탐욕 이입생사 약제말세일체중생 능사제욕 급제증
假諸貪欲 而入生死 若諸末世一切衆生 能捨諸欲 及除憎

애 영단윤회 근구여래 원각경계 어청정심 변득개오 선
愛 永斷輪迴 勤求如來 圓覺境界 於淸淨心 便得開悟 善

남자 일체중생 유본탐욕 발휘무명 현출오성 차별부등
男子 一切衆生 由本貪欲 發揮無明 顯出五性 差別不等

의이종장 이현심천 운하이장 일자이장 애정지견 이자
依二種障 而現深淺 云何二障 一者理障 礙正知見 二者

사장 속제생사 운하오성 선남자 약차이장 미득단멸 명
事障 續諸生死 云何五性 善男子 若此二障 未得斷滅 名

미성불 약제중생 영사탐욕 선제사장 미단이장 단능오
未成佛 若諸衆生 永捨貪欲 先除事障 未斷理障 但能悟

입 성문연각 미능현주 보살경계 선남자 약제말세 일체
入 聲聞緣覺 未能顯住 菩薩境界 善男子 若諸末世 一切

중생 욕범여래 대원각해 선당발원 근단이장 이장이복
衆生 欲泛如來 大圓覺海 先當發願 勤斷二障 二障已伏

즉능오입 보살경계 약사이장 이영단멸 즉입여래 미묘
卽能悟入 菩薩境界 若事理障 已永斷滅 卽入如來 微妙

원각 만족보리 급대열반 선남자 일체중생 개증원각 봉
圓覺 滿足菩提 及大涅槃 善男子 一切衆生 皆證圓覺 逢

선지식 의피소작 인지법행 이시수습 변유돈점 약우여
善知識 依彼所作 因地法行 爾時修習 便有頓漸 若遇如

래 무상보리 정수행로 근무대소 개성불과 약제중생 수
來 無上菩提 正修行路 根無大小 皆成佛果 若諸衆生 雖

구선우 우사견자 미득정오 시즉명위 외도종성 사사과
求善友 遇邪見者 未得正悟 是則名爲 外道種性 邪師過

류 비중생구 시명중생 오성차별 선남자 보살유이 대비
謬 非衆生咎 是名衆生 五性差別 善男子 菩薩唯以 大悲

방편 입제세간 개발미오 내지시현 종종형상 역순경계
方便 入諸世間 開發未悟 乃至示現 種種形相 逆順境界

여기동사 화령성불 개의무시 청정원력 약제말세 일체
與其同事 化令成佛 皆依無始 淸淨願力 若諸末世 一切

중생 어대원각 기증상심 당발보살 청정대원 응작시언
衆生 於大圓覺 起增上心 當發菩薩 淸淨大願 應作是言

원아금자 주불원각 구선지식 막치외도 급여이승 의원
願我今者 住佛圓覺 求善知識 莫値外道 及與二乘 依願

수행 점단제장 장진원만 변등해탈 청정법전 증대원각
修行 漸斷諸障 障盡願滿 便登解脫 淸淨法殿 證大圓覺

묘장엄역
妙莊嚴域

이시세존 욕중선차의 이설게언 미륵여당지 일체제중생
爾時世尊 欲重宣此義 而說偈言 彌勒汝當知 一切諸衆生

부득대해탈 개유탐욕고 타락어생사 약능단증애 급여탐
不得大解脫 皆由貪欲故 墮落於生死 若能斷憎愛 及與貪

진치 불인차별성 개득성불도 이장영소멸 구사득정오
瞋癡 不因差別性 皆得成佛道 二障永銷滅 求師得正悟

수순보리원 의지대열반 시방제보살 개이대비원 시현입
隨順菩提願 依止大涅槃 十方諸菩薩 皆以大悲願 示現入

생사 현재수행자 급말세중생 근단제애견 편귀대원각
生死 現在修行者 及末世衆生 勤斷諸愛見 便歸大圓覺

淸淨慧菩薩章(청정혜보살장)

어시청정혜보살 재대중중 즉종좌기 정례불족 우요삼잡
於是淸淨慧菩薩 在大衆中 卽從座起 頂禮佛足 右繞三匝

장궤차수 이백불언 대비세존 위아등배 광설여시 부사
長跪叉手 而白佛言 大悲世尊 爲我等輩 廣說如是 不思

의사 본소불견 본소불문 아등 금자 몽불선유 신심태연
議事 本所不見 本所不聞 我等 今者 蒙佛善誘 身心泰然

득대요익 원위일체 제래법중 중선법왕 원만각성 일체
得大饒益 願爲一切 諸來法衆 重宣法王 圓滿覺性 一切

중생 급제보살 여래세존 소증소득 운하차별 영말세중
衆生 及諸菩薩 如來世尊 所證所得 云何差別 令末世衆

생 문차성교 수순개오 점차능입 작시어이 오체투지 여
生 聞此聖教 隨順開悟 漸次能入 作是語已 五體投地 如

시삼청 종이부시 이시 세존 고청정혜보살언 선재선재
是三請 終而復始 爾時 世尊 告淸淨慧菩薩言 善哉善哉

선남자 여등내능 위제보살 급말세중생 청문여래 점차
善男子 汝等乃能 爲諸菩薩 及末世衆生 請問如來 漸次

차별 여금제청 당위여설 시 청정혜보살 봉교환희 급제
差別 汝今諦聽 當爲汝說 時 淸淨慧菩薩 奉敎歡喜 及諸

대중 묵연이청 선남자 원각자성 비성성유 순제성기 무
大衆 默然而聽 善男子 圓覺自性 非性性有 循諸性起 無

취무증 어실상중 실무보살 급제중생 하이고 보살중생
取無證 於實相中 實無菩薩 及諸衆生 何以故 菩薩衆生

개시환화 환화멸고 무취증자 비여안근 부자견안 성자
皆是幻化 幻化滅故 無取證者 譬如眼根 不自見眼 性自

평등 무평등자 중생미도 미능제멸 일체환화 어멸미멸
平等 無平等者 衆生迷倒 未能除滅 一切幻化 於滅未滅

망공용중 변현차별 약득여래 적멸수순 실무적멸 급적
妄功用中 便顯差別 若得如來 寂滅隨順 實無寂滅 及寂

멸자 선남자 일체중생 종무시래 유망상아 급애아자 증
滅者 善男子 一切衆生 從無始來 由妄想我 及愛我者 曾

불자지 념념생멸 고기증애 탐착오욕 약우선우 교령개
不自知 念念生滅 故起憎愛 耽着五欲 若遇善友 教令開

오 정원각성 발명기멸 즉지차생 성자로려 약부유인 노
悟 淨圓覺性 發明起滅 卽知此生 性自勞慮 若復有人 勞

려영단 득법계정 즉피정해 위자장애 고어원각 이불자
慮永斷 得法界淨 卽彼淨解 爲自障礙 故於圓覺 而不自

재 차명범부 수순각성 선남자 일체보살 견해위애 수단
在 此名凡夫 隨順覺性 善男子 一切菩薩 見解爲礙 雖斷

해애 유주견각 각애위애 이불자재 차명보살 미입지자
解礙 猶住見覺 覺礙爲礙 而不自在 此名菩薩 未入地者

수순각성 선남자 유조유각 구명장애 시고보살 상각부
隨順覺性 善男子 有照有覺 俱名障礙 是故菩薩 常覺不

주 조여조자 동시적멸 비여유인 자단기수 수기단고 무
住 照與照者 同時寂滅 譬如有人 自斷其首 首已斷故 無

능단자 즉이애심 자멸제애 애이단멸 무멸애자 수다라
能斷者 則以礙心 自滅諸礙 礙已斷滅 無滅礙者 修多羅

교 여표월지 약부견월 요지소표 필경비월 일체여래 종
教 如標月指 若復見月 了知所標 畢竟非月 一切如來 種

종언설 개시보살 역부여시 차명보살 이입지자 수순각
種言說 開示菩薩 亦復如是 此名菩薩 已入地者 隨順覺

성 선남자 일체장애 즉구경각 득념실념 무비해탈 성법
性 善男子 一切障礙 卽究竟覺 得念失念 無非解脫 成法

파법 개명열반 지혜우치 통위반야 보살외도 소성취법
破法 皆名涅槃 智慧愚癡 通爲般若 菩薩外道 所成就法

동시보리 무명진여 무이경계 제계정혜 급음노치 구시
同是菩提 無明眞如 無異境界 諸戒定慧 及婬怒癡 俱是

범행 중생국토 동일법성 지옥천궁 개위정토 유성무성
梵行 衆生國土 同一法性 地獄天宮 皆爲淨土 有性無性

제성불도 일체번뇌 필경해탈 법계해혜 조료제상 유여
齊成佛道 一切煩惱 畢竟解脫 法界海慧 照了諸相 猶如

허공 차명여래 수순각성 선남자 단제보살 급말세중생
虛空 此名如來 隨順覺性 善男子 但諸菩薩 及末世衆生

거일체시 불기망념 어제망심 역불식멸 주망상경 불가
居一切時 不起妄念 於諸妄心 亦不息滅 住妄想境 不加

요지 어무요지 불변진실 피제중생 문시법문 신해수지
了知 於無了知 不辨眞實 彼諸衆生 聞是法門 信解受持

불생경외 시즉명위 수순각성 선남자 여등당지 여시중
不生驚畏 是則名爲 隨順覺性 善男子 汝等當知 如是衆

생 이증공양 백천만억 항하사제불 급대보살 식중덕본
生 已曾供養 百千萬億 恒河沙諸佛 及大菩薩 植衆德本

불설시인 명위성취 일체종지
佛說是人 名爲成就 一切種智

이시세존 욕중선차의 이설게언 청정혜당지 원만보리성
爾時世尊 欲重宣此義 而說偈言 淸淨慧當知 圓滿菩提性

무취역무증 무보살중생 각여미각시 점차유차별 중생위
無取亦無證 無菩薩衆生 覺與未覺時 漸次有差別 衆生爲

해애 보살미리각 입지영적멸 부주일체상 대각실원만
解礙 菩薩未離覺 入地永寂滅 不住一切相 大覺悉圓滿

명위변수순 말세제중생 심불생허망 불설여시인 현세즉
名爲遍隨順 末世諸衆生 心不生虛妄 佛說如是人 現世卽

보살 공양항사불 공덕이원만 수유다방편 개명수순지
菩薩 供養恒沙佛 功德已圓滿 雖有多方便 皆名隨順智

威德自在菩薩章(위덕자재보살장)

어시 위덕자재보살 재대중중 즉종좌기 정례불족 우요
於是 威德自在菩薩 在大衆中 卽從座起 頂禮佛足 右遶

삼잡 장궤차수 이백불언 대비세존 광위아등 분별여시
三匝 長跪叉手 而白佛言 大悲世尊 廣爲我等 分別如是

수순각성 영제보살 각심광명 승불원음 불인수습 이득
隨順覺性 令諸菩薩 覺心光明 承佛圓音 不因修習 而得

선리 세존 비여대성 외유사문 수방래자 비지일로 일체
善利 世尊 譬如大城 外有四門 隨方來者 非止一路 一切

보살 장엄불국 급성보리 비일방편 유원세존 광위아등
菩薩 莊嚴佛國 及成菩提 非一方便 唯願世尊 廣爲我等

선설일체방편점차 병수행인 총유기종 영차회보살 급말
宣說一切方便漸次 幷修行人 總有幾種 令此會菩薩 及末

세중생 구대승자 속득개오 유희여래 대적멸해 작시어
世衆生 求大乘者 速得開悟 遊戲如來 大寂滅海 作是語

이 오체투지 여시삼청 종이부시 이시세존 고위덕자재
已 五體投地 如是三請 終而復始 爾時世尊 告威德自在

보살언 선재선재 선남자 여등내능 위제보살 급말세중
菩薩言 善哉善哉 善男子 汝等乃能 爲諸菩薩 及末世衆

생 문어여래 여시방편 여금제청 당위여설 시위덕자재
生 問於如來 如是方便 汝今諦聽 當爲汝說 時威德自在

보살 봉교환희 급제대중 묵연이청 선남자 무상묘각 변
菩薩 奉敎歡喜 及諸大衆 默然而聽 善男子 無上妙覺 遍

제시방 출생여래 여일체법 동체평등 어제수행 실무유
諸十方 出生如來 與一切法 同體平等 於諸修行 實無有

이 방편수순 기수무량 원섭소귀 순성차별 당유삼종 선
二 方便隨順 其數無量 圓攝所歸 循性差別 當有三種 善

남자 약제보살 오정원각 이정각심 취정위행 유징제념
男子 若諸菩薩 悟淨圓覺 以淨覺心 取靜爲行 由澄諸念

각식번동 정혜발생 신심객진 종차영멸 편능내발 적정
覺識煩動 靜慧發生 身心客塵 從此永滅 便能內發 寂靜

경안 유적정고 시방세계 제여래심 어중현현 여경중상
輕安 由寂靜故 十方世界 諸如來心 於中顯現 如鏡中像

차방편자 명사마타 선남자 약제보살 오정원각 이정각
此方便者 名奢摩他 善男子 若諸菩薩 悟淨圓覺 以淨覺

심 지각심성 급여근진 개인환화 즉기제환 이제환자 변
心 知覺心性 及與根塵 皆因幻化 卽起諸幻 以除幻者 變

화제환 이개환중 유기환고 편능내발 대비경안 일체보
化諸幻 而開幻衆 由起幻故 便能內發 大悲輕安 一切菩

살 종차기행 점차증진 피관환자 비동환고 비동환관 개
薩 從此起行 漸次增進 彼觀幻者 非同幻故 非同幻觀 皆

시환고 환상영리 시제보살 소원묘행 여토장묘 차방편
是幻故 幻相永離 是諸菩薩 所圓妙行 如土長苗 此方便

자 명삼마발제 선남자 약제보살 오정원각 이정각심 불
者 名三摩鉢提 善男子 若諸菩薩 悟淨圓覺 以淨覺心 不

취환화 급제정상 요지신심 개위괘애 무지각명 불의제
取幻化 及諸淨相 了知身心 皆爲罣礙 無知覺明 不依諸

애 영득초과 애무애경 수용세계 급여신심 상재진역 여
礙 永得超過 礙無礙境 受用世界 及與身心 相在塵域 如

기중굉 성출어외 번뇌열반 불상유애 편능내발 적멸경
器中鍠 聲出於外 煩惱涅槃 不相留礙 便能內發 寂滅輕

안 묘각수순 적멸경계 자타신심 소불능급 중생수명 개
安 妙覺隨順 寂滅境界 自他身心 所不能及 衆生壽命 皆

위부상 차방편자 명위선나 선남자 차삼법문 개시원각
爲浮想 此方便者 名爲禪那 善男子 此三法門 皆是圓覺

친근수순 시방여래 인차성불 시방보살 종종방편 일체
親近隨順 十方如來 因此成佛 十方菩薩 種種方便 一切

동이 개의여시 삼종사업 약득원증 즉성원각 선남자 가
同異 皆依如是 三種事業 若得圓證 卽成圓覺 善男子 假

사유인 수어성도 교화성취 백천만억 아라한 벽지불과
使有人 修於聖道 敎化成就 百千萬億 阿羅漢 辟支佛果

불여유인 문차원각 무애법문 일찰나경 수순수습
不如有人 聞此圓覺 無礙法門 一刹那頃 隨順修習

이시세존 욕중선차의 이설게언 위덕여당지 무상대각심
爾時世尊 欲重宣此義 而說偈言 威德汝當知 無上大覺心

본제무이상 수순제방편 기수즉무량 여래총개시 편유삼
本際無二相 隨順諸方便 其數卽無量 如來總開示 便有三

종류 적정사마타 여경조제상 여완삼마제 여묘점증장
種類 寂靜奢摩他 如鏡照諸像 如幻三摩提 如苗漸增長

선나유적멸 여피기중굉 삼종묘법문 개시각수순 시방제
禪那唯寂滅 如彼器中鍠 三種妙法門 皆是覺隨順 十方諸

여래 급제대보살 인차득성도 삼사원증고 명구경열반
如來 及諸大菩薩 因此得成道 三事圓證故 名究竟涅槃

辯音菩薩章(변음보살장)

어시 변음보살 재대중중 즉종좌기 정례불족 우요삼잡
於是 辯音菩薩 在大衆中 卽從座起 頂禮佛足 右遶三匝

장궤차수 이백불언 대비세존 여시법문 심위희유 세존
長跪叉手 而白佛言 大悲世尊 如是法門 甚爲希有 世尊

차제방편 일체보살 어원각문 유기수습 원위대중 급말
此諸方便 一切菩薩 於圓覺門 有幾修習 願爲大衆 及末

세중생 방편개시 영오실상 작시어이 오체투지 여시삼
世衆生 方便開示 令悟實相 作是語已 五體投地 如是三

청 종이부시 이시세존 고변음보살언 선재선재 선남자
請 終而復始 爾時世尊 告辯音菩薩言 善哉善哉 善男子

여등내능 위제대중 급말세중생 문어여래 여시수습 여
汝等乃能 爲諸大衆 及末世衆生 問於如來 如是修習 汝

금제청 당위여설 시 변음보살 봉교환희 급제대중 묵연
今諦聽 當爲汝說 時 辯音菩薩 奉敎歡喜 及諸大衆 默然

이청 선남자 일체여래 원각청정 본무수습 급수습자 일
而聽 善男子 一切如來 圓覺淸淨 本無修習 及修習者 一

체보살 급말세중생 의어미각 환력수습 이시변유 이십
切菩薩 及末世衆生 依於未覺 幻力修習 爾時便有 二十

오종 청정정륜 약제보살 유취극정 유정력고 영단번뇌
五種 淸淨定輪 若諸菩薩 唯取極靜 由靜力故 永斷煩惱

구경성취 불기어좌 변입열반 차보살자 명단수사마타
究竟成就 不起于座 便入涅槃 此菩薩者 名單修奢摩他

약제보살 유관여환 이불력고 변화세계 종종작용 비행
若諸菩薩 唯觀如幻 以佛力故 變化世界 種種作用 備行

보살 청정묘행 어다라니 불실적념 급제정혜 차보살자
菩薩 淸淨妙行 於陀羅尼 不失寂念 及諸靜慧 此菩薩者

명단수삼마발제 약제보살 유멸제환 불취작용 독단번뇌
名單修三摩鉢提 若諸菩薩 唯滅諸幻 不取作用 獨斷煩惱

번뇌단진 변증실상 차보살자 명단수선나 약제보살 선
煩惱斷盡 便證實相 此菩薩者 名單修禪那 若諸菩薩 先

취지정 이정혜심 조제환자 변어시중 기보살행 차보살
取至靜 以靜慧心 照諸幻者 便於是中 起菩薩行 此菩薩

자 명선수사마타 후수삼마발제 약제보살 이정혜고 증
者 名先修奢摩他 後修三摩鉢提 若諸菩薩 以靜慧故 證

지정성 변단번뇌 영출생사 차보살자 명선수사마타 후
至靜性 便斷煩惱 永出生死 此菩薩者 名先修奢摩他 後

수선나 약제보살 이적정혜 부현환력 종종변화 도제중
修禪那 若諸菩薩 以寂靜慧 復現幻力 種種變化 度諸衆

생 후단번뇌 이입적멸 차보살자 명선수사마타 중수삼
生 後斷煩惱 而入寂滅 此菩薩者 名先修奢摩他 中修三

마발제 후수선나 약제보살 이지정력 단번뇌이 후기보
摩鉢提 後修禪那 若諸菩薩 以至靜力 斷煩惱已 後起菩

살 청정묘행 도제중생 차보살자 명선수사마타 중수선
薩 淸淨妙行 度諸衆生 此菩薩者 名先修奢摩他 中修禪

나 후수삼마발제 약제보살 이지정력 심단번뇌 후도중
那 後修三摩鉢提 若諸菩薩 以至靜力 心斷煩惱 後度衆

생 건립세계 차보살자 명선수사마타 제수삼마발제 급
生 建立世界 此菩薩者 名先修奢摩他 齊修三摩鉢提 及

수선나 약제보살 이지정력 자발변화 후단번뇌 차보살
修禪那 若諸菩薩 以至靜力 資發變化 後斷煩惱 此菩薩

자 명제수사마타 삼마발제 후수선나 약제보살 이지정
者 名齊修奢摩他 三摩鉢提 後修禪那 若諸菩薩 以至靜

력 용자적멸 후기작용 변화경계 차보살자 명제수사마
力 用資寂滅 後起作用 變化境界 此菩薩者 名齊修奢摩

타 선나 후수삼마발제 약제보살 이변화력 종종수순 이
他 禪那 後修三摩鉢提 若諸菩薩 以變化力 種種隨順 而

취지정 차보살자 명선수삼마발제 후수사마타 약제보살
取至靜 此菩薩者 名先修三摩鉢提 後修奢摩他 若諸菩薩

이변화력 종종경계 이취적멸 차보살자 명선수삼마발제
以變化力 種種境界 而取寂滅 此菩薩者 名先修三摩鉢提

후수선나 약제보살 이변화력 이작불사 안재적정 이단
後修禪那 若諸菩薩 以變化力 而作佛事 安在寂靜 而斷

번뇌 차보살자 명선수삼마발제 중수사마타 후수선나
煩惱 此菩薩者 名先修三摩鉢提 中修奢摩他 後修禪那

약제보살 이변화력 무애작용 단번뇌고 안주지정 차보
若諸菩薩 以變化力 無礙作用 斷煩惱故 安住至靜 此菩

살자 명선수삼마발제 중수선나 후수사마타 약제보살
薩者 名先修三摩鉢提 中修禪那 後修奢摩他 若諸菩薩

이변화력 방편작용 지정적멸 이구수순 차보살자 명선
以變化力 方便作用 至靜寂滅 二俱隨順 此菩薩者 名先

수삼마발제 제수사마타선나 약제보살 이변화력 종종기
修三摩鉢提 齊修奢摩他禪那 若諸菩薩 以變化力 種種起

용 자어지정 후단번뇌 차보살자 명제수삼마발제 사마
用 資於至靜 後斷煩惱 此菩薩者 名齊修三摩鉢提 奢摩

타 후수선나 약제보살 이변화력 자어적멸 후주청정 무
他 後修禪那 若諸菩薩 以變化力 資於寂滅 後住清淨 無

작정려 차보살자 명제수삼마발제 선나 후수사마타 약
作靜慮 此菩薩者 名齊修三摩鉢提 禪那 後修奢摩他 若

제보살 이적멸력 이기지정 주어청정 차보살자 명선수
諸菩薩 以寂滅力 而起至靜 住於清淨 此菩薩者 名先修

선나 후수사마타 약제보살 이적멸력 이기작용 어일체
禪那 後修奢摩他 若諸菩薩 以寂滅力 而起作用 於一切

경 적용수순 차보살자 명선수선나 후수삼마발제 약제
境 寂用隨順 此菩薩者 名先修禪那 後修三摩鉢提 若諸

보살 이적멸력 종종자성 안어정려 이기변화 차보살자
菩薩 以寂滅力 種種自性 安於靜慮 而起變化 此菩薩者

명선수선나 중수사마타 후수삼마발제 약제보살 이적멸
名先修禪那 中修奢摩他 後修三摩缽提 若諸菩薩 以寂滅

력 무작자성 기어작용 청정경계 귀어정려 차보살자 명
力 無作自性 起於作用 淸淨境界 歸於靜慮 此菩薩者 名

선수선나 중수삼마발제 후수사마타 약제보살 이적멸
先修禪那 中修三摩缽提 後修奢摩他 若諸菩薩 以寂滅

력 종종청정 이주정려 기어변화 차보살자 명선수선나
力 種種淸淨 而住靜慮 起於變化 此菩薩者 名先修禪那

제수사마타삼마발제 약제보살 이적멸력 자어지정 이기
齊修奢摩他三摩缽提 若諸菩薩 以寂滅力 資於至靜 而起

변화 차보살자 명제수선나사마타 후수삼마발제 약제보
變化 此菩薩者 名齊修禪那奢摩他 後修三摩缽提 若諸菩

살 이적멸력 자어변화 이기지정 청명경혜 차보살자 명
薩 以寂滅力 資於變化 而起至靜 淸明境慧 此菩薩者 名

제수선나삼마발제 후수사마타 약제보살 이원각혜 원합
齊修禪那三摩缽提 後修奢摩他 若諸菩薩 以圓覺慧 圓合

일체 어제성상 무이각성 차보살자 명위원수 삼종자성
一切 於諸性相 無離覺性 此菩薩者 名爲圓修 三種自性

청정수순 선남자 시명보살 이십오륜 일체보살 수행여
淸淨隨順 善男子 是名菩薩 二十五輪 一切菩薩 修行如

시 약제보살 급말세중생 의차륜자 당지범행 적정사유
是 若諸菩薩 及末世衆生 依此輪者 當持梵行 寂靜思惟

구애참회 경삼칠일 어이십오륜 각안표기 지심구애 수
求哀懺悔 經三七日 於二十五輪 各安標記 至心求哀 隨

수결취 의결개시 변지돈점 일념의회 즉불성취
手結取 依結開示 便知頓漸 一念疑悔 卽不成就

이시세존 욕중선차의 이설게언 변음여당지 일체제보살
爾時世尊 欲重宣此義 而說偈言 辯音汝當知 一切諸菩薩

무애청정혜 개의선정생 소위사마타 삼마제선나 삼법돈
無礙淸淨慧 皆依禪定生 所謂奢摩他 三摩提禪那 三法頓

점수 유이십오종 시방제여래 삼세수행자 무불인차법
漸修 有二十五種 十方諸如來 三世修行者 無不因此法

이득성보리 유제돈각인 병법불수순 일체제보살 급말세
而得成菩提 唯除頓覺人 幷法不隨順 一切諸菩薩 及末世

중생 상당지차륜 수순근수습 의불대비력 불구증열반
衆生 常當持此輪 隨順勤修習 依佛大悲力 不久證涅槃

淨諸業障菩薩章(정제업장보살장)

어시 정제업장보살 재대중중 즉종좌기 정례불족 우요
於是 淨諸業障菩薩 在大衆中 卽從座起 頂禮佛足 右繞

삼잡 장궤차수 이백불언 대비세존 위아등배 광설여시
三匝 長跪又手 而白佛言 大悲世尊 爲我等輩 廣說如是

부사의사 일체여래 인지행상 영제대중 득미증유 도견
不思議事 一切如來 因地行相 令諸大衆 得未曾有 睹見

조어 역항사겁 근고경계 일체공용 유여일념 아등보살
調御 歷恒沙劫 勤苦境界 一切功用 猶如一念 我等菩薩

심자경위 세존 약차각심 본성청정 인하염오 사제중생
深自慶慰 世尊 若此覺心 本性淸淨 因何染汚 使諸衆生

미민불입 유원여래 광위아등 개오법성 영차대중 급말
迷悶不入 唯願如來 廣爲我等 開悟法性 令此大衆 及末

세중생 작장래안 설시어이 오체투지 여시삼청 종이부
世衆生 作將來眼 說是語已 五體投地 如是三請 終而復

시 이시 세존 고정제업장보살언 선재선재 선남자 여등
始 爾時 世尊 告淨諸業障菩薩言 善哉善哉 善男子 汝等

내능 위제대중 급말세중생 자문여래 여시방편 여금제
乃能 爲諸大衆 及末世衆生 諮問如來 如是方便 汝今諦

청 당위여설 시정제업장보살 봉교환희 급제대중 묵연
聽 當爲汝說 時淨諸業障菩薩 奉教歡喜 及諸大衆 默然

이청 선남자 일체중생 종무시래 망상집유 아인중생 급
而聽 善男子 一切衆生 從無始來 妄想執有 我人衆生 及

여수명 인사전도 위실아체 유차변생 증애이경 어허망
與壽命 認四顚倒 爲實我體 由此便生 憎愛二境 於虛妄

체 중집허망 이망상의 생망업도 유망업고 망견유전 염
體 重執虛妄 二妄相依 生妄業道 有妄業故 妄見流轉 厭

유전자 망견열반 유차불능 입청정각 비각위거 제능입
流轉者 妄見涅槃 由此不能 入淸淨覺 非覺違拒 諸能入

자 유제능입 비각입고 시고동념 급여식념 개귀미민 하
者 有諸能入 非覺入故 是故動念 及與息念 皆歸迷悶 何

이고 유유무시 본기무명 위기주재 일체중생 생무혜목
以故 由有無始 本起無明 爲己主宰 一切衆生 生無慧目

신심등성 개시무명 비여유인 부자단명 시고 당지 유애
身心等性 皆是無明 譬如有人 不自斷命 是故 當知 有愛

아자 아여수순 비수순자 변생증원 위증애심 양무명고
我者 我與隨順 非隨順者 便生憎怨 爲憎愛心 養無明故

상속구도 개불성취 선남자 운하아상 위제중생 심소증
相續求道 皆不成就 善男子 云何我相 謂諸衆生 心所證

자 선남자 비여유인 백해조적 홀망아신 사지현완 섭양
者 善男子 譬如有人 百骸調適 忽忘我身 四支絃緩 攝養

괴방 미가침애 즉지유아 시고증취 방현아체 선남자 기
乖方 微加鍼艾 則知有我 是故證取 方現我體 善男子 其

심내지 증어여래 필경요지 청정열반 개시아상 선남자
心乃至 證於如來 畢竟了知 清淨涅槃 皆是我相 善男子

운하인상 위제중생 심오증자 선남자 오유아자 불부인
云何人相 謂諸衆生 心悟證者 善男子 悟有我者 不復認

아 소오비아 오역여시 오이초과 일체증자 실위인상 선
我 所悟非我 悟亦如是 悟已超過 一切證者 悉爲人相 善

남자 기심내지 원오열반 구시아자 심존소오 비탄증리
男子 其心乃至 圓悟涅槃 俱是我者 心存少悟 備殫證理

개명인상 선남자 운하중생상 위제중생 심자증오 소불
皆名人相 善男子 云何衆生相 謂諸衆生 心自證悟 所不

급자 선남자 비여유인 작여시언 아시중생 즉지피인 설
及者 善男子 譬如有人 作如是言 我是衆生 則知彼人 說

중생자 비아비피 운하비아 아시중생 즉비시아 운하비
衆生者 非我非彼 云何非我 我是衆生 則非是我 云何非

피 아시중생 비피아고 선남자 단제중생 요증요오 개위
彼 我是衆生 非彼我故 善男子 但諸衆生 了證了悟 皆爲

아신 이아인상 소불급자 존유소요 명중생상 선남자 운
我人 而我人相 所不及者 存有所了 名衆生相 善男子 云

하수명상 위제중생 심조청정 각소요자 일체업지 소부
何壽命相 謂諸衆生 心照清淨 覺所了者 一切業智 所不

자견 유여명근 선남자 약심조견 일체각자 개위진구 각
自見 猶如命根 善男子 若心照見 一切覺者 皆爲塵垢 覺

소각자 불리진고 여탕소빙 무별유빙 지빙소자 존아각
所覺者 不離塵故 如湯銷冰 無別有冰 知冰銷者 存我覺

아 역부여시 선남자 말세중생 불요사상 수경다겁 근고
我 亦復如是 善男子 末世衆生 不了四相 雖經多劫 勤苦

수도 단명유위 종불능성 일체성과 시고명위 정법말세
修道 但名有爲 終不能成 一切聖果 是故名爲 正法末世

하이고 인일체아 위열반고 유증유오 명성취고 비여유
何以故 認一切我 爲涅槃故 有證有悟 名成就故 譬如有

인 이적위자 기가재보 종불성취 하이고 유아애자 역애
人 以賊爲子 其家財寶 終不成就 何以故 有我愛者 亦愛

열반 복아애근 위열반상 유증아자 역증생사 부지애자
涅槃 伏我愛根 爲涅槃相 有憎我者 亦憎生死 不知愛者

진생사고 별증생사 명불해탈 운하당지 법불해탈 선남
眞生死故 別憎生死 名不解脫 云何當知 法不解脫 善男

자 피말세중생 습보리자 이기미증 위자청정 유미능진
子 彼末世衆生 習菩提者 以己微證 爲自淸淨 猶未能盡

아상근본 약부유인 찬탄피법 즉생환희 변욕제도 약부
我相根本 若復有人 讚歎彼法 即生歡喜 便欲濟度 若復

비방 피소득자 변생진한 즉지아상 견고집지 잠복장식
誹謗 彼所得者 便生瞋恨 則知我相 堅固執持 潛伏藏識

유희제근 증불간단 선남자 피수도자 부제아상 시고불
遊戲諸根 曾不間斷 善男子 彼修道者 不除我相 是故不

능 입청정각 선남자 약지아공 무훼아자 유아설법 아미
能 入淸淨覺 善男子 若知我空 無毀我者 有我說法 我未

단고 중생수명 역부여시 선남자 말세중생 설병위법 시
斷故 衆生壽命 亦復如是 善男子 末世衆生 說病爲法 是

고명위 가연민자 수근정진 증익제병 시고불능 입청정
故名爲 可憐愍者 雖勤精進 增益諸病 是故不能 入淸淨

각 선남자 말세중생 불요사상 이여래해 급소행처 위자
覺 善男子 末世衆生 不了四相 以如來解 及所行處 爲自

수행 종불성취 혹유중생 미득위득 미증위증 견승진자
修行 終不成就 或有衆生 未得謂得 未證謂證 見勝進者

심생질투 유피중생 미단아애 시고불능 입청정각 선남
心生嫉妒 由彼衆生 未斷我愛 是故不能 入淸淨覺 善男

자 말세중생 희망성도 무영구오 유익다문 증장아견 단
子 末世衆生 希望成道 無令求悟 唯益多聞 增長我見 但

당정근 항복번뇌 기대용맹 미득영득 미단영단 탐진애
當精勤 降伏煩惱 起大勇猛 未得令得 未斷令斷 貪瞋愛

만 첨곡질투 대경불생 피아은애 일체적멸 불설시인 점
慢 諂曲嫉妒 對境不生 彼我恩愛 一切寂滅 佛說是人 漸

차성취 구선지식 불타사견 약어소구 별생증애 즉불능
次成就 求善知識 不墮邪見 若於所求 別生憎愛 則不能

입 청정각해
入 淸淨覺海

이시세존 욕중선차의 이설게언 정업여당지 일체제중생
爾時世尊 欲重宣此義 而說偈言 淨業汝當知 一切諸衆生

개유집아애 무시망유전 미제사종상 부득성보리 애증생
皆由執我愛 無始妄流轉 未除四種相 不得成菩提 愛憎生

어심 첨곡존제념 시고다미민 불능입각성 약능귀오찰
於心諂曲存諸念 是故多迷悶 不能入覺城 若能歸悟刹

선거탐진치 법애부존심 점차가성취 아신본불유 증애하
先去貪瞋癡 法愛不存心 漸次可成就 我身本不有 憎愛何

유생 차인구선우 종불타사견 소구별생심 구경비성취
由生 此人求善友 終不墮邪見 所求別生心 究竟非成就

普覺菩薩章(보각보살장)

어시 보각보살 재대중중 즉종좌기 정례불족 우요삼잡
於是 普覺菩薩 在大衆中 卽從座起 頂禮佛足 右遶三匝

장궤차수 이백불언 대비세존 쾌설선병 영제대중 득미
長跪叉手 而白佛言 大悲世尊 快說禪病 令諸大衆 得未

증유 심의탕연 획대안은 세존 말세중생 거불점원 현성
曾有心意蕩然 獲大安隱 世尊 末世衆生 去佛漸遠 賢聖

은복 사법증치 사제중생 구하등인 의하등법 행하등행
隱伏 邪法增熾 使諸衆生 求何等人 依何等法 行何等行

제거하병 운하발심 영피군맹 불타사견 작시어이 오체
除去何病 云何發心 令彼群盲 不墮邪見 作是語已 五體

투지 여시삼청 종이부시 이시세존 고보각보살언 선재
投地 如是三請 終而復始 爾時世尊 告普覺菩薩言 善哉

선재 선남자 여등내능 자문여래 여시수행 능시말세 일
善哉 善男子 汝等乃能 諮問如來 如是修行 能施末世 一

체중생 무외도안 영피중생 득성성도 여금제청 당위여
切衆生 無畏道眼 令彼衆生 得成聖道 汝今諦聽 當爲汝

설 시 보각보살 봉교환희 급제대중 묵연이청 선남자
說 時 普覺菩薩 奉敎歡喜 及諸大衆 默然而聽 善男子

말세중생 장발대심 구선지식 욕수행자 당구일체 정지
末世衆生 將發大心 求善知識 欲修行者 當求一切 正知

견인 심부주상 불착성문 연각경계 수현진로 심항청정
見人 心不住相 不着聲聞 緣覺境界 雖現塵勞 心恒淸淨

시유제과 찬탄범행 불령중생 입불율의 구여시인 즉득
示有諸過 讚歎梵行 不令衆生 入不律儀 求如是人 卽得

성취 아뇩다라삼먁삼보리 말세중생 견여시인 응당공양
成就 阿耨多羅三藐三菩提 末世衆生 見如是人 應當供養

불석신명 피선지식 사위의중 상현청정 내지시현 종종
不惜身命 彼善知識 四威儀中 常現淸淨 乃至示現 種種

과환 심무교만 황부박재 처자권속 약선남자 어피선우
過患 心無憍慢 況復搏財 妻子眷屬 若善男子 於彼善友

불기악념 즉능구경 성취정각 심화발명 조시방찰 선남
不起惡念 卽能究竟 成就正覺 心花發明 照十方刹 善男

자 피선지식 소증묘법 응리사병 운하사병 일자작병 약
子 彼善知識 所證妙法 應離四病 云何四病 一者作病 若

부유인 작여시언 아어본심 작종종행 욕구원각 피원각
復有人 作如是言 我於本心 作種種行 欲求圓覺 彼圓覺

성 비작득고 설명위병 이자임병 약부유인 작여시언 아
性 非作得故 說名爲病 二者任病 若復有人 作如是言 我

등금자 부단생사 불구열반 열반생사 무기멸념 임피일
等今者 不斷生死 不求涅槃 涅槃生死 無起滅念 任彼一

체 수제법성 욕구원각 피원각성 비임유고 설명위병 삼
切 隨諸法性 欲求圓覺 彼圓覺性 非任有故 說名爲病 三

자지병 약부유인 작여시언 아금자심 영식제념 득이체
者止病 若復有人 作如是言 我今自心 永息諸念 得一切

성 적연평등 욕구원각 피원각성 비지합고 설명위병 사
性 寂然平等 欲求圓覺 彼圓覺性 非止合故 說名爲病 四

자멸병 약부유인 작여시언 아금영단 일체번뇌 신심필
者滅病 若復有人 作如是言 我今永斷 一切煩惱 身心畢

경 공무소유 하황근진 허망경계 일체영적 욕구원각 피
竟 空無所有 何況根塵 虛妄境界 一切永寂 欲求圓覺 彼

원각성 비적상고 설명위병 이사병자 즉지청정 작시관
圓覺性 非寂相故 說名爲病 離四病者 則知淸淨 作是觀

자 명위정관 약타관자 명위사관 선남자 말세중생 욕수
者 名爲正觀 若他觀者 名爲邪觀 善男子 末世衆生 欲修

행자 응당진명 공양선우 사선지식 피선지식 욕래친근
行者 應當盡命 供養善友 事善知識 彼善知識 欲來親近

응단교만 약부원리 응단진한 현역순경 유여허공 요지
應斷憍慢 若復遠離 應斷瞋恨 現逆順境 猶如虛空 了知

신심 필경평등 여제중생 동체무이 여시수행 방입원각
身心 畢竟平等 與諸衆生 同體無異 如是修行 方入圓覺

선남자 말세중생 부득성도 유유무시 자타증애 일체종
善男子 末世衆生 不得成道 由有無始 自他憎愛 一切種

자 고미해탈 약부유인 관피원가 여기부모 심무유이 즉
子 故未解脫 若復有人 觀彼怨家 如己父母 心無有二 卽

제제병 어제법중 자타증애 역부여시 선남자 말세중생
除諸病 於諸法中 自他憎愛 亦復如是 善男子 末世衆生

욕구원각 응당발심 작여시언 진어허공 일체중생 아개
欲求圓覺 應當發心 作如是言 盡於虛空 一切衆生 我皆

영입 구경원각 어원각중 무취각자 제피아인 일체제상
令入 究竟圓覺 於圓覺中 無取覺者 除彼我人 一切諸相

여시발심 불타사견
如是發心 不墮邪見

이시세존 욕중선차의 이설게언 보각여당지 말세제중생
爾時世尊 欲重宣此義 而說偈言 普覺汝當知 末世諸衆生

욕구선지식 응당구정각 심원이승자 법중제사병 위작지
欲求善知識 應當求正覺 心遠二乘者 法中除四病 謂作止

임멸 친근무교만 원리무진한 견종종경계 심당생희유
任滅 親近無憍慢 遠離無瞋恨 見種種境界 心當生希有

환여불출세 불범비율의 계근영청정 도일체중생 구경입
還如佛出世 不犯非律儀 戒根永淸淨 度一切衆生 究竟入

원각 무피아인상 상의지지혜 변득초사견 증각반열반
圓覺 無彼我人相 常依止智慧 便得超邪見 證覺般涅槃

圓覺菩薩章(원각보살장)

어시 원각보살 재대중중 즉종좌기 정례불족 우요삼잡
於是 圓覺菩薩 在大衆中 卽從座起 頂禮佛足 右遶三匝

장궤차수 이백불언 대비세존 위아등배 광설정각 종종
長跪叉手 而白佛言 大悲世尊 爲我等輩 廣說淨覺 種種

방편 영말세중생 유대증익 세존 아등금자 이득개오 약
方便 令末世衆生 有大增益 世尊 我等今者 已得開悟 若

불멸후 말세중생 미득오자 운하안거 수차원각 청정경
佛滅後 末世衆生 未得悟者 云何安居 修此圓覺 淸淨境

계 차원각중 삼종정관 이하위수 유원대비 위제대중 급
界 此圓覺中 三種淨觀 以何爲首 唯願大悲 爲諸大衆 及

말세중생 시대요익 작시어이 오체투지 여시삼청 종이
末世衆生 施大饒益 作是語已 五體投地 如是三請 終而

부시 이시세존 고원각보살언 선재선재 선남자 여등내
復始 爾時世尊 告圓覺菩薩言 善哉善哉 善男子 汝等乃

능 문어여래 여시방편 이대요익 시제중생 여금제청 당
能 問於如來 如是方便 以大饒益 施諸衆生 汝今諦聽 當

위여설 시 원각보살 봉교환희 급제대중 묵연이청 선남
爲汝說 時 圓覺菩薩 奉教歡喜 及諸大衆 默然而聽 善男

자 일체중생 약불주세 약불멸후 약법말시 유제중생 구
子 一切衆生 若佛住世 若佛滅後 若法末時 有諸衆生 具

대승성 신불비밀 대원각심 욕수행자 약재가람 안처도
大乘性 信佛祕密 大圓覺心 欲修行者 若在伽藍 安處徒

중 유연사고 수분사찰 여아이설 약부무유 타사인연 즉
衆 有緣事故 隨分思察 如我已說 若復無有 他事因緣 卽

건도량 당립기한 약립장기 백이십일 중기백일 하기팔
建道場 當立期限 若立長期 百二十日 中期百日 下期八

십일 안치정거 약불현재 당정사유 약불멸후 시설형상
十日 安置淨居 若佛現在 當正思惟 若佛滅後 施設形像

심존목상 생정억념 환동여래 상주지일 현제번화 경삼
心存目想 生正憶念 還同如來 常住之日 懸諸幡花 經三

칠일 계수시방 제불명자 구애참회 우선경계 득심경안
七日 稽首十方 諸佛名字 求哀懺悔 遇善境界 得心輕安

과삼칠일 일향섭념 약경하수 삼월안거 당위청정 보살
過三七日 一向攝念 若經夏首 三月安居 當爲淸淨 菩薩

지주 심리성문 불가도중 지안거일 즉어불전 작여시언
止住 心離聲聞 不假徒衆 至安居日 卽於佛前 作如是言

아비구 비구니 우바새 우바이 모갑 거보살승 수적멸행
我比丘 比丘尼 優婆塞 優婆夷 某甲 踞菩薩乘 修寂滅行

동입청정 실상주지 이대원각 위아가람 신심안거 평등
同入淸淨 實相住持 以大圓覺 爲我伽藍 身心安居 平等

성지 열반자성 무계속고 금아경청 불의성문 당여시방
性智 涅槃自性 無繫屬故 今我敬請 不依聲聞 當與十方

여래급대보살 삼월안거 위수보살 무상묘각 대인연고
如來及大菩薩 三月安居 爲修菩薩 無上妙覺 大因緣故

불계도중 선남자 차명보살 시현안거 과삼기일 수왕무
不繫徒衆 善男子 此名菩薩 示現安居 過三期日 隨往無

애 선남자 약피말세 수행중생 구보살도 입삼기자 비피
礙 善男子 若彼末世 修行衆生 求菩薩道 入三期者 非彼

소문 일체경계 종불가취 선남자 약제중생 수사마타 선
所聞 一切境界 終不可取 善男子 若諸衆生 修奢摩他 先

취지정 불기사념 정극변각 여시초정 종어일신 지일세
取至靜 不起思念 靜極便覺 如是初靜 從於一身 至一世

계 각역여시 선남자 약각변만 일세계자 일세계중 유일
界 覺亦如是 善男子 若覺遍滿 一世界者 一世界中 有一

중생 기일념자 개실능지 백천세계 역부여시 비피소문
衆生 起一念者 皆悉能知 百千世界 亦復如是 非彼所聞

일체경계 종불가취 선남자 약제중생 수삼마발제 선당
一切境界 終不可取 善男子 若諸衆生 修三摩鉢提 先當

억상 시방여래 시방세계 일체보살 의종종문 점차수행
憶想 十方如來 十方世界 一切菩薩 依種種門 漸次修行

근고삼매 광발대원 자훈성종 비피소문 일체경계 종불
勤苦三昧 廣發大願 自熏成種 非彼所聞 一切境界 終不

가취 선남자 약제중생 수어선나 선취수문 심중요지 생
可取 善男子 若諸衆生 修於禪那 先取數門 心中了知 生

주멸념 분제두수 여시주변 사위의중 분별념수 무불요
住滅念 分齊頭數 如是周遍 四威儀中 分別念數 無不了

지 점차증진 내지득지 백천세계 일적지우 유여목도 소
知 漸次增進 乃至得知 百千世界 一滴之雨 猶如目睹 所

수용물 비피소문 일체경계 종불가취 시명삼관 초수방
受用物 非彼所聞 一切境界 終不可取 是名三觀 初首方

편 약제중생 변수삼종 근행정진 즉명여래 출현우세 약
便 若諸衆生 遍修三種 勤行精進 即名如來 出現于世 若

후말세 둔근중생 심욕구도 부득성취 유석업장 당근참
後末世 鈍根衆生 心欲求道 不得成就 由昔業障 當勤懺

회 상기희망 선단증애 질투첨곡 구승상심 삼종정관 수
悔 常起希望 先斷憎愛 嫉妒諂曲 求勝上心 三種淨觀 隨

학일사 차관부득 복습피관 심불방사 점차구증
學一事 此觀不得 復習彼觀 心不放捨 漸次求證

이시세존 욕중선차의 이설게언 원각여당지 일체제중생
爾時世尊 欲重宣此義 而說偈言 圓覺汝當知 一切諸衆生

욕행무상도 선당결삼기 참회무시업 경어삼칠일 연후정
欲行無上道 先當結三期 懺悔無始業 經於三七日 然後正

사유 비피소문경 필경불가취 사마타지정 삼마정억지
思惟 非彼所聞境 畢竟不可取 奢摩他至靜 三摩正憶持

선나명수문 시명삼정관 약능근수습 시명불출세 둔근미
禪那明數門 是名三淨觀 若能勤修習 是名佛出世 鈍根未

성자 상당근심참 무시일체죄 제장약소멸 불경변현전
成者 常當勤心懺 無始一切罪 諸障若鎖滅 佛境便現前

賢善首菩薩章(현선수보살장)

어시 현선수보살 재대중중 즉종좌기 정례불족 우요삼
於是 賢善首菩薩 在大衆中 卽從座起 頂禮佛足 右遶三

잡 장궤차수 이백불언 대비세존 광위아등 급말세중생
匝 長跪叉手 而白佛言 大悲世尊 廣爲我等 及末世衆生

개오여시 부사의사 세존 차대승교 명자하등 운하봉지
開悟如是 不思議事 世尊 此大乘敎 名字何等 云何奉持

중생수습 득하공덕 운하사아 호지경인 유포차교 지어
衆生修習 得何功德 云何使我 護持經人 流布此敎 至於

하지 작시어이 오체투지 여시삼청 종이부시 이시세존
何地 作是語已 五體投地 如是三請 終而復始 爾時世尊

고현선수보살언 선재선재 선남자 여등내능 위제보살
告賢善首菩薩言 善哉善哉 善男子 汝等乃能 爲諸菩薩

급말세중생 문어여래 여시경교 공덕명자 여금제청 당
及末世衆生 問於如來 如是經教 功德名字 汝今諦聽 當

위여설 시 현선수보살 봉교환희 급제대중 묵연이청 선
爲汝說 時 賢善首菩薩 奉教歡喜 及諸大衆 默然而聽 善

남자 시경 백천만억 항하사 제불소설 삼세여래 지소수
男子 是經 百千萬億 恒河沙 諸佛所說 三世如來 之所守

호 시방보살 지소귀의 십이부경 청정안목 시경 명대방
護 十方菩薩 之所歸依 十二部經 清淨眼目 是經 名大方

광원각다라니 역명 수다라요의 역명 비밀왕삼매 역명
廣圓覺陀羅尼 亦名 修多羅了義 亦名 祕密王三昧 亦名

여래결정경계 역명 여래장자성차별 여당봉지 선남자
如來決定境界 亦名 如來藏自性差別 汝當奉持 善男子

시경 유현여래경계 유불여래능진선설 약제보살 급말세
是經 唯顯如來境界 唯佛如來能盡宣說 若諸菩薩 及末世

중생 의차수행 점차증진 지어불지 선남자 시경 명위
衆生 依此修行 漸次增進 至於佛地 善男子 是經 名爲

돈교대승 돈기중생 종차개오 역섭점수 일체군품 비여
頓教大乘 頓機衆生 從此開悟 亦攝漸修 一切群品 譬如

대해 불양소류 내지문맹 급아수라 음기수자 개득충만
大海 不讓小流 乃至蚊虻 及阿修羅 飲其水者 皆得充滿

선남자 가사유인 순이칠보 적만삼천대천세계 이용보시
善男子 假使有人 純以七寶 積滿三千大千世界 以用布施

불여유인 문차경명 급일구의 선남자 가사유인 교백천
不如有人 聞此經名 及一句義 善男子 假使有人 教百千

항하사중생 득아라한과 불여유인 선설차경 분별반게
恒河沙衆生 得阿羅漢果 不如有人 宣說此經 分別半偈

선남자 약부유인 문차경명 신심불혹 당지시인 비어 일
善男子 若復有人 聞此經名 信心不惑 當知是人 非於 一

불이불 종제복혜 여시내지 진항하사 일체불소 종제선
佛二佛 種諸福慧 如是乃至 盡恒河沙 一切佛所 種諸善

근 문차경교 여 선남자 당호말세 시수행자 무령악마
根 聞此經教 汝 善男子 當護末世 是修行者 無令惡魔

급제외도 뇌기신심 영생퇴굴
及諸外道 惱其身心 令生退屈

[圓覺經佚文(卍新纂續藏經第 01 冊 No. 0001)

이시세존 욕중선차의 이설게언 현선수당지 시경제불설
爾時世尊 欲重宣此義 而說偈言 賢善首當知 是經諸佛說

여래등호지 십이부안목 명위대방광원각다라니 현여래
如來等護持　十二部眼目　名爲大方廣圓覺陀羅尼　顯如來

경계 의차수행자 증진지불지 여해납백천 음자개충만
境界　依此修行者　增進至佛地　如海納百川　飮者皆充滿

가사시칠보 적만삼천계 불여문차경 약화하사중 개득아
假使施七寶　積滿三千界　不如聞此經　若化河沙衆　皆得阿

라한 불여문반게 여등어내세　호시선지자　무령생퇴굴
羅漢　不如聞半偈　汝等於來世　護是宣持者　無令生退屈　]

이시회중 유화수금강 최쇄금강 니람파금강등 팔만금강
爾時會中　有火首金剛　摧碎金剛　尼藍婆金剛等　八萬金剛

병기권속 즉종좌기 정례불족 이백불언 세존 약후말세
幷其眷屬　卽從座起　頂禮佛足　而白佛言　世尊　若後末世

일체중생 유능지차 결정대승 아당수호 여호안목 내지
一切衆生　有能持此　決定大乘　我當守護　如護眼目　乃至

도량소수행처 아등금강 자령도중 신석수호 영불퇴전
道場所修行處　我等金剛　自領徒衆　晨夕守護　令不退轉

기가내지 영무재장 역병소멸 재보풍족 상불핍소 이시
其家乃至　永無災障　疫病銷滅　財寶豐足　常不乏少　爾時

대범천왕 이십팔천왕 병수미산왕 호국천왕등 즉종좌기
大梵天王　二十八天王　幷須彌山王　護國天王等　卽從座起

정례불족 우요삼잡 이백불언 세존 아역수호 시지경자
頂禮佛足　右繞三匝　而白佛言　世尊　我亦守護　是持經者

상령안은 심불퇴전 이시 유대력귀왕 명길반다 여십만
常令安隱　心不退轉　爾時　有大力鬼王　名吉槃茶　與十萬

귀왕 즉종좌기 정례불족 우요삼잡 이백불언 세존 아역
鬼王　卽從座起　頂禮佛足　右繞三匝　而白佛言　世尊　我亦

수호 시지경인 조석시위 영불퇴굴 기인소거 일유순내
守護　是持經人　朝夕侍衛　令不退屈　其人所居　一由旬內

약유귀신 침기경계 아당사기 쇄여미진 불설차경이 일
若有鬼神　侵其境界　我當使其　碎如微塵　佛說此經已　一

체보살 천룡귀신 팔부권속 급제천왕 범왕등 일체대중
切菩薩　天龍鬼神　八部眷屬　及諸天王　梵王等　一切大衆

문불소설 개대환희 신수봉행
聞佛所說　皆大歡喜　信受奉行

4. 금강반야바라밀경
金 剛 般 若 波 羅 蜜 經

姚秦 鳩摩羅什 漢譯

경전을 펴는 게송 [개경게 開經偈]

가장높고 심히깊은 부처님의 미묘한법

무상심심미묘법 無上甚深微妙法

백천만겁 지나도록 만나뵙기 어려워라

백천만겁난조우 百千萬劫難遭遇

제가이제 보고듣고 받아지녀 외우오니

아금문견득수지 我今聞見得受持

부처님의 진실한뜻 알아지길 원합니다

원해여래진실의 願解如來眞實意

법장을 여는 진언 [개법장진언 開法藏眞言]

「옴 아라남 아라다」

금강반야바라밀경

제1. 법회인유분(法會因由分: 법회의 연유)

이와 같이 나는 들었다.
어느 때 부처님께서 사위국 기수급고독원에서 큰
비구들 천이백오십인과 함께 계셨다.
그때에 세존께서 공양 때가 되어 가사를 입고 발우
를 들고 사위대성에 걸식하고자 들어가셨다.
그 성안에서 차례로 걸식을 마치고 본래의 처소로
돌아와, 공양을 드시고 나서 가사와 발우를 거두고
발을 씻으시고는 자리를 펴고 앉으셨다.

제2. 선현기청분(善現起請分: 수보리가 법을 청하다)

그때 장로 수보리가 대중 가운데 있다가 곧 자리에
서 일어나 오른쪽 어깨를 드러내고 오른 무릎을 땅

에 대며, 합장하고 공경하면서 부처님께 말씀드렸다.

"희유(希有)하십니다. 세존이시여!

여래께서는 모든 보살들을 잘 보살펴 주시고, 모든 보살들에게 잘 부촉(付囑)하십니다.

세존이시여! 선남자 선여인이 아뇩다라삼먁삼보리(阿耨多羅三藐三菩提: 無上正等覺)의 마음을 일으키고는 응당히 어떻게 살아야(住) 하며, 어떻게 그 마음을 다스려야(降伏) 합니까?"

부처님께서 말씀하셨다.

"훌륭하고 훌륭하다. 수보리여!

그대의 말과 같이 여래는 모든 보살들을 잘 보살펴 주고, 모든 보살들에게 잘 부촉한다.

그대는 이제 자세히 들어라. 마땅히 그대를 위하여 말하리라.

선남자 선여인이 아뇩다라삼먁삼보리의 마음을 일으키고는 응당히 이와 같이 살아야(住) 하며, 이와 같이 그 마음을 다스려야(降伏) 한다."
"그러하겠습니다. 세존이시여! 원하옵건대 즐거이
듣고자 하옵니다."

제3. 대승정종분(大乘正宗分: 대승의 바른 뜻)

부처님께서 수보리에게 말씀하셨다.
"모든 보살 마하살은 응당히 이와 같이 그 마음을
다스려야한다.
'모든 일체 중생의 종류인, 알(卵)에서 난 것이나,
태(胎)에서 난 것이나, 습기(濕)에서 생긴 것이나,
변화(化)하여 생긴 것이나, 형상(形相: 色)이 있는
것이나, 형상이 없는 것이나, 생각(想)이 있는 것이
나, 생각이 없는 것이나, 생각이 있는 것도 아니고
생각이 없는 것도 아닌 것들을, 내가 모두 더 이상
의 번뇌(煩惱)가 남아 있지 않은 완전한 열반(無餘
涅槃)에 들게 하여 멸도(滅度)하리라.

이와 같이 한량이 없고 헤아릴 수 없으며 끝없이 많은 중생을 멸도 하였으나, 실제 멸도를 얻은 중생이 없다.'

왜냐하면 수보리여! 만일 보살에게 '나가 있다고 생각하는' 아상(我相)과, '나의 특성과 형상이 지금의 것인 줄 아는' 인상(人相)과, '각각의 특성과 형상대로의 행(行: 행위)과 식(識: 마음)을 내는' 중생상(衆生相)과, '이러한 특성과 형상이 변함없이 영원하리라 생각하는' 수자상(壽者相)이 있으면, 곧 보살이 아니기 때문이다."

제4. 묘행무주분(妙行無住分: 묘한 행은 집착이 없다)

"또 수보리여! 보살은 대상(對象: 法)에 대하여 응당히 집착(住)이 없이 보시해야한다. 이른바 형상(形相: 色)에 집착이 없이 보시해야 하며, 소리(聲)·냄새(香)·맛(味)·감촉(觸)·마음의 대상(法)에도 집착이 없이 보시해야 한다.

수보리여! 보살은 응당히 이와 같이 보시하여 현상 (現象: 相)에 집착하지 않아야 한다. 왜냐하면 만일 보살이 현상에 집착하지 않고 보시하면 그 복덕(福德)은 가히 생각으로 헤아릴 수가 없다.

수보리여! 어떻게 생각하느냐. 동(東)쪽 허공(虛空) 을 생각으로 헤아릴 수 있겠느냐?"

"없습니다. 세존이시여!"

"수보리여! 남서북방(南西北方)과 네 곳의 간방(四間 方: 四維)과 위와 아래의 허공을 헤아릴 수 있겠느 냐?"

"없습니다. 세존이시여!"

"수보리여! 보살이 현상에 집착하지 않고 보시하는 복덕도 또한 이와 같이 가히 생각으로 헤아릴 수가 없다.

수보리여! 보살은 오직 응당히 이렇게 가르친 바대 로 살아야(住) 한다."

제5. 여리실견분(如理實見分: 있는 그대로 실제 이치를 보다)

"수보리여! 어떻게 생각하느냐. 육신의 모양(身相)으로 여래를 볼(見) 수 있겠느냐?"
"없습니다. 세존이시여! 육신의 모양으로 여래를 볼 수 없습니다. 왜냐하면 여래께서 말씀하신 육신의 모양은, 곧 육신의 모양이 아니기 때문입니다."
부처님께서 수보리에게 말씀하셨다.
"형상 있는 모든 것은 실체 없이 허망하니,
 만일 모든 형상실체 허상임을 바로 보면,
 그 즉시에 진리이신 여래를 보게 되리.
 (凡所有相 皆是虛妄 若見諸相非相 卽見如來)"

제6. 정신희유분(正信希有分: 바른 믿음은 희유하다)

수보리가 부처님께 말씀드렸다.
"세존이시여! 바르지 못한 어떤 중생이 이와 같은 말씀을 듣고서 진실한 믿음을 내겠습니까?"

부처님께서 수보리에게 말씀하셨다.

"그런 말을 하지 말아라. 여래가 열반한 뒤 말법시대의 나중 오백년(後五百歲)에도 계를 지니고 복을 닦는 이가 있어서, 이러한 말에 능히 신심(信心)을 내고 이것을 진실하게 여길 것이니, 마땅히 알아라. 이 사람은 한 부처님이나 두 부처님이나 세 부처님이나 네 부처님이나 다섯 부처님께만 선근(善根)을 심은 것이 아니라, 이미 한량없는 천만 부처님의 자리에 많은 선근을 심었으므로, 이 말을 듣고는 한 순간에 청정한 믿음을 내는 것이다.

수보리여! 여래는 이 모든 중생들이 이와 같이 한량없는 복덕을 얻는 것을 다 알고 다 본다.

왜냐하면 이 모든 중생들은 다시는 아상·인상·중생상·수자상이 없으며, 진리라는 생각(法相)이 없고 또한 진리가 아니라는 생각(非法相)도 없기 때문이다.

무슨 까닭인가하면 이 모든 중생들이, 만일 마음에

현상(現象: 相)을 가지면 곧 아(我)·인(人)·중생(衆生)·수자(壽者)에 집착하는 것이니, 왜냐하면 만일 진리라는 생각을 가져도 곧 아·인·중생·수자에 집착하는 것이고, 만일 진리가 아니라는 생각을 가져도 아·인·중생·수자에 집착하는 것이기 때문이다.

그러므로 응당히 진리(法)에도 집착하지 않고, 응당히 진리가 아닌 것(非法)에도 집착하지 않아야 한다. 이런 까닭에 여래가 항상 말하기를, '그대들 비구(比丘)는 내가 진리를 말함(說法)이 뗏목의 비유와 같은 줄 알아라.' 하였으니, 진리(法)조차도 응당히 버려야하거늘 하물며 진리가 아닌 것(非法)이겠느냐."

제7. 무득무설분(無得無說分: 얻을 것도 말할 것도 없다)

"수보리여! 어떻게 생각하느냐. 여래가 아뇩다라삼먁

삼보리를 얻었느냐? 여래가 말한 진리(法)가 있느냐?"

수보리가 말씀드렸다.

"제가 부처님께서 말씀하신 뜻을 이해하기로는 아뇩다라삼먁삼보리라고 이름 할 정해진 진리(定法)가 없으며, 또한 여래께서 말씀하신 정해진 진리도 없습니다. 왜냐하면 여래께서 말씀하신 진리(法)는 모두 얻을 수도 없고 말할 수도 없으며, 진리도 아니고(非法) 진리가 아닌 것도 아니기(非非法) 때문입니다.

그 까닭이 무엇인가 하면, 일체의 성현(聖賢)들이 모두가, '생멸(生滅)의 변화를 떠나 언제나 변하지 않는 경지인' 무위의 진리(無爲法) 속에서, '근본적인' 차별(差別)이 있기 때문입니다."

제8. 의법출생분(依法出生分: 진리를 따라 나오다)

"수보리여! 어떻게 생각하느냐. 만일 어떤 사람이

삼천대천세계에 칠보(七寶)를 가득히 채워 보시에 쓴다면, 이 사람이 얻는 복덕이 어찌 많지 않겠느냐?"

수보리가 말씀드렸다.

"아주 많습니다. 세존이시여! 왜냐하면 이 복덕은 바로 복덕의 본질(本質)이 아니기 때문에, 여래께서 복덕이 많다고 말씀 하신 것입니다."

"만일 다시 어떤 사람이 이 경(經) 가운데서 네 글귀로 된 게송(四句偈)만이라도 받아 지니고, 다른 사람을 위해 말하여 주면, 그 복이 저 앞의 복덕보다 더 뛰어나다.

왜냐하면 수보리여! 일체의 모든 부처님과 모든 부처님의 아뇩다라삼먁삼보리의 진리(法)가 모두 이 경에서 나왔기 때문이다.

수보리여! 이른바 부처의 깨달은 진리(佛法)라고 하는 것은 곧 부처의 깨달은 진리가 아니다."

제9. 일상무상분(一相無相分: 어떤 상도 상이 아니다)

"수보리여! 어떻게 생각하느냐.

수다원(須陀洹: 豫流)이 능히 생각하기를, '나는 수다원의 과(果)를 얻었다.'고 하겠느냐?"

수보리가 말씀드렸다.

"아닙니다, 세존이시여! 왜냐하면 수다원은 이른바 '성인의 흐름에 들다(入流)'라고 하지만 들어간 곳이 없기 때문에, 형상(形相: 色)·소리·냄새·맛·감촉·마음의 대상(法)에 들어간 것이 아니므로, 수다원이라고 이름 하는 것입니다."

"수보리여! 어떻게 생각하느냐.

사다함(斯陀含: 一來)이 능히 생각하기를, '나는 사다함의 과(果)를 얻었다.'고 하겠느냐?"

수보리가 말씀드렸다.

"아닙니다. 세존이시여! 왜냐하면 사다함은 이름이 '한 번 갔다 온다(一往來)'라고 하지만 실제 가고

온다는 것이 없기 때문에, 사다함이라고 이름 하는
것입니다."

"수보리여! 어떻게 생각하느냐.

아나함(阿那含: 不還)이 능히 생각하기를, '나는 아
나함의 과(果)를 얻었다.' 고 하겠느냐?"

수보리가 말씀드렸다.

"아닙니다, 세존이시여! 왜냐하면 아나함은 이른바
'오지 않는다(不來)' 라고 하지만 실제 오지 않는다
는 것이 없기 때문에, 아나함이라고 이름 하는 것
입니다."

"수보리여! 어떻게 생각하느냐.

아라한(阿羅漢)이 능히 생각하기를 '나는 아라한의
깨달음을 얻었다.' 고 하겠느냐?"

수보리가 말씀드렸다.

"아닙니다, 세존이시여! 왜냐하면 실제 깨달음이 있
다는 것이 없기 때문에, 아라한이라고 이름 하는
것입니다.

세존이시여! 만일 아라한이 생각하기를, '나는 아라한의 깨달음을 얻었다.'고 한다면, 이는 곧 아(我)·인(人)·중생(衆生)·수자(壽者)에 집착하는 것입니다.

세존이시여! 부처님께서 저를 다툼이 없는 삼매(無諍三昧)를 얻은 사람 가운데 가장 으뜸이라고 말씀하셨으니, 이는 욕망을 떠난 제일가는 아라한이라고 할 수 있지만, 세존이시여! 저는 '나는 욕망을 떠난 아라한이다.'라고 생각하지 않습니다.

세존이시여! 제가 만일 생각하기를, '나는 아라한의 깨달음을 얻었다.'고 한다면, 세존께서는 곧, '수보리는 아란나행(阿蘭那行: 無諍行: 寂靜行)을 즐기는 사람이다.'라고 말씀하지 않으셨겠지만, 수보리는 실제 행을 한 것이 없으므로, '수보리는 아란나행을 즐긴다.'라고 이름 하시는 것입니다."

제10. 장엄정토분(莊嚴淨土分: 정토의 장엄)

부처님께서 수보리에게 말씀하셨다.

"어떻게 생각하느냐. 여래가 옛적에 연등부처님(燃燈佛) 처소(處所)에서 진리(法)를 얻은 것이 있느냐?"

"없습니다. 세존이시여! 여래께서 연등부처님 처소에 계시면서, 진리(法)에 있어서 실제 얻은 것이 없습니다."

"수보리여! 어떻게 생각하느냐. 보살이 불국토(佛國土)를 '위엄 있고 엄숙하게 장식하여' 장엄(莊嚴)하느냐?"

"아닙니다. 세존이시여! 왜냐하면 불국토를 장엄하는 것은 곧 장엄하는 것이 아니기 때문에, 장엄이라고 이름 하는 것입니다."

"그러므로 수보리여! 모든 보살마하살은 응당히 이와 같이 청정한 마음을 내어야 한다.

'응당 형상 집착해서 그 마음을 내지 말고, 응당 소리 냄새 맛과 감촉 마음대상 집착해서 그 마음을 내지 말며,

응당 어디에도 집착 없이 그 마음을 낼지니라.(不應住色生心 不應住聲香味觸法生心 應無所住 而生其心)'

수보리여! 비유하면 만일 어떤 사람의 몸이 수미산왕(須彌山王)과 같다면 어떻게 생각하느냐? 그 몸이 크다고 하겠느냐?"

수보리가 말씀드렸다.

"아주 큽니다. 세존이시여! 왜냐하면 부처님께서 말씀하신 것은 몸이 아니기 때문에, 큰 몸이라고 이름 하시는 것입니다."

제11. 무위복승분(無爲福勝分: 무위복의 뛰어남)

"수보리여! 항하에 있는 모래 수만큼의 항하가 있다면 어떻게 생각하느냐. 이 모든 항하의 모래가

어찌 많지 않겠느냐?"

수보리가 말씀드렸다.

"아주 많습니다. 세존이시여! 단지 모든 항하들조차도 헤아릴 수 없이 많은데, 하물며 그 모래이겠습니까?"

"수보리여! 내가 지금 진실한 말로 그대에게 이르리니, 만일 어떤 선남자 선여인이 그 항하의 모래 수만큼의 삼천대천세계에 칠보(七寶)를 가득히 채워 보시에 쓴다면, 얻는 복(福)이 많겠느냐?"

수보리가 말씀드렸다.

"아주 많습니다. 세존이시여!"

부처님께서 수보리에게 말씀하셨다.

"만일 선남자 선여인이 이 경 가운데서 네 글귀로 된 게송(四句偈)만이라도 받아 지니고, 다른 사람을 위해 말하여 주면, 이 복덕이 저 앞의 복덕보다 더 뛰어나다."

제12. 존중정교분(尊重正敎分: 바른 가르침을 존중)

"또 수보리여! 이 경을 지니고 네 글귀로 된 게송(四句偈)만이라도 말하면, 마땅히 알아라.

이곳에는 일체 세상의 천신·인간·아수라가 모두 응당히 공양하기를 부처님의 탑묘(塔廟)와 같이 할 것이니, 하물며 어떤 사람이 능히 정성을 다하여 받아 지녀서 읽고 외우면 어떠하겠느냐.

수보리여! 마땅히 알아라. 이 사람은 가장 높고 제일 희유(希有)한 진리를 성취할 것이다.

이와 같이 이 경전이 있는 곳이면, 곧 부처님이 계시고, 또 존중할 제자들이 있는 것이 된다."

제13. 여법수지분(如法受持分: 바른 진리에 따라 받아지님)

그때에 수보리가 부처님께 말씀드렸다.

"세존이시여! 마땅히 이 경의 이름을 무엇이라 하

며 저희들이 어떻게 받들어 지녀야 합니까?"

부처님께서 수보리에게 말씀하셨다.

"이 경의 이름은 '금강반야바라밀(金剛般若波羅蜜)'
이니, 이 이름으로써 그대들은 마땅히 받들어 지녀
야 한다.

그 까닭이 무엇인가 하면, 수보리여! 부처가 말한
반야바라밀은 곧 반야바라밀이 아니기 때문에, 반
야바라밀이라고 이름 하는 것이다."

"수보리여! 어떻게 생각하느냐. 여래가 말한 진리
(法)가 있느냐?"

수보리가 부처님께 말씀드렸다.

"세존이시여! 여래께서는 말씀하신 바가 없습니다."

"수보리여! 어떻게 생각하느냐. 삼천대천세계에 있
는 아주 작은 티끌들이 많다고 하겠느냐?"

수보리가 말씀드렸다.

"아주 많습니다. 세존이시여!"

"수보리여! 모든 티끌을 여래가 말하기를 티끌이

아니므로, 티끌이라고 이름 하는 것이며, 여래가 말한 세계도 세계가 아니므로, 세계라고 이름 하는 것이다.

수보리여! 어떻게 생각하느냐. 서른두 가지 갖춘 상(三十二相)으로 여래라고 볼(見) 수 있느냐?"

"없습니다. 세존이시여! 서른두 가지 갖춘 상으로 여래라고 볼 수 없습니다. 왜냐하면 여래께서 말씀하신 서른두 가지 갖춘 상은 곧 현상(現象: 相)이 아니기 때문에, 서른두 가지 갖춘 상이라고 이름 하는 것입니다."

"수보리여! 만일 어떤 선남자 선여인이 항하의 모래 수만큼의 몸과 목숨을 보시한다고 하고, 만일 다시 어떤 사람이 이 경 가운데서 네 글귀로 된 게송(四句偈)만이라도 받아 지니고, 다른 사람을 위해 말하여 준다면, 이 복이 더욱 많으니라."

제14. 이상적멸분(離相寂滅分: 현상을 떠난 열반)

그때에 수보리가 이 경을 말씀하심을 듣고 이치(理致)를 깊이 이해하여 알고는, 눈물을 흘리며 슬피 울면서 부처님께 말씀드렸다.

"희유(希有)하십니다. 세존이시여! 부처님께서 이와 같이 참으로 깊은 경전을 말씀하시니, 제가 옛적으로부터 얻은바 지혜의 눈(慧眼)으로는 일찍이 이와 같은 경을 들은 적이 없습니다.

세존이시여! 만일 다시 어떤 사람이 이 경을 듣고 신심(信心)이 청정해지면, 곧 '있는 그대로의 진실한 모습인' 실상(實相)이 생길 것이니, 마땅히 이 사람은 제일 희유(希有)한 공덕을 성취한 것임을 알아야합니다.

세존이시여! 이 실상이라는 것은 곧 현상(現象: 相)이 아니므로, 여래께서 말씀하시기를 실상이라고 이름 하시는 것입니다.

세존이시여! 제가 지금 이와 같은 경전을 듣고서 믿고 이해하며 받아 지니기는 어렵지 않지만, 만일 미래의 나중 오백년(後五百歲)에도 어떤 중생이, 이 경전을 듣고서 믿고 이해하며 받아 지닌다면, 이 사람은 더할 나위 없이 제일 희유(希有)할 것입니다. 왜냐하면 이 사람은 아상이 없고, 인상이 없고, 중생상이 없고, 수자상이 없기 때문입니다. 그 까닭이 무엇인가 하면, 아상은 곧, 현상(現象: 相)이 아니며, 인상·중생상·수자상도 곧, 현상(現象: 相)이 아니기 때문입니다. 어째서인가 하면 일체의 모든 현상(現象: 相)을 여읜 것을 곧 이름하여 무릇 부처라 하는 때문입니다."

부처님께서 수보리에게 말씀하셨다.

"그러하다, 그러하다. 만일 다시 어떤 사람이 이 경을 듣고 놀라지 않으며 두려워하지 않고 무서워하지 않는다면, 마땅히 알아라. 이 사람은 참으로 희유(希有)한 바가 된다.

왜냐하면 수보리여! 여래가 말한 제일의 바라밀(第一波羅蜜)은 곧 제일의 바라밀이 아니기 때문에, 제일의 바라밀이라고 이름 하는 것이다.

수보리여! 인욕바라밀(忍辱波羅蜜)도 여래가 말하기를 인욕바라밀이 아니므로, 인욕바라밀이라고 이름 하는 것이다.

왜냐하면 수보리여! 내가 옛적에 가리왕(歌利王)에게 온 몸이 끊어지고 찢겨질 때, 나는 아상이 없고, 인상이 없고, 중생상이 없고, 수자상이 없었기 때문이다. 어째서인가 하면 내가 옛적에 마디마디를 찢길 때, 만일 아상·인상·중생상·수자상이 있었다면, 응당히 성을 내고 원한이 생겨났을 것이다.

수보리여! 또 기억하나니, 과거 오백생(五百生)에 인욕선인(忍辱仙人)이 되어 있던 그 세상에서도, 아상이 없고, 인상이 없고, 중생상이 없고, 수자상이 없었다.

그러므로 수보리여! 보살은 응당히 일체의 현상(現象: 相)을 떠나 아뇩다라삼먁삼보리의 마음을 내어야 한다. 응당히 형상(形相: 色)에 집착해서 마음을 내지 말고, 응당히 소리·냄새·맛·감촉·마음의 대상에 집착해서 마음을 내지 말며, 응당히 어디에도 집착 없이 마음을 내어야한다.

이와 같이 하면 마음에 집착함이 있다는 것은 곧 집착하는 것이 아니므로, 이런 까닭에 부처는 말하기를 보살은 마음을 응당히 형상(色)에 집착 없이 보시하라고 한다.

수보리여! 보살은 일체 중생을 이롭게 하기 위해 응당히 이와 같이 보시해야 하니, 여래가 말한 일체의 모든 현상(現象: 相)은 곧 현상(相)이 아니며, 또 말하기를 일체의 중생도 곧 중생이 아닌 것이다.

수보리여! 여래는 바른 진리의 말(是眞語)을 하는 이고, 진실한 말(實語)을 하는 이며, 사실과 꼭 같은 말(如語)을 하는 이고, 거짓이 없는 말(不誑語)을 하는 이며, 다른 말을 하지 않는(不異語) 이다.

수보리여! 여래가 얻은바 진리(法)인, 이 진리는 실제(實) 한 것도 아니고, 없는(虛) 것도 아니다.

수보리여! 만일 보살이 마음을 대상(法)에 집착하여 보시하는 것은, 마치 사람이 어둠 속에 들어가면 곧 아무것도 볼 수 없는 것과 같고, 만일 보살이 마음을 대상에 집착하지 않고 보시하는 것은, 마치 눈 있는 사람에게 햇빛이 밝게 비치면 갖가지 모양을 볼 수 있는 것과 같다.

수보리여! 미래 세상에 만일 어떤 선남자 선여인이 능히 이 경을 받아 지니고서 읽고 외우면, 곧 여래는 부처의 지혜로써 이런 사람을 다 알고, 이런 사람을 다 보게 되니, 모두가 한량없고 끝이 없는 공덕을 성취하게 될 것이다."

제15. 지경공덕분(持經功德分: 경을 지니는 공덕)

"수보리여! 만일 어떤 선남자 선여인이 아침에 항하의 모래 수만큼의 몸으로 보시하고, 낮에 다시 항하의 모래 수만큼의 몸으로 보시하며, 저녁에 또 항하의 모래 수만큼의 몸으로 보시하여, 이와 같이 한량없는 백천만억겁을 몸으로 보시한다고 하고, 만일 다시 어떤 사람이 이 경전을 듣고 믿는 마음이 물러가지 않기만 한다면, 이 복이 앞의 저 복보다 뛰어날 것이니, 하물며 이 경전을 글로 옮겨 쓰고, 받아 지녀서 읽고 외우며 다른 이를 위해 설명해주는 것이겠느냐.

수보리여! 정확하게 말하면, 이 경은 불가사의(不可思議)하고 헤아려 잴 수가 없으며 끝없는 공덕이 있으니, 여래는 이 경을 대승(大乘)을 일으키는 이를 위해 말하며, 가장 뛰어난 가르침(最上乘)에 나아가는 이를 위해 말한다.

만일 어떤 사람이 능히 이 경을 받아 지녀서 읽고
외우며 널리 사람들을 위해 말하여 준다면, 여래는
이런 사람을 다 알고, 이런 사람을 다 보게 되니,
모두가 헤아릴 수 없고 잴 수가 없으며 끝이 없고
불가사의한 공덕을 성취하게 될 것이다. 이와 같은
사람들은 곧 여래의 아뇩다라삼먁삼보리를 짊어진
것이 되니, 왜냐하면 수보리여! 만일 소승(小乘)의
이치(法)를 좋아하는 자라면, '나가 있다고 생각하
는' 아견(我見)과, '나의 특성과 형상이 지금의 것인
줄 아는' 인견(人見)과, '각각의 특성과 형상대로의
행(行: 행위)과 식(識: 마음)을 내는' 중생견(衆生見)
과, '이러한 특성과 형상이 변함없이 영원하리라 생
각하는' 수자견(壽者見)이라는 소견(所見)에 집착하
여, 곧 이 경을 능히 듣고 받아 읽고 외워서 사람
들을 위해 설명해 주지 못하기 때문이다.
수보리여! 어느 곳 어디든지 만일 이 경이 있으면,
일체 세상의 천신·인간·아수라가 응당히 공양하

는 곳이니, 마땅히 알아라. 이곳은 곧 탑(塔)으로 삼으리니, 모두가 응당히 공경하고 예배하며 주위를 돌면서 여러 가지 꽃과 향을 그곳에 뿌릴 것이다."

제16. 능정업장분(能淨業障分: 능히 업장을 맑게 한다)

"또 수보리여! 선남자 선여인이 이 경을 받아 지녀서 읽고 외우는데도, 만일 사람들에게 업신여김이나 천시(賤視)를 당한다면, 이 사람이 전생(前生)의 죄업으로는 응당히 악도(惡道)에 떨어질 것이지만, 금생(今生)에 사람들의 업신여김과 천시를 받는 까닭으로 전생의 죄업이 곧 소멸되고, 마땅히 아뇩다라삼먁삼보리를 얻게 될 것이다.

수보리여! 내가 과거의 한량없는 아승지겁(阿僧祇劫)을 기억하니, 연등부처님 이전에 팔백사천만억 나유타(那由他)의 모든 부처님을 만나 뵈면서, 모두 다 공양하고 받들어 섬기며 헛되이 지낸 때가 없었다.

만일 다시 어떤 사람이 나중의 말세(後末世)에, 능히 이 경을 받아 지녀서 읽고 외우면, 그 얻는 공덕에는 내가 모든 부처님께 공양한 공덕이 백에 하나에도 미치지 못하고, 천만억에 하나에도 미치지 못하며, 나아가 어떤 셈이나 비유로도 능히 미치지 못한다.

수보리여! 만일 선남자 선여인이 나중의 말세에, 이 경을 받아 지녀서 읽고 외워 얻는 공덕을 내가 자세히 더하여 말한다면, 혹은 어떤 이는 그 말을 듣고 마음이 미친 듯 어지럽고 깊이 의심하며 믿지 않을 것이다.

수보리여! 마땅히 알아라. 이 경은 그 뜻이 불가사의하며 그 과보(果報)도 또한 불가사의하다."

제17. 구경무아분(究竟無我分: 궁극의 진리 '무아')

그때에 수보리가 부처님께 말씀드렸다.

"세존이시여! 선남자 선여인이 아뇩다라삼먁삼보리의 마음을 일으키고는, 응당히 어떻게 살아야(住) 하며, 어떻게 그 마음을 다스려야(降伏) 합니까?"

부처님께서 수보리에게 말씀하셨다.

"만일 선남자 선여인이 아뇩다라삼먁삼보리의 마음을 일으켰으면, 마땅히 이와 같은 마음을 내어야 한다.

'나는 응당히 일체 중생을 멸도(滅度) 하리라. 일체 중생을 멸도 하였으나, 어떤 한 중생도 실제 멸도한 이가 없다.'

왜냐하면 수보리여! 만일 보살에게 아상·인상·중생상·수자상이 있으면 곧 보살이 아니기 때문이다.

그 까닭이 무엇인가 하면 수보리여! 실제 어떤 진

리(法)가 있어서 아뇩다라삼먁삼보리의 마음을 일으키는 것이 아니기 때문이다.

수보리여! 어떻게 생각하느냐. 여래가 연등부처님 처소에서 어떤 진리가 있어서 아뇩다라삼먁삼보리를 얻었느냐?"

"아닙니다. 세존이시여! 제가 부처님께서 말씀하신 뜻을 이해하기로는, 부처님께서 연등부처님 처소에서 어떤 진리가 있어서 아뇩다라삼먁삼보리를 얻으신 것이 아닙니다."

부처님께서 말씀하셨다.

"그러하다, 그러하다. 수보리여! 실제 어떤 진리가 있어서 여래가 아뇩다라삼먁삼보리를 얻은 것이 아니다.

수보리여! 만일 어떤 진리가 있어서 여래가 아뇩다라삼먁삼보리를 얻었다면, 연등부처님이 곧 내게 수기(授記)를 하시며, '그대는 내세에 반드시 부처가 되어 명호를 석가모니라고 하리라.' 라고 하지 않으셨을 것이다. 실제 어떤 진리가 있어서 아뇩다라삼먁삼보리를 얻은 것이 아닌 까닭에, 연등부처님께서 내게 수기를 주시면서, '그대는 내세에 반드시 부처가 되어 명호를 석가모니라고 하리라.' 라고 하셨던 것이다. 왜냐하면 여래라는 것은 곧 모든 존재(法)의 있는 그대로의 진실한 모습(如)을 의미하기 때문이다.

만일 어떤 사람이 말하기를, '여래가 아뇩다라삼먁삼보리를 얻었다.' 고 한다면, 수보리여! 실제 어떤 진리가 있어서 부처가 아뇩다라삼먁삼보리를 얻은 것이 아니다.

수보리여! 여래가 얻은바 아뇩다라삼먁삼보리, 이 가운데에는 실제(實) 한 것도 없고, 허한(虛) 것도 없다. 그러므로 여래가 말하기를, 일체의 존재(法)가 모두 '부처님의 진리(佛法)'라고 한다.

수보리여! 말한바, 일체의 존재(法)란 곧 일체의 존재(法)가 아니므로, 일체의 존재(法)라고 이름 하는 것이다.

수보리여! 비유하면 사람의 몸이 아주 큰 것과 같다.”

수보리가 말씀드렸다.

“세존이시여! 여래께서 말씀하신 사람의 몸이 아주 크다는 것은 곧 큰 몸이 아니므로, 큰 몸이라고 이름 하는 것입니다.”

“수보리여! 보살도 또한 이와 같아서 만일 이런 말을 하기를, ‘나는 마땅히 한량없는 중생을 멸도 하리라.’ 고 한다면, 곧 보살이라고 이름 할 수가 없다.

왜냐하면 수보리여! 어떤 진리가 있어서 보살이라고 이름 하는 것이 아니기 때문이다. 그러므로 부처는 말하기를, 일체의 존재(法)가 아(我)도 없고, 인(人)도 없고, 중생(衆生)도 없고, 수자(壽者)도 없다고 한 것이다.

수보리여! 만일 보살이 이런 말을 하기를, ‘나는 마

땅히 불국토를 장엄하리라.’ 고 한다면, 곧 보살이라고 이름 할 수가 없다. 왜냐하면 여래가 말한 불국토를 장엄한다는 것은 곧 장엄하는 것이 아니기 때문에, 장엄이라고 이름 하는 것이다.

수보리여! 만일 보살이 ‘나가 아니다(非我)’는 무아(無我)의 진리(法)에 통달한 이라면, 여래는 말하기를, 진실로 바른 보살이라고 이름 한다.”

제18. 일체동관분(一切同觀分: 일체를 하나로 보다)

“수보리여! 어떻게 생각하느냐. 여래에게 육신의 눈(肉眼)이 있느냐?”

“그렇습니다, 세존이시여! 여래께서는 육신의 눈이 있습니다.”

“수보리여! 어떻게 생각하느냐. 여래에게 신통의 눈(天眼)이 있느냐?”

“그렇습니다, 세존이시여! 여래께서는 신통의 눈이

있습니다.”

“수보리여! 어떻게 생각하느냐. 여래에게 지혜의 눈
(慧眼)이 있느냐?”

“그렇습니다, 세존이시여! 여래께서는 지혜의 눈이
있습니다.”

“수보리여! 어떻게 생각하느냐. 여래에게 진리의 눈
(法眼)이 있느냐?”

“그렇습니다, 세존이시여! 여래께서는 진리의 눈이
있습니다.”

“수보리여! 어떻게 생각하느냐. 여래에게 부처의 눈
(佛眼)이 있느냐?”

“그렇습니다, 세존이시여! 여래께서는 부처의 눈이
있습니다.”

“수보리여! 어떻게 생각하느냐. 저 항하에 있는 모
래를 부처는 ‘이런 모래’ 라고 말하였느냐?”

“그렇습니다, 세존이시여! 여래께서는 ‘이런 모래’
라고 말씀하셨습니다.”

"수보리여! 어떻게 생각하느냐. 만일 한 항하에 있는 모래만큼의 항하가 있고, 이 모든 항하의 모래 수만큼의 부처님 세계가 있다면, 이것이 어찌 많지 않겠느냐?"

"아주 많습니다. 세존이시여!"

부처님께서 수보리에게 말씀하셨다.

"그 국토에 있는 중생들의 갖가지 마음을 여래는 다 안다. 왜냐하면 여래가 말한 모든 마음은 모두 마음이 아니기 때문에, 마음이라고 이름 하는 것이다.

그 까닭이 무엇인가 하면 수보리여! 과거의 마음도 얻을 수 없고, 현재의 마음도 얻을 수 없고, 미래의 마음도 얻을 수 없는 때문이다."

제19. 법계통화분(法界通化分: 법계를 널리 교화하다)

"수보리여! 어떻게 생각하느냐. 만일 어떤 사람이 삼천대천세계에 칠보(七寶)를 가득히 채워 보시에 쓴다면, 이 사람이 이러한 인연으로 얻는 복이 많겠느냐?"

"그렇습니다, 세존이시여! 이 사람은 이러한 인연으로 얻는 복이 아주 많습니다."

"수보리여! 만일 복덕(福德)이 실제 있는 것이라면, 여래는 얻는 복덕이 많다고 말하지 않았겠지만, 이 복덕이 없기 때문에, 여래가 말하기를 얻는 복덕이 많다고 하는 것이다."

제20. 이색이상분(離色離相分: 색과 상을 떠나다)

"수보리여! 어떻게 생각하느냐. 부처를 원만하게 갖춘 육신(具足色身: 形相)이라고 생각(見)할 수 있느냐?"

"아닙니다, 세존이시여! 여래를 응당히 원만하게 갖춘 육신이라고 생각할 수 없습니다.

왜냐하면 여래께서 말씀하신 원만하게 갖춘 육신

은 곧 원만하게 갖춘 육신이 아니기 때문에, 원만하게 갖춘 육신이라고 이름 하는 것입니다.”

“수보리여! 어떻게 생각하느냐. 여래를 원만하게 갖춘 모든 현상(具足諸相: 現象)이라고 생각할 수 있느냐?”

“아닙니다, 세존이시여! 여래를 응당히 원만하게 갖춘 모든 현상(相)이라고 생각할 수 없습니다. 왜냐하면 여래께서 말씀하신 모든 현상(相)을 원만하게 갖춘(諸相具足) 것은 곧 원만하게 갖춘 것이 아니기 때문에, 모든 현상(相)을 원만하게 갖춘 것이라고 이름 하는 것입니다.”

제21. 비설소설분(非說所說分: 말한 것이 말한 것이 아니다)

“수보리여! 그대는 여래가, ‘내가 마땅히 말한 진리(說法)가 있다.’ 는 이런 생각을 한다고 말하지 말아라. 이런 생각을 하지 말아라.

왜냐하면 만일 어떤 사람이 말하기를, '여래께서 말씀하신 진리가 있다.'고 한다면, 곧 부처님을 비방하는 것이 되니, 내가 말한 것을 잘 이해하지 못하기 때문이다.

수보리여! 진리를 말한다(說法)는 것은, 진리를 가히 말할 것이 없으므로, 진리를 말한다고 이름 하는 것이다."

그때에 혜명(慧命) 수보리가 부처님께 말씀드렸다. "세존이시여! 바르지 못한 어떤 중생이 미래세에 이런 진리의 말씀을 듣고서, 믿는 마음(信心)을 내겠습니까?"

부처님께서 말씀하셨다.

"수보리여! 저들은 중생이 아니며 중생이 아닌 것도 아니다.

왜냐하면 수보리여! 중생이라, 중생이라 하는 것은 여래가 말하기를 중생이 아니기 때문에, 중생이라고 이름 하는 것이다."

제22. 무법가득분(無法可得分: 얻을 법이 없다)

수보리가 부처님께 말씀드렸다.

"세존이시여! 부처님께서 아뇩다라삼먁삼보리를 얻으신 것은, 얻으신 바가 없다는 것이 됩니까?"

부처님께서 말씀하셨다.

"그러하다, 그러하다. 수보리여! 내가 아뇩다라삼먁삼보리에서 조그마한 진리(法)까지도 가히 얻은 것이 없으므로, 아뇩다라삼먁삼보리라고 이름 하는 것이다."

제23. 정심행선분(淨心行善分: 상이 없는 선법을 행하다)

"또 수보리여! 이 진리(法)는 평등하여 높고 낮음이 없으니, 이를 아뇩다라삼먁삼보리라고 이름 한다. 아(我)도 없고, 인(人)도 없고, 중생(衆生)도 없고, 수자(壽者)도 없이 일체의 훌륭한(善) 진리(法)를 행하면, 곧 아뇩다라삼먁삼보리를 얻게 된다.

수보리여! 말한바, **훌륭한 진리**라는 것은, 여래가 말하기를 곧 **훌륭한 진리**가 아니므로, **훌륭한 진리**라고 이름 하는 것이다."

제24. 복지무비분(福智無比分: 복과 지혜를 비교할 수 없다)

"수보리여! 만일 삼천대천세계 가운데 있는 모든 수미산왕과 같은 칠보가 쌓여서, 어떤 사람이 가져다 보시에 쓴다고 하고, 만일 어떤 사람이 이 반야바라밀경(般若波羅蜜經)에서 네 글귀로 된 게송(四句偈)만이라도 받아 지녀서 읽고 외우며, 다른 사람을 위해 말하여 준다면, 앞의 복덕으로는 백에 하나에도 미치지 못하고, 백천만억에 하나에도 미치지 못하며, 나아가 어떤 셈이나 비유로도 능히 미치지 못한다."

제25. 화무소화분(化無所化分: 교화하되 교화한 것이 없다)

"수보리여! 어떻게 생각하느냐. 그대들은 여래가, '내가 마땅히 중생을 제도(濟度)하리라.'는 이런 생각을 한다고 말하지 말아라.

수보리여! 이런 생각을 하지 말아라. 왜냐하면 실제 여래가 제도할 중생이 없기 때문이다.

만일 여래가 제도할 중생이 있다면, 여래에게 곧 아(我)·인(人)·중생(衆生)·수자(壽者)가 있는 것이다.

수보리여! 여래가 말하기를 아(我)가 있다는 것은 곧 아(我)가 있다는 것이 아니라고 하였다. 그러나 범부(凡夫)들은 아(我)가 있다고 여긴다.

수보리여! 범부라는 것도 여래가 말하기를 곧 범부가 아니므로, 범부라 이름 하는 것이다."

제26. 법신비상분(法身非相分: 진리는 현상이 아니다)

"수보리여! 어떻게 생각하느냐. 서른두 가지 갖춘

상(三十二相)으로 여래라고 관(觀)할 수 있느냐?"

수보리가 말씀드렸다.

"그렇습니다, 그렇습니다. 서른두 가지 갖춘 상으로 여래라고 관(觀)할 수 있습니다."

부처님께서 말씀하셨다.

"수보리여! 만일 서른두 가지 갖춘 상으로 여래라고 관(觀)할 수 있다면, 전륜성왕(轉輪聖王)도 곧 여래이리라."

수보리가 부처님께 말씀드렸다.

"세존이시여! 제가 부처님께서 말씀하신 뜻을 이해하기로는, 응당히 서른두 가지 갖춘 상으로 여래라고 관(觀)할 수 없습니다."

그때에 부처님께서 게송으로 말씀하셨다.

"만일 형상으로 나를 보고,
 음성으로 나를 찾는다면,
 이 사람은 삿된 길을 가는지라,
 능히 여래 보지 못하리라.

(若以色見我　以音聲求我　是人行邪道　不能見如來)"

제27. 무단무멸분(無斷無滅分: 끊어져 없음이 아니다)

"수보리여! 그대가 만일 이런 생각을 하기를, '여래는 원만하게 갖춘 상(具足相)에 의하지 않았기에 아뇩다라삼먁삼보리를 얻은 것이다.' 라고 한다면, 수보리여! 이렇게, '여래는 원만하게 갖춘 상에 의하지 않았기에 아뇩다라삼먁삼보리를 얻은 것이다.' 라고 이런 생각을 하지 말아라.
수보리여! 그대가 만일 이런 생각을 하기를, '아뇩다라삼먁삼보리의 마음을 일으킨 이는 모든 진리(法)가 끊어져 없다고 말한다.' 고 한다면, 이런 생각을 하지 말아라. 왜냐하면 아뇩다라삼먁삼보리의 마음을 낸 이는 진리(法)에 있어서, 끊어져 없다는 현상(斷滅相: 現象)을 말하지 않기 때문이다."

제28. 불수불탐분(不受不貪分: 받지도 탐하지도 않는다)

"수보리여! 만일 보살이 항하의 모래 수만큼의 세계에 칠보를 가득히 채워 가져다 보시에 쓴다고 하고, 만일 다시 어떤 사람이 일체의 진리(法)가 무아(無我)임을 알아, '마음을 움직이지 않는(不動心)' 인(忍)을 성취한다고 하면, 이 보살은 앞의 보살이 얻은 공덕보다 더 뛰어나다.

왜냐하면 수보리여! 모든 보살은 복덕을 받지 않기 때문이다."

수보리가 부처님께 말씀드렸다.

"세존이시여! 어찌하여 보살이 복덕을 받지 않습니까?"

"수보리여! 보살은 복덕을 지음에 있어서, 응당히 탐하거나 집착하지 않기 때문에, 복덕을 받지 않는다고 말한 것이다."

제29. 위의적정분(威儀寂靜分: 움직임이 고요하다)

"수보리여! 만일 어떤 사람이 말하기를, '여래는 혹은 오기도 하고, 혹은 가기도 하며, 혹은 앉기도 하고, 혹은 눕기도 한다.' 고 한다면, 이 사람은 내가 말한 뜻을 이해하지 못한 것이다.
왜냐하면 여래란, 어디로부터 오는 것도 아니고, 또한 가는 것도 아니기 때문에, 여래라고 이름 하는 것이다."

제30. 일합리상분(一合理相分: 하나로 합해진 이치와 현상)

"수보리여! 만일 선남자 선여인이 삼천대천세계를 부수어 아주 작은 티끌을 만든다면, 어떻게 생각하느냐. 이 티끌들이 어찌 많지 않겠느냐?"
수보리가 말씀드렸다.
"아주 많습니다, 세존이시여! 왜냐하면 만일 이런 티끌들이 실제 있는 것이라면, 부처님께서 곧 이런 티끌들이라고 말씀하지 않으셨을 것이기 때문입니다. 그 까닭이 무엇인가 하면, 부처님께서 말씀하신 티끌들은 곧 티끌들이 아니기 때문에, 티끌들이라고 이름 하는 것입니다.

세존이시여! 여래께서 말씀하신 삼천대천세계는 곧 세계가 아니므로, 세계라고 이름 하십니다.

왜냐하면 만일 세계가 실제 있는 것이라면, 곧 '티끌들이 모여' 하나로 합하여진 현상(一合相: 現象)이라고 하겠지만, 여래께서 말씀하신 하나로 합하여진 현상은 곧 하나로 합하여진 현상이 아니므로, 하나로 합하여진 현상이라고 이름 하는 것입니다."

"수보리여! 하나로 합하여진 현상이란 말할 수가 없는 것임에도, 단지 범부(凡夫)들이 그것을 탐하고 집착하는 것이다."

제31. 지견불생분(知見不生分: 소견으로 분별하지 않다)

"수보리여! 만일 어떤 사람이 말하기를, '부처님께서 아견(我見)·인견(人見)·중생견(衆生見)·수자견(壽者見)이라는 소견(所見)을 말씀하셨다.'고 한다면, 수보리여! 어떻게 생각하느냐. 이 사람은 내가 말한 뜻을 이해한다고 하겠느냐?"

"아닙니다, 세존이시여! 이 사람은 여래께서 말씀하신 뜻을 이해하지 못한 것입니다. 왜냐하면 부처님께서 말씀하신 아견·인견·중생견·수자견이라는 소견(所見)은, 곧 아견·인견·중생견·수자견이라는 소견(所見)이 아니기 때문에, 아견·인견·중생견·수자견이라는 소견(所見)이라고 이름 하는 것입니다."

"수보리여! 아뇩다라삼먁삼보리의 마음을 일으킨 이는 일체의 진리(法)에 있어서, 응당히 이와 같이 알고, 이와 같이 보며, 이와 같이 믿고 이해하여,

진리라는 생각(法相)을 만들지 않아야 한다.

수보리여! 말한바, 진리라는 생각(法相)은, 여래가 말하기를 곧 진리라는 생각(法相)이 아니므로, 진리라는 생각(法相)이라고 이름 하는 것이다."

제32. 응화비진분(應化非眞分: 나툰 몸이 참된 상이 아니다)

"수보리여! 만일 어떤 사람이 한량없는 아승지(阿僧祇) 세계에 칠보를 가득히 채워 가져다 보시에 쓴다고 하고, 만일 어떤 선남자 선여인으로 보살의 마음을 일으킨 이가, 이 경을 가지고 네 글귀로 된 게송(四句偈)만이라도 받아 지녀서 읽고 외우며, 다른 사람을 위해 널리 말하여 준다면, 이 복이 앞의 저 복보다 더 뛰어나다.

어떻게 다른 사람을 위해 말하여 줄 것인가?

현상(現象: 相)에 의지(取)하지 말고, 있는 그대로 그러하게(如如), 흔들려 움직이지 않아야(不動) 한

다. 왜냐하면,

'모든 존재 인연으로 생멸현상 있게 되니,

　마치 모두 꿈과 같고 헛것 같고 거품 같고,

　그림자와 이슬 같고 번쩍하는 번개 같아,

　응당 모두 이와 같이 자세하게 볼지니라.

　(一切有爲法　如夢幻泡影　如露亦如電　應作如是觀)'"

부처님께서 이 경을 다 말씀하시니, 장로 수보리와 모든 비구·비구니·우바새·우바이와 일체 세상의 천신·인간·아수라들이, 부처님의 말씀을 듣고, 모두가 크게 기뻐하며 믿고 받아서 받들어 행하였다.

금강반야바라밀진언 [金剛般若波羅蜜眞言]
[Vajracchedikā prajñāpāramitā dhāraṇī]

나모바가발제 발나양 바라미다예
那謨婆伽跋帝 体喇壤 波羅弭多曳

옴 이리지 이실리 수로타 비사야 비사야 사바하
唵 伊利底 伊室利 輸盧馱 毘舍耶 毘舍耶 莎婆訶

[나모 바가바떼 쁘라쥬냐빠라미타예
namo bhagavatī prajñāpāramitāyai

옴 이리띠 이실리 슈로다 비샤야 비샤야 스바하]
oṃ īriti īṣiri śruta viṣaya viṣaya svāhā

[Tibet-Vajracchedikā prajñāpāramitā dhāraṇī]

나모바가바테 프라쥬나파라미타예

옴 나타드티타 이일씨 이일씨

미일씨 미일씨 비나얀 비나얀

나모 바가바테 프라드트얌프라티

이리티 이리티 미리티

슈리티 슈리티 우슈리
부유예 부유예 스바하

[세존 반야바라밀에 귀의합니다.
옴! 공이여. 성취되소서!]

원하오니 이공덕이 온세상에 널리퍼져
원이차공덕 보급어일체 願以此功德 普及於一切

저와함께 모든중생 극락세계 태어나서
아등여중생 당생극락국 我等與衆生 當生極樂國

무량수불 함께뵙고 모두성불 하여지다
동견무량수 개공성불도 同見無量壽 皆共成佛道

금강반야바라밀경
金剛般若波羅密經

第一. 법회인유분 法會因由分

여시아문 일시 불 재사위국 기수급고독원 여대비구중
如是我聞 一時 佛 在舍衛國 祇樹給孤獨園 與大比丘衆

천이백오십인 구 이시 세존 식시 착의지발 입사위대성
千二百五十人 俱 爾時 世尊 食時 着衣持鉢 入舍衛大城

걸식 어기성중 차제걸이 환지본처 반사흘 수의발 세족
乞食 於其城中 次第乞已 還至本處 飯食訖 收衣鉢 洗足

이 부좌이좌
已 敷座而坐

第二. 선현기청분 善現起請分

시 장로수보리 재대중중 즉종좌기 편단우견 우슬착지
時 長老須菩提 在大衆中 卽從座起 偏袒右肩 右膝着地

합장공경 이백불언 희유세존 여래 선호념제보살 선부
合掌恭敬 而白佛言 希有世尊 如來 善護念諸菩薩 善付

촉제보살 세존 선남자 선여인 발아뇩다라삼먁삼보리심
囑諸菩薩 世尊 善男子 善女人 發阿耨多羅三藐三菩提心

응운하주 운하항복기심 불언 선재선재 수보리 여여소
應云何住 云何降伏其心 佛言 善哉善哉 須菩提 如汝所

설 여래 선호념제보살 선부촉제보살 여금체청 당위여
說 如來 善護念諸菩薩 善付囑諸菩薩 汝今諦請 當爲汝

설 선남자 선여인 발아뇩다라삼먁삼보리심 응여시주
說 善男子 善女人 發阿耨多羅三藐三菩提心 應如是住

여시 항복기심 유연 세존 원요욕문
如是 降伏其心 唯然 世尊 願樂欲聞

第三. 대승정종분 大乘正宗分

불고수보리 제보살마하살 응여시항복기심 소유일체중
佛告須菩提 諸菩薩摩訶薩 應如是降伏其心 所有一切衆

생지류 약난생 약태생 약습생 약화생 약유색 약무색
生之類 若卵生 若胎生 若濕生 若化生 若有色 若無色

약유상 약무상 약비유상 비무상 아개영입무여열반 이
若有想 若無想 若非有想 非無想 我皆令入無餘涅槃 而

멸도지 여시멸도무량무수무변중생 실무중생 득멸도자
滅度之 如是滅度無量無數無邊衆生 實無衆生 得滅度者

하이고 수보리 약보살 유아상 인상 중생상 수자상 즉
何以故 須菩提 若菩薩 有我相 人相 衆生相 壽者相 卽

비보살
非菩薩

第四. 묘행무주분 妙行無住分

부차 수보리 보살 어법 응무소주 행어보시 소위부주색
復次 須菩提 菩薩 於法 應無所住 行於布施 所謂不住色

보시 부주성향미촉법보시 수보리 보살 응여시보시 부
布施 不主聲香味觸法布施 須菩提 菩薩 應如是布施 不

주어상 하이고 약보살 부주상보시 기복덕 불가사량 수
住於相 何以故 若菩薩 不住相布施 其福德 不可思量 須

보리 어의운하 동방허공 가사량부 불야 세존 수보리
菩提 於意云何 東方虛空 可思量不 不也 世尊 須菩提

남서북방사유상하허공 가사량부 불야 세존 수보리 보
南西北方四維上下虛空 可思量不 不也 世尊 須菩提 菩

살 무주상보시복덕 역부여시 불가사량 수보리 보살 단
薩 無住相布施福德 亦復如是 不可思量 須菩提 菩薩 但

응여소교주
應如所教住

第五. 여리실견분 如理實見分

수보리 어의운하 가이신상 견여래부 불야 세존 불가이
須菩提 於意云何 可以身相 見如來不 不也 世尊 不可以

신상 득견여래 하이고 여래소설신상 즉비신상 불고수
身相 得見如來 何以故 如來所說身相 卽非身相 佛告須

보리 범소유상 개시허망 약견제상비상 즉견여래
菩提 凡所有相 皆是虛妄 若見諸相非相 卽見如來

第六. 정신희유분 正信希有分

수보리 백불언 세존 파유중생 득문여시언설장구 생실
須菩提 白佛言 世尊 頗有衆生 得聞如是 言說章句 生實

신부 불고수보리 막작시설 여래멸후 후오백세 유지계
信不 佛告須菩提 莫作是說 如來滅後 後五百歲 有持戒

수복자 어차장구 능생신심 이차위실 당지시인 불어일
修福者 於此章句 能生信心 以此爲實 當知是人 不於一

불이불삼사오불 이종선근 이어무량천만불소 종제선근
佛二佛三四五佛 而種善根 已於無量千萬佛所 種諸善根

문시장구 내지일념 생정신자 수보리 여래 실지실견 시
聞是章句 乃至一念 生淨信者 須菩提 如來 悉知悉見 是

제중생 득여시무량복덕 하이고 시제중생 무부아상인상
諸衆生 得如是無量福德 何以故 是諸衆生 無復我相人相

중생상수자상 무법상 역무비법상 하이고 시제중생 약
衆生相壽者相 無法相 亦無非法相 何以故 是諸衆生 若

심취상 즉위착아인중생수자 약취법상 즉착아인중생수
心取相 卽爲着我人衆生壽者 若取法相 卽着我人衆生壽

자 하이고 약취비법상 즉착아인중생수자 시고 불응취
者 何以故 若取非法相 卽着我人衆生壽者 是故 不應取

법 불응취비법 이시의고 여래상설 여등비구 지아설법
法 不應取非法 以是義故 如來常說 汝等比丘 知我說法

여벌유자 법상응사 하황비법
如筏喩者 法尙應捨 何況非法

第七. 무득무설분 無得無說分

수보리 어의운하 여래득아뇩다라삼먁삼보리야 여래유
須菩提 於意云何 如來得阿耨多羅三藐三菩提耶 如來有

소설법야 수보리언 여아해불소설의 무유정법 명아뇩다
所說法耶 須菩提言 如我解佛所說義 無有定法 名阿耨多

라삼먁삼보리 역무유정법 여래가설 하이고 여래소설법
羅三藐三菩提 亦無有定法 如來可說 何以故 如來所說法

개불가취 불가설 비법 비비법 소이자하 일체현성 개이
皆不可取 不可說 非法 非非法 所以者何 一切賢聖 皆以

무위법 이유차별
無爲法 而有差別

第八. 의법출생분 依法出生分

수보리 어의운하 약인 만삼천대천세계칠보 이용보시
須菩提 於意云何 若人 滿三千大千世界七寶 以用布施

시인 소득복덕 영위다부 수보리언 심다 세존 하이고
是人 所得福德 寧爲多不 須菩提言 甚多 世尊 何以故

시복덕 즉비복덕성 시고 여래설복덕다 약부유인 어차
是福德 卽非福德性 是故 如來說福德多 若復有人 於此

경중 수지내지사구게등 위타인설 기복승피 하이고 수
經中 受持乃至四句偈等 爲他人說 其福勝彼 何以故 須

보리 일체제불 급제불 아뇩다라삼먁삼보리법 개종차경
菩提 一切諸佛 及諸佛 阿耨多羅三藐三菩提法 皆從此經

출 수보리 소위불법자 즉비불법
出 須菩提 所謂佛法者 卽非佛法

第九. 일상무상분 一相無相分

수보리 어의운하 수다원 능작시념 아득수다원과부 수
須菩提 於意云何 須陀洹 能作是念 我得 須陀洹果不 須

보리언 불야 세존 하이고 수다원 명위입류 이무소입
菩提言 不也 世尊 何以故 須陀洹 名爲入流 而無所入

불입색성향미촉법 시명수다원 수보리 어의운하 사다함
不入色聲香味觸法 是名須陀洹 須菩提 於意云何 斯陀含

능작시념 아득사다함과부 수보리언 불야 세존 하이고
能作是念 我得斯陀含果不 須菩提言 不也 世尊 何以故

사다함 명일왕래 이실무왕래 시명사다함 수보리 어의
斯陀含 名一往來 而實無往來 是名斯陀含 須菩提 於意

운하 아나함 능작시념 아득아나함과부 수보리언 불야
云何 阿那含 能作是念 我得阿那含果不 須菩提言 不也

세존 하이고 아나함 명위불래 이실무불래 시고 명아나
世尊 何以故 阿那含 名爲不來 而實無不來 是故 名阿那

함 수보리 어의운하 아라한 능작시념 아득아라한도부
含 須菩提 於意云何 阿羅漢 能作是念 我得阿羅漢道不

수보리언 불야 세존 하이고 실무유법 명아라한 세존
須菩提言 不也 世尊 何以故 實無有法 名阿羅漢 世尊

약아라한 작시념 아득아라한도 즉위착아인중생수자 세
若阿羅漢 作是念 我得阿羅漢道 卽爲着我人衆生壽者 世

존 불설아득무쟁삼매인중 최위제일 시제일이욕아라한
尊 佛說我得無諍三昧人中 最爲第一 是第一離欲阿羅漢

세존 아부작시념 아시이욕아라한 세존 아약작시념 아
世尊 我不作是念 我是離欲阿羅漢 世尊 我若作是念 我

득아라한도 세존 즉불설 수보리 시요아란나행자 이수
得阿羅漢道 世尊 卽不說 須菩提 是樂阿蘭那行者 以須

보리 실무소행 이명수보리 시요아란나행
菩提 實無所行 而名須菩提 是樂阿蘭那行

第十. 장엄정토분 莊嚴淨土分

불고수보리 어의운하 여래석재연등불소 어법 유소득부
佛告須菩提 於意云何 如來昔在燃燈佛所 於法 有所得不

불야 세존 여래재연등불소 어법 실무소득 수보리 어의
不也 世尊 如來在燃燈佛所 於法 實無所得 須菩提 於意

운하 보살 장엄불토부 불야 세존 하이고 장엄불토자
云何 菩薩 莊嚴佛土不 不也 世尊 何以故 莊嚴佛土者

즉비장엄 시명장엄 시고 수보리 제보살마하살 응여시
卽非莊嚴 是名莊嚴 是故 須菩提 諸菩薩摩訶薩 應如是

생청정심 불응주색생심 불응주성향미촉법생심 응무소
生淸淨心 不應住色生心 不應住聲香味觸法生心 應無所

주 이생기심 수보리 비여유인 신여수미산왕 어의운하
住 而生其心 須菩提 譬如有人 身如須彌山王 於意云何

시신 위대부 수보리언 심대 세존 하이고 불설비신 시
是身 爲大不 須菩提言 甚大 世尊 何以故 佛說非身 是

명대신
名大身

第十一. 무위복승분 無爲福勝分

수보리 여항하중소유사수 여시사등항하 어의운하 시제
須菩提 如恒河中所有沙數 如是沙等恒河 於意云何 是諸

항하사 영위다부 수보리언 심다 세존 단제항하 상다무
恒河沙 寧爲多不 須菩提言 甚多 世尊 但諸恒河 尚多無

수 하황기사 수보리 아금 실언 고여 약유선남자선여인
數 何況其沙 須菩提 我今 實言 告汝 若有善男子善女人

이칠보 만이소항하사수 삼천대천세계 이용보시 득복
以七寶 滿爾所恒河沙數 三千大千世界 以用布施 得福

다부 수보리언 심다 세존 불고 수보리 약선남자선여인
多不 須菩提言 甚多 世尊 佛告 須菩提 若善男子善女人

어차경중 내지수지사구게등 위타인설 이차복덕 승전복덕
於此經中 乃至受持四句偈等 爲他人說 而此福德 勝前福德

第十二. 존중정교분 尊重正教分

부차 수보리 수설시경 내지사구게등 당지차처 일체세
復次 須菩提 隨說是經 乃至四句偈等 當知此處 一切世

간천인아수라 개응공양 여불탑묘 하황유인 진능수지독
間天人阿修羅 皆應供養 如佛塔廟 何況有人 盡能受持讀

송 수보리 당지시인 성취최상제일희유지법 약시경전소
誦 須菩提 當知是人 成就最上第一希有之法 若是經典所

재지처 즉위유불 약존중제자
在之處 卽爲有佛 若尊重弟子

第十三. 여법수지분 如法受持分

이시 수보리 백불언 세존 당하명차경 아등 운하봉지
爾時 須菩提 白佛言 世尊 當何名此經 我等 云何奉持

불고수보리 시경 명위금강반야바라밀 이시명자 여당봉
佛告須菩提 是經 名爲金剛般若波羅蜜 以是名字 汝當奉

지 소이자하 수보리 불설반야바라밀 즉비반야바라밀
持 所以者何 須菩提 佛說般若波羅蜜 卽非般若波羅蜜

시명반야바라밀 수보리 어의운하 여래유소설법부 수보
是名般若波羅蜜 須菩提 於意云何 如來有所說法不 須菩

리 백불언 세존 여래무소설 수보리 어의운하 삼천대천
提 白佛言 世尊 如來無所說 須菩提 於意云何 三千大千

세계 소유미진 시위다부 수보리언 심다 세존 수보리
世界 所有微塵 是爲多不 須菩提言 甚多 世尊 須菩提

제미진 여래설비미진 시명미진 여래설세계 비세계 시
諸微塵 如來說非微塵 是名微塵 如來說世界 非世界 是

명세계 수보리 어의운하 가이삼십이상 견여래부 불야
名世界 須菩提 於意云何 可以三十二相 見如來不 不也

세존 불가이삼십이상 득견여래 하이고 여래설삼십이상
世尊 不可以三十二相 得見如來 何以故 如來說三十二相

즉시비상 시명삼십이상 수보리 약유선남자선여인 이항
卽是非相 是名三十二相 須菩提 若有善男子善女人 以恒

하사등신명 보시 약부유인 어차경중 내지수지사구게등
河沙等身命 布施 若復有人 於此經中 乃至受持四句偈等

위타인설 기복 심다
爲他人說 其福 甚多

第十四. 이상적멸분 離相寂滅分

이시 수보리 문설시경 심해의취 체루비읍 이백불언 희
爾時 須菩提 聞說是經 深解義趣 涕淚悲泣 而白佛言 希

유세존 불설여시심심경전 아종석래 소득혜안 미증득문
有世尊 佛說如是甚深經典 我從昔來 所得慧眼 未曾得聞

여시지경 세존 약부유인 득문시경 신심청정 즉생실상
如是之經 世尊 若復有人 得聞是經 信心淸淨 卽生實相

당지시인 성취제일희유공덕 세존 시실상자 즉시비상
當知是人 成就第一希有功德 世尊 是實相者 卽是非相

시고 여래설명실상 세존 아금 득문여시경전 신해수지
是故 如來說名實相 世尊 我今 得聞如是經典 信解受持

부족위난 약당래세 후오백세 기유중생 득문시경 신해
不足爲難 若當來世 後五百歲 其有衆生 得聞是經 信解

수지 시인 즉위제일희유 하이고 차인 무아상 무인상
受持 是人 卽爲第一希有 何以故 此人 無我相 無人相

무중생상 무수자상 소이자하 아상 즉시비상 인상중생
無衆生相 無壽者相 所以者何 我相 卽是非相 人相衆生

상수자상 즉시비상 하이고 이일체제상 즉명제불 불고
相壽者相 卽是非相 何以故 離一切諸相 卽名諸佛 佛告

수보리 여시여시 약부유인 득문시경 불경불포불외 당
須菩提 如是如是 若復有人 得聞是經 不驚不怖不畏 當

지시인 심위희유 하이고 수보리 여래설제일바라밀 즉
知是人 甚爲希有 何以故 須菩提 如來說第一波羅蜜 卽

비제일바라밀 시명제일바라밀 수보리 인욕바라밀 여래
非第一波羅蜜 是名第一波羅蜜 須菩提 忍辱波羅蜜 如來

설비인욕바라밀 시명인욕바라밀 하이고 수보리 여아
說非忍辱波羅蜜 是名忍辱波羅蜜 何以故 須菩提 如我

석위가리왕 할절신체 아어이시 무아상 무인상 무중생
昔爲歌利王 割截身體 我於爾時 無我相 無人相 無衆生

상 무수자상 하이고 아어왕석절절지해시 약유아상인
相 無壽者相 何以故 我於往昔節節支解時 若有我相人

상중생상수자상 응생진한 수보리 우념과거어오백세 작
相衆生相壽者相 應生嗔恨 須菩提 又念過去於五百世 作

인욕선인 어이소세 무아상 무인상 무중생상 무수자상
忍辱仙人 於爾所世 無我相 無人相 無衆生相 無壽者相

시고 수보리 보살 응리일체상 발아뇩다라삼먁삼보리심
是故 須菩提 菩薩 應離一切相 發阿耨多羅三藐三菩提心

불응주색생심 불응주성향미촉법생심 응생무소주심 약
不應住色生心 不應住聲香味觸法生心 應生無所住 若

심유주 즉위비주 시고 불설보살 심불응주색보시 수보
心有住 卽爲非住 是故 佛說菩薩 心不應住色布施 須菩

리 보살 위이익일체중생 응여시보시 여래설일체제상
提 菩薩 爲利益一切衆生 應如是布施 如來說一切諸相

즉시비상 우설일체중생 즉비중생 수보리 여래 시진어
卽是非相 又說一切衆生 卽非衆生 須菩提 如來 是眞語

자 실어자 여어자 불광어자 불이어자 수보리 여래소득
者 實語者 如語者 不誑者 不異語者 須菩提 如來所得

법 차법 무실무허 수보리 약보살 심주어법 이행보시
法 此法 無實無虛 須菩提 若菩薩 心住於法 而行布施

여인 입암 즉무소견 약보살 심부주법 이행보시 여인
如人 入闇 卽無所見 若菩薩 心不住法 而行布施 如人

유목 일광명조 견종종색 수보리 당래지세 약유선남자
有目 日光明照 見種種色 須菩提 當來之世 若有善男子

선여인 능어차경 수지독송 즉위여래 이불지혜 실지시
善女人 能於此經 受持讀誦 卽爲如來 以佛智慧 悉知是

인 실견시인 개득성취 무량무변공덕
人 悉見是人 皆得成就 無量無邊功德

第十五. 지경공덕분 持經功德分

수보리 약유선남자선여인 초일분 이항하사등신 보시
須菩提 若有善男子善女人 初日分 以恒河沙等身 布施

중일분 부이항하사등신 보시 후일분 역이항하사등신
中日分 復以恒河沙等身 布施 後日分 亦以恒河沙等身

보시 여시무량백천만억겁 이신보시 약부유인 문차경전
布施 如是無量百千萬億劫 以身布施 若復有人 聞此經典

신심불역 기복 승피 하황서사수지독송 위인해설 수보
信心不逆 其福 勝彼 何況書寫受持讀誦 爲人解說 須菩

리 이요언지 시경 유불가사의 불가칭량무변공덕 여래
提 以要言之 是經 有不可思議 不可稱量無邊功德 如來

위발대승자설 위발최상승자설 약유인 능수지독송 광위
爲發大乘者說 爲發最上乘者說 若有人 能受持讀誦 廣爲

인설 여래 실지시인 실견시인 개득성취불가량불가칭
人說 如來 悉知是人 悉見是人 皆得成就不可量不可稱

무유변불가사의공덕 여시인등 즉위하담여래 아뇩다라
無有邊不可思議功德 如是人等 卽爲荷擔如來 阿耨多羅

삼먁삼보리 하이고 수보리 약요소법자 착아견인견중생
三藐三菩提 何以故 須菩提 若樂小法者 着我見人見衆生

견수자견 즉어차경 불능청수독송 위인해설 수보리 재
見壽者見 卽於此經 不能聽受讀誦 爲人解說 須菩提 在

재처처 약유차경 일체세간천인아수라 소응공양 당지차
在處處 若有此經 一切世間天人阿修羅 所應供養 當知此

처 즉위시탑 개응공경 작례위요 이제화향 이산기처
處 卽爲是塔 皆應恭敬 作禮圍繞 以諸華香 而散其處

第十六. 능정업장분 能淨業障分

부차 수보리 선남자선여인 수지독송차경 약위인경천
復次 須菩提 善男子善女人 受持讀誦此經 若爲人輕賤

시인 선세죄업 응타악도 이금세인 경천고 선세죄업 즉
是人 先世罪業 應墮惡道 以今世人 輕賤故 先世罪業 卽

위소멸 당득아뇩다라삼먁삼보리 수보리 아념과거무량
爲消滅 當得阿耨多羅三藐三菩提 須菩提 我念過去無量

아승지겁 어연등불전 득치팔백사천만억나유타제불 실
阿僧祇劫 於燃燈佛前 得値八百四千萬億那由他諸佛 悉

개공양승사 무공과자 약부유인 어후말세 능수지독송차
皆供養承事 無空過者 若復有人 於後末世 能受持讀誦此

경 소득공덕 어아소공양제불공덕 백분불급일 천만억분
經 所得功德 於我所供養諸佛功德 百分不及一 千萬億分

내지 산수비유 소불능급 수보리 약선남자선여인 어후
乃至 算數譬喩 所不 能及 須菩提 若善男子善女人 於後

말세 유수지독송차경 소득공덕 아약구설자 혹유인 문
末世 有受持讀誦此經 所得功德 我若具說者 或有人 聞

심즉광란 호의불신 수보리 당지 시경의 불가사의 과보
心卽狂亂 狐疑不信 須菩提 當知 是經義 不可思議 果報

역불가사의
亦不可思議

第十七. 구경무아분 究竟無我分

이시 수보리 백불언 세존 선남자선여인 발아뇩다라삼
爾時 須菩提 白佛言 世尊 善男子善女人 發阿耨多羅三

먁삼보리심 운하응주 운하항복기심 불고수보리 약선남
藐三菩提心 云何應住 云何降伏其心 佛告須菩提 若善男

자선여인 발아뇩다라삼먁삼보리심자 당생여시심 아응
子善女人 發阿耨多羅三藐三菩提心者 當生如是心 我應

멸도일체중생 멸도일체중생이 이무유일중생 실멸도자
滅度 一切衆生 滅度一切衆生已 而無有一衆生 實滅度者

하이고 수보리 약보살 유아상인상중생상수자상 즉비보
何以故 須菩提 若菩薩 有我相人相衆生相壽者相 卽非菩

살 소이자하 수보리 실무유법 발아뇩다라삼먁삼보리심
薩 所以者何 須菩提 實無有法 發阿耨多羅三藐三菩提心

자 수보리 어의운하 여래 어연등불소 유법득아뇩다라
者 須菩提 於意云何 如來 於燃燈佛所 有法得阿耨多羅

삼먁삼보리부 불야 세존 여아해불소설의 불어연등불소
三藐三菩提不 不也 世尊 如我解佛所 說義 佛於燃燈佛所

무유법득아뇩다라삼먁삼보리 불언 여시여시 수보리 실
無有法得阿耨多羅三藐三菩提 佛言 如是如是 須菩提 實

무유법 여래득아뇩다라삼먁삼보리 수보리 약유법 여래
無有法 如來得阿耨多羅三藐三菩提 須菩提 若有法 如來

득아뇩다라삼먁삼보리자 연등불 즉불여아수기 여어내
得阿耨多羅三藐三菩提者 燃燈佛 卽不與我授記 汝於來

세 당득작불 호석가모니 이실무유법 득아뇩다라삼먁삼
世 當得作佛 號釋迦牟尼 以實無有法 得阿耨多羅三藐三

보리 시고 연등불 여아수기 작시언 여어내세 당득작불
菩提 是故 燃燈佛 與我授記 作是言 汝於來世 當得作佛

호석가모니 하이고 여래자 즉제법여의 약유인언 여래
號釋迦牟尼 何以故 如來者 卽諸法如義 若有人言 如來

득아뇩다라삼먁삼보리 수보리 실무유법 불득아뇩다라
得阿耨多羅三藐三菩提 須菩提 實無有法 佛得阿耨多羅

삼먁삼보리 수보리 여래소득아뇩다라삼먁삼보리 어시
三藐三菩提 須菩提 如來所得阿耨多羅三藐三菩提 於是

중 무실무허 시고 여래설일체법 개시불법 수보리 소언
中 無實無虛 是故 如來說一切法 皆是佛法 須菩提 所言

일체법자 즉비일체법 시고 명일체법 수보리 비여인신
一切法者 卽非一切法 是故 名一切法 須菩提 譬如人身

장대 수보리언 세존 여래설인신장대 즉위비대신 시명
長大 須菩提言 世尊 如來說人身長大 卽爲非大身 是名

대신 수보리 보살 역여시 약작시언 아당멸도무량중생
大身 須菩提 菩薩 亦如是 若作是言 我當滅度無量衆生

즉불명보살 하이고 수보리 실무유법명위보살 시고 불
卽不名菩薩 何以故 須菩提 實無有法名爲菩薩 是故 佛

설일체법 무아무인무중생무수자 수보리 약보살 작시언
說一切法 無我無人無衆生無壽者 須菩提 若菩薩 作是言

아당장엄불토 시불명보살 하이고 여래설장엄불토자 즉
我當莊嚴佛土 是不名菩薩 何以故 如來說莊嚴佛土者 卽

비장엄 시명장엄 수보리 약보살 통달무아법자 여래설
非莊嚴 是名莊嚴 須菩提 若菩薩 通達無我法者 如來說

명진시보살
名眞是菩薩

第十八. 일체동관분 一體同觀分

수보리 어의운하 여래유육안부 여시 세존 여래유육안
須菩提 於意云何 如來有肉眼不 如是 世尊 如來 有肉眼

수보리 어의운하 여래유천안부 여시 세존 여래유천안
須菩提 於意云何 如來有天眼不 如是 世尊 如來有天眼

수보리 어의운하 여래유혜안부 여시 세존 여래유혜안
須菩提 於意云何 如來有慧眼不如是 世尊 如來有慧眼

수보리 어의운하 여래유법안부 여시 세존 여래유법안
須菩提 於意云何 如來有法眼不 如是 世尊 如來有法眼

수보리 어의운하 여래유불안부 여시 세존 여래유불안
須菩提 於意云何 如來有佛眼不 如是 世尊 如來有佛眼

수보리 어의운하 여항하중소유사 불설시사부 여시 세
須菩提 於意云何 如恒河中所有沙 佛說是沙不 如是 世

존 여래설시사 수보리 어의운하 여일항하중소유사 유
尊 如來說是沙 須菩提 於意云何 如一恒河中所有沙 有

여시사등항하 시제항하소유사수 불세계 여시 영위다부
如是沙等恒河 是諸恒河所有沙數 佛世界 如是 寧爲多不

심다 세존 불고수보리 이소국토중 소유중생 약간종심
甚多 世尊 佛告須菩提 爾所國土中 所有衆生 若干種心

여래실지 하이고 여래설제심 개위비심 시명위심 소이
如來悉知 何以故 如來說諸心 皆爲非心 是名爲心 所以

자하 수보리 과거심불가득 현재심불가득 미래심불가득
者何 須菩提 過去心不可得 現在心不可得 未來心不可得

第十九. 법계통화분 法界通化分

수보리 어의운하 약유인 만삼천대천세계칠보 이용보시
須菩提 於意云何 若有人 滿三千大千世界七寶 以用布施

시인 이시인연 득복다부 여시 세존 차인 이시인연 득
是人 以是因緣 得福多不 如是 世尊 此人 以是因緣 得

복 심다 수보리 약복덕 유실 여래불설득복덕다 이복
福 甚多 須菩提 若福德 有實 如來不說得福德多 以福

덕무고 여래설득복덕다
德無故 如來說得福德多

第二十. 이색이상분 離色離相分

수보리 어의운하 불가이구족색신견부 불야 세존 여래
須菩提 於意云何 佛可以具足色身見不 不也 世尊 如來

불응이구족색신견 하이고 여래설구족색신 즉비구족색
不應以具足色身見 何以故 如來說具足色身 卽非具足色

신 시명구족색신 수보리 어의운하 여래가이구족제상
身 是名具足色身 須菩提 於意云何 如來可以具足諸相

견부 불야 세존 여래불응이구족제상견 하이고 여래설
見不 不也 世尊 如來不應以具足諸相見 何以故 如來說

제상구족 즉비구족 시명제상구족
諸相具足 卽非具足 是名諸相具足

第二十一. 비설소설분 非說所說分

수보리 여물위여래작시념 아당유소설법 막작시념 하이
須菩提 汝勿謂如來作是念 我當有所說法 莫作是念 何以

고 약인언 여래유소설법 즉위방불 불능해아소설고 수
故 若人 言如來有所說法 卽爲謗佛 不 能解我所說故 須

보리 설법자 무법가설 시명설법 이시 혜명수보리 백불
菩提 說法者 無法可說 是名說法 爾時 慧命須菩提 白佛

언 세존 파유중생 어미래세 문설시법 생신심부 불언
言 世尊 頗有衆生 於未來世 聞說是法 生信心不 佛言

수보리 피비중생 비불중생 하이고 수보리 중생중생자
須菩提 彼非衆生 非不衆生 何以故 須菩提 衆生衆生者

여래설비중생 시명중생
如來說非衆生 是名衆生

第二十二. 무법가득분 無法可得分

수보리 백불언 세존 불득아뇩다라삼먁삼보리 위무소득
須菩提 白佛言 世尊 佛得阿耨多羅三藐三菩提 爲無所得

야 불언 여시여시 수보리 아어아뇩다라삼먁삼보리 내
耶 佛言 如是如是 須菩提 我於阿耨多羅三藐三菩提 乃

지무유소법가득 시명아뇩다라삼먁삼보리
至無有少法可得 是名阿耨多羅三藐三菩提

第二十三. 정심행선분 淨心行善分

부차 수보리 시법평등 무유고하 시명아뇩다라삼먁삼
復次 須菩提 是法平等 無有高下 是名阿耨多羅三藐三

보리 이무아무인무중생무수자 수일체선법 즉득아뇩다
菩提 以無我無人無衆生無壽者 修一切善法 卽得阿耨多

라삼먁삼보리 수보리 소언선법자 여래설 즉비선법 시
羅三藐三菩提 須菩提 所言善法者 如來說 卽非善法 是

명선법
名善法

第二十四. 복지무비분 福智無比分

수보리 약삼천대천세계중 소유제수미산왕 여시등칠보
須菩提 若三千大千世界中 所有諸須彌山王 如是等七寶

취 유인 지용보시 약인 이차반야바라밀경 내지사구게
聚 有人 持用布施 若人 以此般若波羅蜜經 乃至四句偈

등 수지독송 위타인설 어전복덕 백분불급일 백천만억
等 受持讀誦 爲他人說 於前福德 百分不及一 百千萬億

분 내지산수비유 소불능급
分 乃至算數譬喩 所不能及

第二十五. 화무소화분 化無所化分

수보리 어의운하 여등물위여래작시념 아당도중생 수보
須菩提 於意云何 汝等勿謂如來作是念 我當度衆生 須菩

리 막작시념 하이고 실무유중생 여래도자 약유중생 여
提 莫作是念 何以故 實無有衆生 如來度者 若有衆生 如

래도자 여래즉유아인중생수자 수보리 여래설유아자 즉
來度者 如來卽有我人衆生壽者 須菩提 如來說有我者 卽

비유아 이범부지인 이위유아 수보리 범부자 여래설즉
非有我 而凡夫之人 以爲有我 須菩提 凡夫者 如來說卽

비범부 시명범부
非凡夫 是名凡夫

第二十六. 법신비상분 法身非相分

수보리 어의운하 가이삼십이상 관여래부 수보리언 여
須菩提 於意云何 可以三十二相 觀如來不 須菩提言 如

시여시 이삼십이상 관여래 불언 수보리 약이삼십이상
是如是 以三十二相 觀如來 佛言 須菩提 若以三十二相

관여래자 전륜성왕 즉시여래 수보리 백불언 세존 여아
觀如來者 轉輪聖王 即時如來 須菩提 白佛言 世尊 如我

해불소설의 불응이삼십이상 관여래 이시 세존 이설게
解佛所說義 不應以三十二相 觀如來 爾時 世尊 而說偈

언 약이색견아 이음성구아 시인행사도 불능견여래
言 若以色見我 以音聲求我 是人行邪道 不能見如來

第 二十七. 무단무멸분 無斷無滅分

수보리 여약작시념 여래불이구족상고 득아뇩다라삼먁
須菩提 汝若作是念 如來不 以具足相故 得阿耨多羅三藐

삼보리 수보리 막작시념 여래불이구족상고 득아뇩다라
三菩提 須菩提 莫作是念 如來不以具足相故 得阿耨多羅

삼먁삼보리 수보리 여약작시념 발아뇩다라삼먁삼보리
三藐三菩提 須菩提 汝若作是念 發阿耨多羅三藐三菩提

심자 설제법단멸 막작시념 하이고 발아뇩다라삼먁삼보
心者 說諸法斷滅 莫作是念 何以故 發阿耨多羅三藐三菩

리심자 어법 불설단멸상
提心者 於法 不說斷滅相

第二十八. 불수불탐분 不受不貪分

수보리 약보살 이만항하사등세계칠보 지용보시 약부유
須菩提 若菩薩 以滿恒河沙等世界七寶 持用布施 若復有

인 지일체법무아 득성어인 차보살 승전보살 소득공덕
人 知一切法無我 得成於忍 此菩薩 勝前菩薩 所得功德

하이고 수보리 이제보살 불수복덕고 수보리 백불언 세
何以故 須菩提 以諸菩薩 不受福德故 須菩提 白佛言 世

존 운하보살 불수복덕 수보리 보살 소작복덕 불응탐착
尊 云何菩薩 不受福德 須菩提 菩薩 所作福德 不應貪着

시고 설불수복덕
是故 說不受福德

第二十九. 위의적정분 威儀寂靜分

수보리 약유인언 여래약래약거약좌약와 시인 불해아소
須菩提 若有人言 如來若來若去若坐若臥 是人 不解我所

설의 하이고 여래자 무소종래 역무소거 고명여래
說義 何以故 如來者 無所從來 亦無所去 故名如來

第三十. 일합이상분 一合理相分

수보리 약선남자선여인 이삼천대천세계 쇄위미진 어의
須菩提 若善男子善女人 以三千大千世界 碎爲微塵 於意

운하 시미진중 영위다부 수보리언 심다 세존 하이고
云何 是微塵衆 寧爲多不 須菩提言 甚多 世尊 何以故

약시미진중 실유자 불즉불설시미진중 소이자하 불설미
若是微塵衆 實有者 佛卽不說是微塵衆 所以者何 佛說微

진중 즉비미진중 시명미진중 세존 여래소설삼천대천세
塵衆 卽非微塵衆 是名微塵衆 世尊 如來所說三千大千世

계 즉비세계 시명세계 하이고 약세계 실유자 즉시일합
界 卽非世界 是名世界 何以故 若世界實有者 卽是一合

상 여래설일합상 즉비일합상 시명일합상 수보리 일합
相 如來說一合相 卽非一合相 是名一合相 須菩提 一合

상자 즉시불가설 단범부지인 탐착기사
相者 卽是不可說 但凡夫之人 貪着其事

第三十一. 지견불생분 知見不生分

수보리 약인언 불설아견인견중생견수자견 수보리 어의
須菩提 若人言 佛說我見人見衆生見壽者見 須菩提 於意

운하 시인 해아소설의부 불야 세존 시인 불해여래소설
云何 是人 解我所說義不 不也 世尊 是人 不解如來所說

의 하이고 세존 설아견인견중생견수자견 즉비아견인견
義 何以故 世尊 說我見人見衆生見壽者見 卽非我見人見

중생견수자견 시명아견인견중생견수자견 수보리 발아
衆生見壽者見 是名我見人見衆生見壽者見 須菩提 發阿

녹다라삼먁삼보리심자 어일체법 응여시지 여시견 여시
耨多羅三藐三菩提心者 於一切法 應如是知 如是見 如是

신해 불생법상 수보리 소언법상자 여래설즉비법상 시
信解 不生法相 須菩提 所言法相者 如來說卽非法相 是

명법상
名法相

第三十二. 응화비진분 應化非眞分

수보리 약유인 이만무량아승지세계칠보 지용보시 약유
須菩提 若有人 以滿無量阿僧祇世界七寶 持用布施 若有

선남자선여인 발보살심자 지어차경 내지사구게등 수지
善男子善女人 發菩薩心者 持於此經 乃至四句偈等 受持

독송 위인연설 기복 승피 운하위인연설 불취어상 여여
讀誦 爲人演說 其福 勝彼 云何爲人演說 不取於相 如如

부동 하이고 일체유위법 여몽환포영 여로역여전 응작
不動 何以故 一切有爲法 如夢幻泡影 如露亦如電 應作

여시관
如是觀

불설시경이 장로수보리 급제비구비구니 우바새우바이
佛說是經已 長老須菩提 及諸比丘比丘尼 優婆塞優婆夷

일체세간천인아수라 문불소설 개대환희 신수봉행
一切世間天人阿修羅 聞佛所說 皆大歡喜 信受奉行

5. 불설아미타경

佛 說 阿 彌 陀 經

姚秦 鳩摩羅什 漢譯

경전을 펴는 게송 [개경게 開經偈]

가장높고 심히깊은 부처님의 미묘한법
무상심심미묘법 無上甚深微妙法

백천만겁 지나도록 만나뵙기 어려워라
백천만겁난조우 百千萬劫難遭遇

제가이제 보고듣고 받아지녀 외우오니
아금문견득수지 我今聞見得受持

부처님의 진실한뜻 알아지길 원합니다
원해여래진실의 願解如來眞實意

법장을 여는 진언 [개법장진언 開法藏眞言]

「옴 아라남 아라다」

불설아미타경

이와 같이 나는 들었다.

어느 때 부처님께서 사위국 기수급고독원에서 큰 비구 천이백오십인과 함께 계셨다. 그들은 모두가 대아라한으로 많은 사람들에게 잘 알려진 이들이었으니, 장로 사리불·마하목건련·마하가섭·마하가전연·마하구치라·리바다·주리반타가·난타·아난타·라후라·교범바제·빈두로파라타·가루타이·마하겁빈나·박구라·아누루타 등 이와 같은 큰 제자들이었다.

거듭해서 많은 보살마하살과 문수사리법왕자와 아일다보살·건타하제보살·상정진보살 등 이와 같은 여러 대보살들을 비롯해서, 석제환인 등 한량없이 많은 천상의 대중들도 함께 있었다.

그때에 부처님께서 장로 사리불에게 말씀하셨다.

"여기에서 서쪽으로 십만억 불국토를 지난 곳에 한 세계가 있으니 이름이 극락(極樂)이요, 그곳에 부처님이 계시니 명호가 아미타(阿彌陀)이시라, 지금도 설법하고 계신다.

사리불아! 저 세계를 어찌하여 극락이라 이름 하는 줄 아느냐? 그 나라에 있는 중생들은 아무런 괴로움도 없고 다만 온갖 즐거움만 누리므로 극락이라 이름 한다.

또 사리불아! 극락세계에는 일곱 겹으로 된 난간과 일곱 겹의 나망과 일곱 겹의 가로수가 모두 네 가지 보배로 되어 있어서, 주위를 두루 둘러싸고 있으므로 그 나라를 극락이라 이름 한다.

또 사리불아! 극락세계에는 칠보로 된 연못이 있으니, 여덟 가지 공덕이 있는 물이 가득 차있고, 연못 바닥에는 순금모래가 깔려있으며, 연못 둘레 사방의 계단은 금·은·유리·파려로 이루어져 있고, 그 위에는 누각이 있어 역시 금·은·유리·파려·

자거·붉은 진주·마노로 장엄하게 꾸며져 있으며, 연못 가운데 핀 연꽃은 크기가 큰 수레바퀴 만하여 푸른 꽃에서는 푸른 광채가 나고, 누런 꽃에서는 누런 광채가 나며, 붉은 꽃에서는 붉은 광채가 나고, 흰 꽃에서는 흰 광채가 나서 이를 데 없이 미묘하여 향기롭고 깨끗하다.

사리불아! 극락세계는 이와 같은 공덕장엄으로 이루어져 있다.

또 사리불아! 저 불국토에는 항상 천상의 음악이 울리고, 황금으로 된 땅에는 밤낮 육시(六時)로 천상의 만다라 꽃비가 내리는데, 그 나라의 중생들은 항상 이른 아침마다, 각각 바구니에 묘한 꽃을 가득 담아서 다른 세계에 계시는 십만억 부처님께 공양하고, 식사 때까지 본래의 나라에 돌아와 식사를 마치고 경행(經行)한다.

사리불아! 극락세계는 이와 같은 공덕장엄으로 이루어져 있다.

또 사리불아! 저 나라에는 항상 가지가지 기이하고 묘한 여러 빛깔을 가진 백학·공작·앵무·사리·가릉빈가·공명조 등 많은 새들이 있어서, 이 새들이 밤낮 육시(六時)로 항상 화평하고 아름다운 소리를 내는데, 그 소리는 다섯가지 근본(五根)·다섯가지 힘(五力)·일곱가지 깨달음(七菩提分)·여덟가지 성스러운 길(八聖道分)과 같은 진리의 법을 널리 펴는 것으로, 그 나라 중생들은 그 소리를 들으면, 모두 다 부처님을 생각하고 진리를 생각하며 승보를 생각하게 된다.

사리불아! 그대는 이 새들이 실제 죄업으로 인하여 생긴 것이라고 생각하지 말아라. 그 까닭이 무엇인가 하면, 저 불국토에는 삼악도(三惡道)가 없기 때문이다.

사리불아! 그 불국토에는 악도라는 이름조차도 없거늘 하물며 어찌 실제로 그런 것이 있겠느냐. 이 많은 새들은 모두 아미타불께서 진리의 말씀(法音)

을 널리 펴시고자 변화하여 만든 것이다.

사리불아! 저 불국토에는 부드러운 바람이 불면, 보배로 된 가로수와 보배로 된 나망(羅網)에서 미묘한 소리가 나는데, 비유하면 백천가지 악기로 함께 연주하는 것과 같으며, 이 소리를 듣는 사람은 모두가 저절로 부처님을 생각하고 진리를 생각하며 승보를 생각하는 마음이 나게 된다.

사리불아! 극락세계는 이와 같은 공덕장엄으로 이루어져 있다.

사리불아! 그대는 어떻게 생각하느냐. 어찌하여 저 부처님을 아미타불이라 하는 줄 아느냐?

사리불아! 저 부처님의 광명이 한량없어 시방세계를 두루 비춤에 아무런 걸림이 없기 때문에 아미타불이라 한다.

또 사리불아! 저 부처님의 수명과 그 나라 사람들의 수명이 한량없고 끝이 없는 아승지겁이므로 아미타불이라 하나니, 사리불아! 아미타불이 성불하신

이래 지금까지 십겁(十劫)이 되었다.

또 사리불아! 저 부처님에게는 한량없고 끝이 없는 성문(聲聞) 제자들이 있으니 모두 아라한이라, 그 수는 어떤 셈으로도 능히 알 수가 없고, 많은 보살 대중의 수도 또한 그러하다.

사리불아! 저 극락세계는 이와 같은 공덕장엄으로 이루어져 있다.

또 사리불아! 극락세계의 중생들은 모두 아비발치(阿鞞跋致: 不退轉)로, 그 가운데는 다음 생에 부처가 되는 일생보처(一生補處)에 오른 이들의 수가 아주 많아서, 어떤 셈으로도 능히 알 수가 없으며, 다만 가히 한량없고 끝이 없는 아승지로 말할 뿐이다.

사리불아! 이 말을 들은 중생들은 응당히 원을 발하여 저 나라에 나기를 원해야(願生) 한다.

그 까닭이 무엇인가 하면, 그 세계에 나면 이와 같이 많은 훌륭한 이들과 한곳에서 함께 만날 수 있기 때문이다.

사리불아! 작은 선근(善根)이나 복덕의 인연으로는 저 나라에 날 수가 없다.

사리불아! 만일 어떤 선남자 선여인이 아미타불에 대한 말을 듣고, 생각생각마다 부처님을 기억하고 부처님의 명호를 생각하기를(執持), 혹은 하루, 혹은 이틀, 혹은 삼일, 혹은 사일, 혹은 오일, 혹은 육일, 혹은 칠일 동안 일심으로 흐트러지지 않으면, 그 사람이 목숨을 마칠 때에 아미타불이 여러 성인들과 함께 그 사람 앞에 나타나시므로, 이 사람이 목숨을 마칠 때 마음이 뒤바뀌지 않고 곧바로 아미타불의 극락세계에 왕생하게 된다.

사리불아! 나는 이러한 공덕을 보고 이런 말을 하는 것이니, 만일 어떤 중생으로 이 말을 듣는 이는 응당히 저 국토에 나기를 발원해야한다.

사리불아! 내가 지금 아미타불의 불가사의한 공덕을 찬탄하는 것처럼, 동방에도 또한 아촉비불·수미상불·대수미불·수미광불·묘음불 등의 이와 같은 항하사 수의 많은 부처님이 계셔서, 각기 그 국토에서 넓고 긴 혀의 모습(廣長舌相)을 내시어, 삼천대천세계를 두루 덮도록 진실한 말로 말씀하시기를, "너희들 중생은 마땅히 불가사의한 공덕을 칭찬하신 일체 모든 부처님이 한결같이 보살피시는 이 경을 믿으라."고 하신다.

사리불아! 남방세계에도 일월등불·명문광불·대염견불·수미등불·무량정진불 등의 이와 같은 항하사 수의 많은 부처님이 계셔서, 각기 그 국토에서 넓고 긴 혀의 모습을 내시어, 삼천대천세계를 두루 덮도록 진실한 말로 말씀하시기를, "너희들 중생은 마땅히 불가사의한 공덕을 칭찬하신 일체 모든 부처님이 한결같이 보살피시는 이 경을 믿으라."고 하신다.

사리불아! 서방세계에도 무량수불·무량상불·무량당불·대광불·대명불·보상불·정광불 등의 이와

같은 항하사 수의 많은 부처님이 계셔서, 각기 그
국토에서 넓고 긴 혀의 모습을 내시어, 삼천대천세
계를 두루 덮도록 진실한 말로 말씀하시기를, "너
희들 중생은 마땅히 불가사의한 공덕을 칭찬하신
일체 모든 부처님이 한결같이 보살피시는 이 경을
믿으라." 고 하신다.

사리불아! 북방세계에도 염견불·최승음불·난저불
·일생불·망명불 등의 이와 같은 항하사 수의 많
은 부처님이 계셔서, 각기 그 국토에서 넓고 긴 혀
의 모습을 내시어, 삼천대천세계를 두루 덮도록 진
실한 말로 말씀하시기를, "너희들 중생은 마땅히
불가사의한 공덕을 칭찬하신 일체 모든 부처님이
한결같이 보살피시는 이 경을 믿으라." 고 하신다.

사리불아! 하방세계에도 사자불·명문불·명광불·
달마불·법당불·지법불 등의 이와 같은 항하사 수
의 많은 부처님이 계셔서, 각기 그 국토에서 넓고
긴 혀의 모습을 내시어, 삼천대천세계를 두루 덮도

록 진실한 말로 말씀하시기를, "너희들 중생은 마땅히 불가사의한 공덕을 칭찬하신 일체 모든 부처님이 한결같이 보살피시는 이 경을 믿으라."고 하신다.

사리불아! 상방세계에도 범음불 · 숙왕불 · 향상불 · 향광불 · 대염견불 · 잡색보화엄신불 · 사라수왕불 · 보화덕불 · 견일체의불 · 여수미산불 등의 이와 같은 항하사 수의 많은 부처님이 계셔서, 각기 그 국토에서 넓고 긴 혀의 모습을 내시어, 삼천대천세계를 두루 덮도록 진실한 말로 말씀하시기를, "너희들 중생은 마땅히 불가사의한 공덕을 칭찬하신 일체 모든 부처님이 한결같이 보살피시는 이 경을 믿으라."고 하신다.

사리불아! 그대는 어떻게 생각하느냐. 어찌하여 이 경을 일체 모든 부처님이 한결같이 보살피시는 경이라 하는 줄 아느냐?

사리불아! 만일 어떤 선남자 선여인으로 이 경을

듣고 받아 지니거나 모든 부처님의 명호를 들은 이들이 있다면, 이 모든 선남자 선여인은 모두, 일체 모든 부처님이 한결같이 보살피시게 되고, 모두 아뇩다라삼먁삼보리에서 물러나지 않게 된다.

그러므로 사리불아! 그대들은 모두 마땅히 나의 말과 모든 부처님이 말씀하신 바를 믿고 받아들여야한다.

사리불아! 만일 어떤 사람이 아미타불의 세계에 나기를 이미 발원하였거나, 지금 발원하거나, 앞으로 발원한다면, 이 모든 사람들은 모두 아뇩다라삼먁삼보리에서 물러나지 않게 되어, 저 국토에 혹은 이미 났거나, 혹은 지금 나거나, 혹은 앞으로 나게 될 것이다.

그러므로 사리불아! 모든 선남자 선녀인으로 이러한 믿음이 있는 이는 응당히 저 국토에 나기를 발원하여야 한다.

사리불아! 내가 지금 모든 부처님의 불가사의한 공덕을 칭찬하는 것과 같이, 저 모든 부처님들도 또한 나의 불가사의한 공덕을 칭찬하며 이런 말씀을 하시기를, "석가모니부처님이 이와 같이 심히 어렵고 희유한 일을 하여, 사바세계에서 시간이 흐리고(劫濁)·견해가 흐리고(見濁)·마음이 흐리고(煩惱濁)·중생이 흐리고(衆生濁)·명(命)이 흐려지는(命濁), 이 다섯 가지 흐림으로 악해진 세상(五濁惡世) 가운데서, 능히 아뇩다라삼먁삼보리를 얻고, 모든 중생들을 위하여 일체 세간의 믿기 어려운 진리를 설한다."고 하신다.

사리불아! 마땅히 알아라. 내가 다섯 가지 흐림으로 악해진 세상에서, 이 어려운 일을 행하여 아뇩다라삼먁삼보리를 얻고, 일체 세간을 위하여 믿기 어려운 진리를 말하는 것은 심히 어려운 일이다."

부처님께서 이 경을 말씀하시기를 마치니, 사리불과 모든 비구들과 일체 세간의 천상·인간·아수라들이, 부처님의 말씀을 듣고 기뻐하며 믿고 받아서 예배하고 물러갔다.

발일체업장근본득생정토다라니
拔一切業障根本得生淨土陀羅尼

나무 아미다바야 다타가다야 다디야타 아미리도
바비 아미리다 싯담바비 아미리다 비가란제
아미리다 비가란다 가미니 가가나 기다가례 사바하

[나모 아미따바야 따타가따야 따드야타 아므리도
바웨 아므리따 싯담 바웨 아므리따 위끄란떼
아므리따 위끄란따 가미네 가가나 끼르띠까례 스바하]

[무량한 광명이신 완전한 분이시여!
자비의 손길로 어루만져주시는 이여!
가없는 자비로 피안으로 이끄시는 분이시여!
위대하신 아미타부처님!
거룩한복 널리펴서 온누리를 장엄하시네!]

원하오니 이공덕이 온세상에 널리퍼져

원이차공덕 보급어일체 願以此功德 普及於一切

저와함께 모든중생 극락세계 태어나서

아등여중생 당생극락국 我等與衆生 當生極樂國

무량수불 함께뵙고 모두성불 하여지다

동견무량수 개공성불도 同見無量壽 皆共成佛道

불설아미타경

佛說阿彌陀經

여시아문 일시 불 재사위국 기수급고독원 여대비구승
如是我聞 一時 佛 在舍衛國 祇樹給孤獨園 與大比丘僧

천이백오십인구 개시 대아라한 중소지식 장로사리불
千二百五十人俱 皆是 大阿羅漢 衆所知識 長老舍利弗

마하목건련 마하가섭 마하가전연 마하구치라 이바다
摩訶目乾連 摩訶迦葉 摩訶迦栴延 摩訶拘絺羅 離婆多

주리반타가 난타 아난타 라후라 교범바제 빈두로파라
周梨槃陀迦 難陀 阿難陀 羅睺羅 憍梵波提 賓頭盧頗羅

타 가류타이 마하겁빈나 박구라 아누루타 여시등 제대
墮 迦留陀夷 摩訶劫賓那 薄俱羅 阿㝹樓馱 如是等 諸大

제자 병제보살마하살 문수사리법왕자 아일다보살 건타
弟子 幷諸菩薩摩訶薩 文殊舍利法王子 阿逸多菩薩 乾陀

하제보살 상정진보살 여여시등 제대보살 급석제환인등
訶提菩薩 常精進菩薩 與如是等 諸大菩薩 及釋提桓因等

무량제천대중구
無量諸天大衆俱

이시 불고 장로사리불 종시서방 과십만억불토 유세계
爾時 佛告 長老舍利弗 從是西方 過十萬億佛土 有世界

명왈극락 기토 유불 호아미타 금현재설법 사리불 피토
名曰極樂 其土 有佛 號阿彌陀 今現在說法 舍利弗 彼土

하고 명위극락 기국중생 무유중고 단수제락 고명극락
何故 名爲極樂 其國衆生 無有衆苦 但受諸樂 故名極樂

우 사리불 극락국토 칠중란순 칠중나망 칠중행수 개시
又 舍利弗 極樂國土 七重欄楯 七重羅網 七重行樹 皆是

사보주잡위요 시고 피국 명위극락 우 사리불 극락국토
四寶周匝圍繞 是故 彼國 名爲極樂 又 舍利弗 極樂國土

유칠보지 팔공덕수 충만기중 지저 순이금사포지 사변계
有七寶池 八功德水 充滿其中 池底 純以金沙布地 四邊階

도 금은유리파려합성 상유누각 역이금은유리파려자거
道 金銀琉璃玻瓈合成 上有樓閣 亦以金銀琉璃玻瓈硨磲

적주마노 이엄식지 지중연화 대여거륜 청색청광 황색
赤珠瑪瑙 而嚴飾之 池中蓮華 大如車輪 青色青光 黃色

황광 적색적광 백색백광 미묘향결 사리불 극락국토 성
黃光 赤色赤光 白色白光 微妙香潔 舍利弗 極樂國土 成

취여시공덕장엄 우 사리불 피불국토 상작천락 황금위
就如是功德莊嚴 又 舍利弗 彼佛國土 常作天樂 黃金爲

지 주야육시 천우만다라화 기토중생 상이청단 각이의
地 晝夜六時 天雨曼陀羅華 其土衆生 常以淸旦 各以衣

극 성중묘화 공양타방십만억불 즉이식시 환도본국 반
祴 盛衆妙華 供養他方十萬億佛 卽以食時 還到本國 飯

사경행 사리불 극락국토 성취여시공덕장엄 부차 사리
食經行 舍利弗 極樂國土 成就如是功德莊嚴 復次 舍利

불 피국 상유종종기묘잡색지조 백학공작앵무사리 가릉
弗 彼國 常有種種奇妙雜色之鳥 白鶴孔雀鸚鵡舍利 迦陵

빈가공명지조 시제중조 주야육시 출화아음 기음 연창
頻伽共命之鳥 是諸衆鳥 晝夜六時 出和雅音 其音 演暢

오근 오력 칠보리분 팔성도분 여시등법 기토중생 문시
五根 五力 七菩提分 八聖道分 如是等法 其土衆生 聞是

음이 개실 염불염법염승 사리불 여물위 차조실시 죄보
音已 皆悉 念佛念法念僧 舍利弗 汝勿謂 此鳥實是 罪報

소생 소이자하 피불국토 무삼악도 사리불 기불국토 상
所生 所以者何 彼佛國土 無三惡道 舍利弗 其佛國土 常

무악도지명 하황유실 시제중조 개시 아미타불 욕령법
無惡道之名 何況有實 是諸衆鳥 皆是 阿彌陀佛 欲令法

음선류 변화소작 사리불 피불국토 미풍취동 제보행수
音宣流 變化所作 舍利弗 彼佛國土 微風吹動 諸寶行樹

급보라망 출미묘음 비여백천종악 동시구작 문시음자
及寶羅網 出微妙音 譬如百千種樂 同時俱作 聞是音者

개자연생 염불염법염승지심 사리불 기불국토 성취여시
皆自然生 念佛念法念僧之心 舍利弗 其佛國土 成就如是

공덕장엄 사리불 어여의운하 피불하고 호아미타 사리
功德莊嚴 舍利弗 於汝意云何 彼佛何故 號阿彌陀 舍利

불 피불 광명무량 조시방국 무소장애 시고 호위아미타
弗 彼佛 光明無量 照十方國 無所障礙 是故 號爲阿彌陀

우 사리불 피불수명 급기인민 무량무변아승지겁 고명
又 舍利弗 彼佛壽命 及其人民 無量無邊阿僧祇劫 故名

아미타 사리불 아미타불 성불이래 어금십겁 우 사리불
阿彌陀 舍利弗 阿彌陀佛 成佛已來 於今十劫 又 舍利弗

피불 유무량무변성문제자 개아라한 비시산수지소능지
彼佛 有無量無邊聲聞弟子 皆阿羅漢 非是算數之所能知

제보살중 역부여시 사리불 피불국토 성취여시공덕장엄
諸菩薩衆　亦復如是　舍利弗　彼佛國土　成就如是功德莊嚴

우 사리불 극락국토 중생생자 개시아비발치 기중다유
又　舍利弗　極樂國土　衆生生者　皆是阿鞞跋致　其中多有

일생보처 기수심다 비시산수소능지지 단가이무량무변
一生補處　基數甚多　非是算數所能知之　但可以無量無邊

아승지설
阿僧祇說

사리불 중생문자 응당발원 원생피국 소이자하 득여여
舍利弗　衆生聞者　應當發願　原生彼國　所以者何　得與如

시제상선인 구회일처 사리불 불가이소선근복덕인연 득
是諸上善人　俱會一處　舍利弗　不可以少善根福德因緣　得

생피국 사리불 약유선남자선여인 문설아미타불 집지명
生彼國　舍利弗　若有善男子善女人　聞說阿彌陀佛　執持名

호 약일일 약이일 약삼일 약사일 약오일 약육일 약칠
號　若一日　若二日　若三日　若四日　若五日　若六日　若七

일 일심불란 기인 임명종시 아미타불 여제성중 현재기
日　一心不亂　其人　臨命終時　阿彌陀佛　與諸聖衆　現在其

전 시인종시 심불 전도즉득왕생 아미타불극락국토 사
前 是人終時 心佛 顚倒卽得往生 阿彌陀佛極樂國土 舍

리불 아견시리 고설차언 약유중생 문시설자 응당발원
利弗 我見是利 故說此言 若有衆生 聞是說者 應當發願

생피국토
生彼國土

사리불 여아금자 찬탄아미타불 불가사의공덕지리 동방
舍利弗 如我今者 讚歎阿彌陀佛 不可思議功德之利 東方

역유 아촉비불 수미상불 대수미불 수미광불 묘음불 여
亦有 阿閦鞞佛 須彌相佛 大須彌佛 須彌光佛 妙音佛 如

시등항하사수제불 각어기국 출광장설상 변부삼천대천
是等恒河沙數諸佛 各於其國 出廣長舌相 遍覆三千大天

세계 설성실언 여등중생 당신 시칭찬불가사의공덕 일
世界 說誠實言 汝等衆生 當信 是稱讚不可思議功德 一

체제불 소호념경 사리불 남방세계유 일월등불 명문광
切諸佛 所護念經 舍利弗 南方世界有 日月等佛 名聞光

불 대염견불 수미등불 무량정진불 여시등 항하사수제
佛 大焰肩佛 須彌燈佛 無量精進佛 如是等 恒河沙數諸

불 각어기국 출광장설상 변부삼천대천세계 설성실언
佛 各於其國 出廣長舌相 遍覆三千大千世界 說誠實言

여등중생 당신 시칭찬불가사의공덕 일체제불 소호념경
汝等衆生 當信 是稱讚不可思議功德 一切諸佛 所護念經

사리불 서방세계유 무량수불 무량상불 무량당불 대광
舍利弗 西方世界有 無量壽佛 無量相佛 無量幢佛 大光

불 대명불 보상불 정광불 여시등 항하사수제불 각어기
佛 大明佛 寶相佛 淨光佛 如是等 恒河沙數諸佛 各於其

국 출광장설상 변부삼천대천세계 설성실언 여등중생
國 出廣長舌相 遍覆三千大千世界 說誠實言 汝等衆生

당신 시칭찬불가사의공덕 일체제불 소호념경 사리불
當信 是稱讚不可思議功德 一切諸佛 所護念經 舍利弗

북방세계유 염견불 최승음불 난저불 일생불 망명불 여
北方世界有 焰肩佛 最勝音佛 難沮佛 日生佛 網明佛 如

시등 항하사수제불 각어기국 출광장설상 변부삼천대
是等 恒河沙數諸佛 各於其國 出廣長舌相 遍覆三千大

천세계 설성실언 여등중생 당신 시칭찬불가사의공덕
天世界 說誠實言 汝等衆生 當信 是稱讚不可思議功德

일체제불 소호념경 사리불 하방세계유 사자불 명문불
一切諸佛 所護念經 舍利弗 下方世界有 師子佛 名聞佛

명광불 달마불 법당불 지법불 여시등 항하사수제불 각
名光佛 達摩佛 法幢佛 持法佛 如是等 恒河沙數諸佛 各

어기국 출광장설상 변부삼천대천세계 설성실언 여등중
於其國 出廣長舌相 遍覆三千大天世界 說誠實言 汝等衆

생 당신 시칭찬불가사의공덕 일체제불 소호념경 사리
生 當信 是稱讚不可思議 功德 一切諸佛 所護念經 舍利

불 상방세계유 범음불 숙왕불 향상불 향광불 대염견불
弗 上方世界有 梵音佛 宿王佛 香上佛 香光佛 大焰肩佛

잡색보화엄신불 사라수왕불 보화덕불 견일체의불 여수
雜色寶華嚴身佛 娑羅樹王佛 寶華德佛 見一切義佛 如須

미산불 여시등 항하사수제불 각어기국 출광장설상 변
彌山佛 如是等 恒河沙數諸佛 各於其國 出廣長舌相 遍

부삼천대천세계 설성실언 여등중생 당신 시칭찬불가사
覆三千大天世界 說誠實言 汝等衆生 當信 是稱讚不可思

의공덕 일체제불 소호념경 사리불 어여의운하 하고 명
議功德 一切諸佛 所護念經 舍利弗 於汝意云何 何故 名

위일체제불 소호념경 사리불 약유선남자선여인 문시경
爲一切諸佛 所護念經 舍利弗 若有善男子善女人 聞是經

수지자 급문제불명자 시제선남자선여인 개위일체제불
受持者 及聞諸佛名者 是諸善男子善女人 皆爲一切諸佛

지소호념 개득불퇴전 어아뇩다라삼먁삼보리 시고 사리
之所護念 皆得不退轉 於阿耨多羅三藐三菩提 是故 舍利

불 여등 개당신수아어 급제불소설 사리불 약유인 이발
弗 汝等 皆當信受我語 及諸佛所說 舍利弗 若有人 已發

원 금발원 당발원 욕생아미타불국자 시제인등 개득불
願 今發願 當發願 欲生阿彌陀佛國者 是諸人等 皆得不

퇴전 어아뇩다라삼먁삼보리 어피국토 약이생 약금생
退轉 於阿耨多羅三藐三菩提 於彼國土 若已生 若今生

약당생 시고 사리불 제선남자선여인 약유신자 응당발
若當生 是故 舍利弗 諸善男子善女人 若有信者 應當發

원 생피국토 사리불 여아금자 칭찬제불불가사의공덕
願 生彼國土 舍利弗 如我今者 稱讚諸佛不可思議功德

피제불등 역 칭찬아불가사의공덕 이작시언 석가모니불
彼諸佛等 亦 稱讚我不可思義功德 而作是言 釋迦牟尼佛

능위심난희유지사 능어사바국토 오탁악세 겁탁 견탁
能爲甚難希有之事 能於娑婆國土 五濁惡世 劫濁 見濁

번뇌탁 중생탁 명탁중 득아뇩다라삼먁삼보리 위제중생
煩惱濁 衆生濁 命濁中 得阿耨多羅三藐三菩提 爲諸衆生

설시일체세간난신지법
說是一切世間難信之法

사리불 당지 아어오탁악세 행차난사 득아뇩다라삼먁삼
舍利弗 當知 我於五濁惡世 行此難事 得阿耨多羅三藐三

보리 위일체세간 설차난신지법 시위심난 불설차경이
菩提 爲一切世間 說此難信之法 是爲甚難 佛說此經已

사리불 급제비구 일체세간천인아수라등 문불소설 환희
舍利弗 及諸比丘 一切世間天人阿修羅等 聞佛所說 歡喜

신수 작례이거
信受 作禮而去

6. 지장보살본원경

地 藏 菩 薩 本 願 經

唐 實叉難陀 漢譯

경전을 펴는 게송 [개경게 開經偈]

가장높고 심히깊은 부처님의 미묘한법

무상심심미묘법 無上甚深微妙法

백천만겁 지나도록 만나뵙기 어려워라

백천만겁난조우 百千萬劫難遭遇

제가이제 보고듣고 받아지녀 외우오니

아금문견득수지 我今聞見得受持

부처님의 진실한뜻 알아지길 원합니다

원해여래진실의 願解如來眞實意

법장을 여는 진언 [개법장진언 開法藏眞言]

「옴 아라남 아라다」

지장보살본원경

제1. 도리천궁 신통품(忉利天宮 神通品)

이와 같이 나는 들었다.

어느 때 부처님께서 도리천(忉利天)에 계시면서 어머니를 위하여 법을 설하셨다.

그때에 시방의 한량없는 세계에서 말로는 할래야 할 수가 없는 일체의 모든 부처님과 대보살마하살이 모두 법회에 와서 찬탄을 하셨다.

"석가모니 부처님께서 능히 이 오탁악세(五濁惡世)에서 불가사의(不可思議)한 큰 지혜와 신통력을 나타내시어, 억세고 거친 중생들을 조복(調伏)하여 괴로움과 즐거움의 법(苦樂法)을 알게 하신다." 하고 각기 시자(侍者)를 보내시어 부처님께 문안을 드렸다.

이때 부처님께서 웃음을 머금으시고 백천만억의 큰

광명구름을 놓으시니, 이른바 대원만광명운(大圓滿光明雲)·대자비광명운(大慈悲光明雲)·대지혜광명운(大智慧光明雲)·대반야광명운(大般若光明雲)·대삼매광명운(大三昧光明雲)·대길상광명운(大吉祥光明雲)·대복덕광명운(大福德光明雲)·대공덕광명운(大功德光明雲)·대귀의광명운(大歸依光明雲)·대찬탄광명운(大讚歎光明雲)이었다.

이와 같은 말로는 할 수가 없는 광명의 구름을 놓으시고는 다시 여러 가지 미묘한 음성(音聲)을 내셨으니, 이른바 보시바라밀음(布施: 檀波羅蜜音)·지계바라밀음(持戒: 尸波羅蜜音)·인욕바라밀음(忍辱: 羼提波羅蜜音)·정진바라밀음(精進: 毘離耶波羅蜜音)·선정바라밀음(禪定: 禪波羅蜜音)·지혜바라밀음(智慧: 般若波羅蜜音)·자비음(慈悲音)·희사음(喜捨音)·해탈음(解脫音)·무루음(無漏音)·지혜음(智慧音)·대지혜음(大智慧音)·사자후음(師子吼音)·대사자후음(大師子吼音)·운뢰음(雲雷音)·대운뢰음(大雲雷音)이었다.

이와 같은 말로는 할래야 할 수가 없는 음성을 내시자, 사바세계와 타방국토의 한량없이 많은 천인과 용과 귀신들이 또한 도리천궁으로 와서 모였으니, 이른바 사천왕천(四天王天)·도리천(忉利天)·수염마천(須焰摩天)·도솔타천(兜率陀天)·화락천(化樂天)·타화자재천(他化自在天)·범중천(梵衆天)·범보천(梵輔天)·대범천(大梵天)·소광천(少光天)·무량광천(無量光天)·광음천(光音天)·소정천(少淨天)·무량정천(無量淨天)·변정천(遍淨天)·복생천(福生天)·복애천(福愛天)·광과천(廣果天)·무상천(無想天)·무번천(無煩天)·무열천(無熱天)·선견천(善見天)·선현천(善現天)·색구경천(色究竟天)·마혜수라천(摩醯首羅天), 그리고 비상비비상처천(非想非非想處天)의 일체 천상의 무리와 용의 무리와 귀신의 무리들이 모두 법회에 와서 모였다.

다시 타방국토와 사바세계에 있는 해신(海神)·강신(江神)·하신(河神)·나무신(樹神)·산신(山神)·지신

(地神)·**천택신**(川澤神: 내와 못신)·**묘가신**(苗稼神: 곡식신)·**낮신**(晝神)·**밤신**(夜神)·**허공신**(空神)·**천신**(天神)·**음식신**(飮食神)·**초목신**(草木神) 등의 이와 같은 신들도 모두 법회에 와서 모였다.

다시 타방국토와 사바세계의 모든 큰 귀왕들, 이른바 **악목귀왕**(惡目鬼王)·**담혈귀왕**(噉血鬼王)·**담정기귀왕**(噉精氣鬼王)·**담태란귀왕**(噉胎卵鬼王)·**행병귀왕**(行病鬼王)·**섭독귀왕**(攝毒鬼王)·**자심귀왕**(慈心鬼王)·**복리귀왕**(福利鬼王)·**대애경귀왕**(大愛敬鬼王) 등의 이와 같은 귀왕들도 모두 법회에 와서 모였다.

그때에 석가모니 부처님께서 문수사리법왕자보살마하살에게 말씀하셨다.

"그대는 이 일체의 모든 부처님과 보살들, 그리고 천인과 용과 귀신들을 볼 수가 있느냐?

그대는 지금 이 세계와 타방세계, 이 국토와 타방국토에서 이와 같이 지금 도리천의 법회에 와서 모인 이들의 수효를 알 수가 있겠느냐?"

문수사리보살이 부처님께 말씀드렸다.

"세존이시여! 저의 신력으로는 만약 천겁을 헤아린다 하더라도 능히 알지 못하겠습니다."

부처님께서 문수사리보살에게 말씀하셨다.

"내가 부처의 눈(佛眼)으로 보아도 그 수를 다 헤아리지 못할 것이니, 이들은 지장보살이 오랜 겁을 지내면서 이미 제도(濟度)하였거나, 지금 제도를 하고 있거나, 미래에 제도를 할 이들이며, 또한 이미 성취시켰거나, 지금 성취시키고 있거나, 미래에 성취시킬 이들이다."

문수사리보살이 부처님께 말씀드렸다.

"세존이시여! 저는 이미 과거 오랫동안 선근(善根)을 닦아 걸림 없는 지혜(無礙智)를 얻었으므로 부처님의 말씀을 듣고 곧 마땅히 믿고 받아 지닐 수 있사오나, 소승성문(小乘聲聞)이나 천룡팔부(天龍八部)와 미래세의 모든 중생은 비록 부처님의 진실하신 말씀을 들을지라도 반드시 의혹을 품을 것이며, 설령 받들어 지니더라도 비방하게 됨을 면하지 못할 것입니다.

오직 원하옵건대 세존이시여! 지장보살마하살이 수행하면서(因地) 어떤 행(行)을 지었고 어떤 원(願)을 세웠기에 이 같은 부사의(不思議)한 일을 능히 성취할 수 있었는지 널리 말씀하여 주시옵소서."

부처님께서 문수사리보살에게 말씀하셨다.

"비유하면 삼천대천세계에 있는 풀과 나무와 숲과 벼와 삼(麻)과 대(竹)와 갈대와 산의 돌과 아주 작은 먼지들의 하나를 한 개로 세어서 한 항하를 만들고, 한 항하의 모래에서 한 개의 모래를 한 세계로 하며, 한 세계 안의 먼지 하나를 일겁(一劫)으로 하고, 일겁 내에 쌓인 먼지를 세어 또 겁으로 만들어 채워도, 지장보살이 십지(十地)의 과위(果位)를 깨달아 지금에 이르기까지의 행원(行願)은 위의 비유보다 천배나 더 많으니, 하물며 지장보살이 성문(聲聞)과 벽지불(辟支佛)의 지위(地位)에 있던 때까지를 헤아리면 어떠하겠느냐.

문수사리여! 지장보살의 위신력과 서원은 생각으로 가히 헤아릴 수가 없다(不可思議).

만일 미래세의 선남자 선여인이 지장보살의 명호를 듣고 혹은 찬탄하고, 혹은 우러러 예배하며, 혹은 이름을 부르고, 혹은 공양을 올리거나, 형상을 채색하여 그림으로 그리거나, 조각하여 만들거나, 흙으로 빚어 옻칠을 하면, 이 사람은 마땅히 백 번을 삼십삼천(三十三天: 忉利天)에 태어나며 영원히 악도에 떨어지지 않게 된다.

문수사리여! 이 지장보살마하살은 과거에 아득히 멀어 말로는 할래야 할 수가 없는 오랜 겁 전에 큰 장자(長者)의 아들 몸을 받아 있었다.

그때 세상에는 부처님이 계셨으니 명호(名號)를 사자분신구족만행여래(師子奮迅具足萬行如來)라고 하셨는데, 장자의 아들은 부처님의 상호(相好)가 천 가지 복으로 장엄하여 있음을 보고 그 부처님께 말씀드렸다.

'어떤 서원을 세워 수행하셨기에 이러한 상호를 이루셨습니까?'

그때 사자분신구족만행여래께서 장자의 아들에게 말씀하셨다.

'이러한 몸을 이루고자 하거든 마땅히 아주 오래도록 일체의 고통 받는 중생을 제도하여 해탈시켜야 한다.'

문수사리여, 그때 장자의 아들은 그로 인하여 서원을 일으켜 말하였다.

'제가 지금부터 미래세가 다하도록 헤아릴 수 없는 겁에, 죄로 고통 받는 육도중생을 위하여 널리 방편을 베풀어 모두 해탈케 하고서야 저 자신도 비로소 불도를 이루겠습니다.' 하고 그 부처님 앞에서 곧 큰 서원을 세웠으니, 지금에 이르기까지 백천만억나유타의 말로는 할 수가 없는 겁이 지났건만 여전히 보살로 있느니라.

또 과거에 생각으로 가히 헤아릴 수가 없는 아승지 겁 때에 부처님이 계셨으니, 명호를 각화정자재왕 여래(覺華定自在王如來)라고 하셨으며, 그 부처님의 수명은 사백천만억아승지겁이었다.

그 부처님의 상법시대(像法時代)에 한 바라문의 딸이 있었는데, 숙세(宿世)의 복이 깊고 두터워서 여러 사람들이 흠모하고 존경하며, 가거나 머물거나 앉거나 눕거나(行住座臥) 모든 하늘이 보호하고 지켜주었다.

그 어머니는 삿된 것을 믿고 항상 삼보를 가벼이 여기므로, 그때 성녀(聖女)인 딸이 널리 방편을 써서 권유하여 그 어머니로 하여금 바른 생각을 내게 하였지만, 그녀의 어머니는 전혀 믿음을 내지 않았고, 오래지 않아 목숨이 다해 혼신(魂神)이 무간지옥에 떨어졌다.

그때 바라문의 딸은 어머니가 세상에 있을 때 인과(因果)를 믿지 않았음을 알아, 마땅히 업에 따라 반드시 악도에 떨어졌을 것으로 헤아려서, 마침내 집을 팔아서 널리 향과 꽃과 갖가지 공양물을 구하여, 먼저 부처님의 탑사(塔寺)에 크게 공양을 올리다가 각화정자재왕여래를 뵈니, 그 형상이 절 안에 모셔져 있는데, 흙으로 빚어지고 그려진 위용(威容)이 단정하고 장엄하여 원만함을 갖추신 것을 보았다.

그때 바라문의 딸은 존상(尊像)에 우러러 예배하면서 공경하는 마음이 더욱더 일어나 혼자서 생각하기를,

'부처님의 명호가 대각(大覺)이시라 일체의 지혜를 갖추셨으니, 만일 세상에 계실 때였다면 나의 어머니가 돌아간 후에 부처님을 뵙고 여쭈어서 있는 곳을 반드시 알았을 것이다.' 하였다.

그때 바라문의 딸은 소리 없이 울면서 오래도록 부처님을 우러러보며 그리워하는데, 홀연히 공중에서 소리가 들려 왔다.

'울고 있는 성녀여! 너무 슬퍼하지 말아라. 내가 지금 너의 어머니가 간 곳을 일러주리라.'

바라문의 딸이 공중을 향하여 합장하고 하늘에 여쭈기를,

'그 어떤 신묘한 공덕(神德) 이시기에 저의 근심 걱정을 풀어주시옵니까? 제가 어머니를 잃은 뒤 밤낮으로 생각하고 그리워하였으나 저의 어머니가 난 세계를 물어 볼 곳이 없었습니다.'

그때 공중에서 소리가 나며 다시 그녀에게 이르기를,

'나는 네가 우러러 예배하는 과거의 각화정자재왕 여래이다. 네가 어머니를 생각하는 정이 보통 중생의 마음보다 배나 더한 것을 보기에 와서 일러주노라.'

바라문의 딸은 이 소리를 듣고 몸을 일으켜 스스로 두드려 팔다리가 모두 상하여 쓰러졌고, 좌우에서 붙들고 도와 한참만에야 비로소 깨어나서 공중에

여쭈기를,

'원하옵건대 부처님께서 자비를 베푸시고 불쌍히 여기시어 저의 어머니가 난 세계를 속히 말씀하여 주시옵소서. 제가 지금 몸과 마음이 곧 죽으려고 하나이다.'

그때 각화정자재왕여래께서 성녀에게 말씀하셨다.

'너는 공양을 마치거든 바로 일찍 집으로 돌아가서 단정히 앉아 나의 명호를 생각하라. 곧 그 자리에서 너의 어머니가 난 곳을 알게 되리라.'

그때 바라문의 딸은 깊이 사유(思惟)하여 부처님께 예배를 마치고 곧바로 집으로 돌아와서, 어머니를 그리워하며 단정히 앉아 각화정자재왕여래를 생각하였다.

하루 낮 하루 밤이 지나자 홀연히 자신이 한 바닷가에 이르렀음을 보게 되었다.

그 바닷물은 끓어서 솟는데, 수많은 악한 짐승들이 모두 쇠로 된 몸을 하고 바다 위를 날아다니거나 동서로 달려서 쫓아다니며, 남자와 여인 백천만의 수가 바닷물 속에서 오르락내리락 하다가 온갖 악한 짐승들에게 다투어 잡혀서 씹혀 먹히는 것이 보였다.

또 보니 야차의 그 형상이 제각기 괴이하여, 혹은 손이 많거나 눈이 많거나 발이 많거나 머리가 많거나, 어금니가 입 밖으로 삐쳐 나와 날카로운 칼로 된 갈고리와 같은데, 모든 죄인들을 몰아다가 악한 짐승들 가까이로 보내며, 다시 자신들이 때리고 움켜잡아 머리와 발을 서로 엉키게 하니, 그 모습이 만 가지여서 감히 오래 볼 수가 없었다.

그때 바라문의 딸은 부처님을 생각하는 힘으로 저절로 두려움이 없게 되었다.

여기에 한 귀왕(鬼王)이 있어서 이름을 무독(無毒)이라고 하였는데, 공손히 머리를 조아리고 와서 맞이하며 성녀에게 말하였다.

'훌륭하십니다. 보살께서는 어떠한 연유로 이곳에

오셨습니까?'

그때 바라문의 딸이 귀왕에게 물었다.

'이곳은 어디입니까?'

무독이 대답하기를,

'이곳은 대철위산(大鐵圍山) 서쪽의 첫 번째 겹의 바다(重海)입니다.'

성녀가 묻기를,

'제가 듣기를 철위산 안에는 지옥이 있다고 하는데, 그것이 사실입니까?'

무독이 대답하기를,

'실제로 지옥이 있습니다.'

성녀가 묻기를,

'제가 지금 어찌하여 지옥이 있는 곳에 오게 되었습니까?'

무독이 대답하기를,

'만약 위신력(威神力)이 아니면 곧 업력(業力)일 것이니, 이 두 가지가 아니면 끝내 오지를 못할 것입

니다.'

성녀가 다시 물었다.

'이 물은 어떤 연유로 저렇게 끓어서 솟으며, 죄인과 악한 짐승이 저리 많습니까?'

무독이 대답하기를,

'이들은 바로 염부제에서 악한 짓을 지은 중생들로 죽은지 얼마 되지 않은 자들이, 사십구일이 지나도록 대를 잇는 자식으로 공덕을 지어 고난에서 건져주는 이가 없거나, 살아 있을 때 또한 선한 인연이 없으면, 마땅히 본래 지은 업에 근거해서 지옥에 닿게(感) 되어, 자연히 이 바다를 먼저 건너게 됩니다.

이 바다 동쪽으로 십만 유순(由旬)을 지나면 또 한 바다가 있으니, 그곳의 고통은 이곳의 배가 되며, 그 바다 동쪽에 또 한 바다가 있으니, 그곳의 고통은 다시 그 배가 됩니다. 이는 삼업(三業)이 악하였던 원인으로 초래하여 느껴 받는(感) 것이니, 모두

업의 바다(業海)라고 부르는데, 그곳이 여기입니다.'

성녀가 다시 귀왕 무독에게 물었다.

'지옥은 어디에 있습니까?'

무독이 대답하기를,

'세 바다 속이 대지옥이고, 그 수는 백천이나 되며, 각각 차별이 있습니다. 이른바 큰 것이 열여덟이고, 다음으로 오백이 있어 지독한 고통이 헤아릴 수가 없고, 또 다음이 천백이 있어 또한 헤아릴 수가 없는 고통이 있습니다.'

성녀가 다시 대귀왕에게 물었다.

'저의 어머니가 돌아가셔서 온지 오래 되지 않았는데 혼신이 어느 곳에 있는지 알 수 없겠습니까?'

귀왕이 성녀에게 묻기를,

'보살의 어머니는 살아 있을 때 어떤 행업(行業)을 하였습니까?'

성녀가 대답하기를,

'저의 어머니는 삿된 견해로 삼보를 비난하여 헐뜯

고, 설혹 잠깐 믿다가도 되돌아와 다시 공경하지
않았습니다. 돌아가신지 비록 얼마 되지 않았으나
어느 곳에 났는지 알지 못합니다.'
무독이 묻기를,
'보살의 어머니는 성씨가 무엇입니까?'
성녀가 대답하기를,
'저의 부모는 모두 바라문의 족속으로, 아버지는 시
라선현이라고 불리고, 어머니는 열제리라고 불립니
다.'
무독이 합장하고 공손히 보살에게 말하였다.
'원하오니 성자(聖者)께서는 집으로 되돌아가셔서
근심하거나 슬퍼하지 마십시오. 죄를 지은 여인이
었던 열제리가 천상에 난지 지금 삼일이 되었습니
다. 효순한 자식이 어머니를 위하여 공양을 올리고
복을 닦아 각화정자재왕여래의 탑사에 보시하여 받
드니, 단지 보살의 어머니만 지옥에서 벗어난 것이
아니라, 응당히 이 무간지옥의 죄인들이 그날 모두

가 편안함을 받아 얻고 함께 천상에 나게 되었습니다.'

귀왕이 말을 마치고 합장하며 물러갔다.

바라문의 딸은 얼마 안 되어 꿈과 같이 돌아와서 이 일을 깨닫고는, 곧 각화정자재왕여래의 탑사에 모신 불상 앞으로 나아가 크고 넓은 서원을 세우기를,

'원하옵건대, 저는 미래겁이 다하도록 응당히 죄지어 고통 받는 중생이 있으면 널리 방편을 베풀어 곧 해탈하게 하겠습니다.' 라고 하였다."

부처님께서 문수사리보살에게 말씀하셨다.

"그때 귀왕 무독은 지금의 재수(財首)보살이고, 바라문의 딸은 바로 지장보살이다."

제2. 분신집회품(分身集會品)

그때에 백천만억의 생각할 수도 없고, 논할 수도

없고, 헤아릴 수도 없고, 말로는 할 수가 없는 한량없는 아승지세계의 지옥에 있는 지장보살의 분신(分身)들이 함께 도리천궁의 법회에 와서 모였으며, 여래의 신력으로 인해 여러 방향에서 해탈을 얻어 업도(業道)로부터 벗어난 이들이 또한 각기 천만억 나유타 수가 있어서, 모두 향과 꽃을 가지고 와서 부처님께 공양을 올렸는데, 그 많은 함께 온 무리들 모두가 지장보살의 교화로 인하여 영원히 아뇩다라삼먁삼보리에서 물러서지 않았다.

이 모든 중생들은 오랜 겁으로부터 내려오면서 나고 죽음에 떠돌며, 육도(六道)에서 받는 고통이 잠시도 쉼이 없다가, 지장보살의 넓고 큰 자비와 깊은 서원의 연고로 각기 진리를 깨달아(果證) 얻었으니, 이윽고 도리천에 이르러 마음이 기뻐 뛸듯하여 여래를 우러러보며 눈을 잠시도 떼지 않았다.

그때에 부처님께서 금빛 팔을 펴시어 백천만억의 생각할 수도 없고, 논할 수도 없고, 헤아릴 수도 없고, 말로는 할 수가 없는 한량없는 아승지세계의 모든 분신들 지장보살마하살의 정수리를 어루만지면서 이렇게 말씀하셨다.

"내가 오탁악세에서 교화하여 이와 같이 억세고 거친 중생들의 마음을 조복해서 삿됨을 버리고 바르게 돌아오게 하였으나, 열에 한둘은 여전히 나쁜 버릇이 있으므로, 내가 또한 천백억의 분신으로 널리 방편을 베푸니, 혹은 영리한 근기는 들으면 곧 믿고 받아들이며, 혹은 좋은 과보가 있으면 부지런히 권하면 이루게 되고, 혹은 어리석으면 오래도록 교화하여야 비로소 돌아오며, 혹은 업이 무거우면 공경하여 우러름을 내지 않기도 한다.

이와 같은 중생의 무리는 각각 차별하여 몸을 나눠 제도하니, 혹은 남자의 몸을 나타내고, 혹은 여인의 몸을 나타내며, 혹은 천룡의 몸을 나타내고, 혹은 신(神)과 귀(鬼)의 몸을 나타내며, 혹은 산과 숲과 내와 강과 못과 샘과 우물로 나타내어 사람들을 이롭게 하면서 모두 다 해탈하게 하고, 혹은 제석의 몸을 나타내며, 혹은 범왕의 몸을 나타내고, 혹은 전륜왕의 몸을 나타내며, 혹은 거사의 몸을 나타내고, 혹은 국왕의 몸을 나타내며, 혹은 재상의 몸을 나타내고, 혹은 관속(官屬)의 몸을 나타내며, 혹은 비구 · 비구니 · 우바새 · 우바이의 몸이나 성문 · 아라한 · 벽지불 · 보살 등의 몸을 나타내어 교화하고 제도하니, 단지 부처의 몸으로만 그 몸을 나타내는 것이 아니다.

그대는 내가 여러 겁을 두고 부지런히 애써서 이와 같이 교화하기 어려우며 억세고 거친, 죄로 고통받는 중생들을 제도함을 보았으니, 아직도 조복되지 못하여 업보를 따라, 만일 악도에 떨어져 크게 고통 받는 중생이 있을 때에는, 그대는 마땅히 내가 이 도리천궁에서 간곡히 부촉(府囑)한 것을 잊지 않고 기억하여, 사바세계에 미륵불이 세상에 나타나시어 오실 때까지, 중생을 모두 해탈케 하고 영원히 모든 고통을 여의게 하여 부처님의 수기(授記)를 받을 수 있게 하라."

그때에 모든 세계의 분신들 지장보살이 다시 한 몸을 이루어 슬피 눈물을 흘리면서 애절하게 부처님께 말씀드렸다.

"제가 오랜 겁으로부터 부처님께서 이끌어주심을 입어 생각으로 가히 헤아릴 수 없는 신력과 큰 지혜를 갖추었습니다.

저는 저의 분신이 백천만억 항하의 모래만큼 많은 세계에 두루하여, 하나의 세계마다 백천만억의 화신을 나타내고, 하나의 화신마다 백천만억의 사람들을 제도하여 삼보에 귀의하게 하며, 영원히 나고 죽음을 여의고 열반의 기쁨에 이르도록 하겠습니다.

오직 불법 가운데서 선한 일을 하기를, 터럭 하나·물방울 하나·모래알 하나·티끌 하나, 혹은 털 끝만큼이라도 한다면, 제가 점차로 해탈케 하고 큰 이익을 얻도록 하겠습니다.

오직 원하옵건대 세존이시여! 후세의 악업중생에 대해서는 염려하지 마시옵소서."

이와 같이 세 번을 부처님께 말씀드렸다.

그때에 부처님께서 지장보살을 칭찬하며 말씀하셨다.

"훌륭하고 훌륭하다. 내가 그대의 기쁨을 도우리라. 그대는 능히 오랜 겁으로부터 세운 넓고 큰 서원을 성취하여, 널리 중생을 제도하기를 마치면 곧 보리(菩提)를 증득하리라."

제3. 관중생업연품(觀衆生業緣品)

그때에 부처님의 어머니이신 마야부인이 공손히 합장하며 지장보살에게 말씀드렸다.

"성자시여! 염부제 중생이 짓는 업의 차이에 따른 구별과 그에 따라 받는 응보(應報)는 어떠한 것입니까?"

지장보살이 대답하여 말씀하시기를,

"천만세계의 모든 국토에는 혹은 지옥이 있기도 하고, 혹은 지옥이 없기도 하며, 혹은 여인이 있기도 하고, 혹은 여인이 없기도 하며, 혹은 불법(佛法)이 있기도 하고, 혹은 불법이 없기도 하며, 성문과 벽지불에 있어서도 또한 이와 같듯이, 지옥의 죄보(罪報)도 단지 한 가지만 있는 것은 아닙니다."

마야부인이 거듭해서 지장보살에게 말씀드렸다.

"또한 원하옵건대 염부제에서 지은 죄의 과보로 악도에서 느껴 받을(感) 것에 대하여 듣고자 합니다."

지장보살이 대답하여 말씀하시기를,

"성모(聖母)시여! 바라건대 잘 들으소서. 제가 대략해서 말씀드리겠습니다."

부처님의 어머니가 말씀드리기를,

"원하옵건대 성자시여! 말씀하여 주시옵소서."

그때에 지장보살이 성모에게 말씀하셨다.

"남염부제에서 죄로 받는 과보(罪報)의 이름은 이와 같습니다.

만일 어떤 중생이 부모에게 불효하고 혹은 살생까지 이른다면, 마땅히 무간지옥에 떨어져 천만억겁에 구하여 나올 기약이 없습니다.

만일 어떤 중생이 부처님의 몸에 피를 내거나 삼보를 헐뜯고 비방하며 경전을 공경하지 않으면, 또한 마땅히 무간지옥에 떨어져 천만억겁에 구하여 나올 기약이 없습니다.

만일 어떤 중생이 상주물(常住物: 승가의 물건)을 침범하여 손해를 끼치고, 비구·비구니를 더럽히며, 혹은 절 안에서 음욕(淫慾)을 저지르거나, 혹은 죽이고, 혹은 해치면, 이와 같은 무리도 마땅히 무간지옥에 떨어져 천만억겁에 구하여 나올 기약이 없습니다.

만일 어떤 중생이 마음은 사문(沙門)이 아니면서 거짓사문이 되어, 상주물을 부수고 사용하며, 신도를 속이고, 계율을 어겨 갖가지 악한 짓을 지으면, 이러한 무리들도 마땅히 무간지옥에 떨어져 천만억겁에 구하여 나올 기약이 없습니다.

만일 어떤 중생이 상주물을 훔치거나 재물과 곡식과 음식과 의복에 있어서도 한 가지라도 주지 않는 것을 취하는 자들도, 마땅히 무간지옥에 떨어져 천만억겁에 구하여 나올 기약이 없습니다.”

지장보살이 말씀하셨다.

“성모시여! 만일 어떤 중생이라도 이와 같은 죄를 지으면 마땅히 오무간지옥에 떨어져 잠깐이라도 고통이 멈추기를 구하지만 한 순간도 얻을 수가 없습니다.”

마야부인이 거듭해서 지장보살에게 말씀드렸다.

“어떤 것을 일러 무간지옥이라고 합니까?”

지장보살이 말씀하셨다.

“성모시여! 모든 지옥은 대철위산 안에 있는데, 그 큰 지옥이 열여덟 곳이 있으며, 다음이 오백 곳이 있어 이름이 각기 다르고, 다음이 천백이나 있는데 이름이 또한 다릅니다.

무간지옥이라는 것은, 그 옥(獄)의 성(城) 둘레가 팔만여리에, 그 성은 순전히 쇠로 되었으며 높이는 일만리인 옥성(獄城)이 있어서, 성 위에는 불무더기가 조금의 빈틈도 없이 있으며, 그 옥의 성 안으로 여러 지옥이 서로 이어져 있어 그 이름이 각각 다른데, 특히 한 지옥이 있어서 이름을 무간(無間)이라고 합니다.

그 옥의 둘레는 일만 팔천리이고 옥의 담장의 높이는 일천리이며 모두가 쇠로 되어있는데, 위의 불은 아래로 내려오고 아래의 불은 위로 솟구치며, 쇠로 된 뱀과 쇠로 된 개가 불을 뿜으며 옥의 담장 위를 동서로 달려가 쫓아다닙니다.

옥의 가운데에는 평상(平床)이 있어 넓이가 만리에 가득한데, 한사람이 죄를 받아도 그 몸이 평상위에 가득 차게 누워있음을 스스로 보게 되고, 천만 사람이 죄를 받아도 또한 각기 자신의 몸이 평상에 가득 차있는 것을 스스로 보게 되니, 여러 가지 죄업으로 인하여 과보를 느껴 받음이(感) 이와 같습니다.

또 모든 죄인은 온갖 고통을 빠짐없이 받게 되는데, 천백의 야차와 악한 귀신들의 어금니는 칼날과 같고, 눈은 번갯불과 같으며, 손은 또 구리쇠 손톱으로 되어서 창자를 뽑아내어 토막 쳐서 자르고, 또 어떤 야차는 큰 쇠창을 잡고 죄인의 몸을 찌르는데, 혹은 입과 코를 찌르거나, 혹은 배와 등을 꿰뚫어 공중에 던졌다가 뒤집어 받거나, 혹은 평상 위에 놓기도 합니다.

또 쇠로 된 매가 있어서 죄인의 눈을 쪼아 먹고, 쇠뱀은 죄인의 목을 감으며, 백개의 관절뼈 마디마다 모두 긴 못을 내리박고, 혀를 뽑아 쟁기로 해서 죄인에게 끌게 하며, 구리 쇳물을 입에 붓기도 하고, 뜨거운 쇠로 몸을 얽어서 만 번을 죽였다가 만 번을 살렸다가 하니, 업으로 받는 것이 이와 같지만 억겁을 지낼지라도 구하여 나올 기약이 없습니다.

그러다가 이 세계가 무너질 때는 다른 세계로 옮겨가서 나고, 다른 세계가 또 무너지면 또 다른 세계로 옮겨가며, 그 다른 세계가 무너질 때는 이리저리 따라 옮기다가, 이 세계가 이루어진 후에는 다시 돌아오게 되니, 무간지옥의 죄보를 받는 일이 이와 같습니다.

또한 업으로 인해 느껴 받는(業感) 다섯 가지 일이 있어서 무간(無間)이라 칭하는데, 무엇이 다섯인가 하면,

첫째, 밤낮으로 죄보를 받아 겁의 수(劫數)에 이르기까지 잠시도 끊일 사이가 없기 때문에 무간이라고 하며,

둘째, 한 사람이라도 또한 가득 차고, 많은 사람이라도 또한 가득 차기 때문에 무간이라고 하며,

셋째, 죄를 받는 도구로 작살과 몽둥이와, 매와 뱀과 이리와 개와, 방아와 맷돌과 톱과 끌과 도끼와 끓는 가마솥과, 쇠그물·쇠사슬·쇠나귀·쇠말 등이 있으며, 생가죽으로 목을 조르고, 뜨거운 쇳물을 몸에 부으며, 배가 고프면 쇠구슬을 삼키게 하고, 목이 마르면 쇳물을 마시게 하기를, 해가 다하고 겁이 다하며 나유타 수에 이르러도, 고초가 이어져 끊일 사이가 없으므로 무간이라고 하며,

넷째, 남자나 여자나 미개하거나 늙은이나 어린아이나 귀한이나 천한이나, 혹은 용이나, 혹은 신이나, 혹은 천인이나, 혹은 귀신이거나를 불문하고 지은 죄업으로 인해 느껴 받는(感) 것이 모두 똑같으므로 무간이라고 하며,

다섯째, 만일 이 지옥에 떨어지면 처음 들어올 때부터 백천겁에 이르도록 하루 낮 하루 밤 사이에 만 번을 죽고 만 번을 살아나되, 한 순간만이라도 멈추기를 구하여도 얻지 못하고, 오직 업이 다하여

비로소 다른 곳에 나게 되는 것을 제외하고는 끊이지 않고 이어지기 때문에 무간 이라고 하는 것입니다.”

지장보살이 성모에게 말씀하셨다.

“무간지옥에 대해 대략 말한 것이 이와 같으나, 만일 지옥에서 죄를 받는 도구 등의 이름과 모든 고통스러운 일까지 자세히 말하려면, 한 겁 동안을 말해도 다할 수가 없습니다.”

마야부인이 듣기를 마치고 나서 슬퍼 근심하며 합장하고 공경하여 절하고서 물러갔다.

제4. 염부중생업감품(閻浮衆生業感品)

그때에 지장보살마하살이 부처님께 말씀드렸다.

“세존이시여! 제가 부처님의 위신력을 입은 까닭에 백천만억세계에 두루 이 몸을 나투어서 일체의 업보중생을 구제하고 있습니다. 만일 부처님의 대자비의 힘이 아니라면 능히 이와 같은 변화를 지을 수가 없을 것입니다. 제가 지금 또 부처님의 부촉하심을 입었으니, 아일다(阿逸多: 미륵불의 前身)께서 성불하여 오실 때까지 육도중생으로 하여금 해탈하도록 하겠습니다. 오직 원하옵건대 세존께서는 염려하지 마시옵소서."

그때에 부처님께서 지장보살에게 말씀하셨다.

"일체 중생이 해탈을 얻지 못하는 것은, 분별하는 성품(性識)이 정해짐이 없어서 악한 습(惡習)으로는 업(業)을 맺고 선한 습(善習)으로는 과(果)를 맺기 때문이니, 선하고 악한 경계를 따라 나서 오도(五道)를 윤회하여 잠시도 쉴 사이가 없으며, 티끌 수와 같은 겁이 지나도록 미혹하여 장애와 액난을 받는 것이, 마치 그물 안에서 헤엄치는 물고기가, 장차 이 흐르는 물에서 벗어나려 하다가는 들어가고, 잠시 나왔다가는 또다시 그물에 걸리고 마는 것과 같으니라.

이러한 무리들을 내가 대하여 근심하고 염려하였더니, 그대가 이미 옛적에 세웠던 원을 여러 겁에 거듭 서원하여서 죄지은 무리들을 널리 제도하리라 하니, 내가 다시 무엇을 근심하리오."

이렇게 말씀하실 때, 법회에 있던 정자재왕(定自在王)이라고 이름 하는 한 보살마하살이 부처님께 말씀드렸다.

"세존이시여! 지장보살이 여러 겁을 내려오면서 어떤 서원들을 일으켰기에 지금 세존의 은근(殷勤)하신 찬탄을 받게 되었습니까? 오직 원하옵건대 세존께서는 간략하게 말씀하여 주시옵소서."

그때에 부처님께서 정자재왕보살에게 말씀하셨다.

"자세히 듣고 자세히 들어 잘 생각하도록 하여라. 내가 마땅히 그대를 위해 분별하여 설명하리라.

지나간 과거의 한량없는 아승지나유타 말로는 할수가 없는 겁의 그때에 한 부처님이 계셨으니, 명호를 일체지성취여래(一切智成就如來) 응공 정변지

명행족 선서 세간해 무상사 조어장부 천인사 불세존이라고 하셨으며, 그 부처님의 수명은 육만겁이었다.

출가하지 않았을 때에 작은 나라의 왕으로 있으면서, 어느 이웃나라의 왕과 벗이 되어 함께 열 가지 선한 일(十善業)을 행하여 중생들을 이롭게 하였다. 그 이웃나라안의 백성들이 여러 가지 악한 일을 많이 지으므로, 두 왕은 의논하여 널리 방편을 베풀면서, 한 왕이 발원하기를, '어서 불도를 이루어 마땅히 이 무리들을 남김없이 제도하리라.' 하였고, 한 왕은 발원하기를, '만약 먼저 죄로 고통 받는 이들을 제도하여 안락케 하고 보리에 이르도록 하지 못하면, 나는 언제까지라도 성불하기를 원하지 않으리라.' 하였다."

부처님께서 정자재왕보살에게 말씀하셨다.

"어서 성불하기를 발원한 왕은 곧 일체지성취여래이시며, 죄로 고통 받는 중생을 끝까지 제도하지 아니하면 성불하기를 원하지 않는다고 발원한 왕은 곧 지장보살이니라."

"다시 과거 한량없는 아승지겁에 부처님이 세상에 나타나셨으니, 명호를 청정연화목여래(淸淨蓮華目如來)라고 하셨으며, 그 부처님의 수명은 사십겁이었다.

그 부처님의 상법(像法)시대에 한 나한(羅漢)이 있어서 복(福)으로 중생을 제도하고 있었는데, 그로 인해 차례로 교화하다가 한 여인을 만나게 되었으니, 이름을 광목(光目)이라고 하였다.

음식을 베풀어 공양을 올리자 나한이 물었다.

'원하는 것이 무엇이오?'

광목이 대답하여 말하였다.

'제가 어머니가 돌아가신 날에 복을 지어 구제하고자 하나, 저의 어머니가 어느 곳에 나셨는지 알지 못합니다.'

나한이 가엾이 여기고 선정에 들어 살펴보니, 광목

의 어머니가 악도에 떨어져 극히 큰 고통을 받고 있는 것이 보였다.

나한이 광목에게 물었다.

'그대의 어머니가 살아 있을 때 어떤 업을 지었기에 지금 악도에서 극히 큰 고통을 받고 있는 것이오?'

광목이 대답하여 말하였다.

'저의 어머니는 습성이 오직 물고기와 자라 같은 것을 씹어 먹기를 좋아하였는데, 물고기와 자라를 먹는 경우에는 그 새끼를 많이 먹어서, 혹은 볶기도 하고 혹은 삶기도 하여 마음껏 먹었으니, 그 목숨의 수를 세면 천만의 다시 배는 될 것입니다. 존자시여! 자비를 베풀어 가엾이 여기시고, 어찌하시든 딱하게 보아 구하여 주시옵소서.'

나한은 가엾이 여기고 방편을 지어 광목에게 권하여 말하였다.

'그대는 지극한 정성으로 청정연화목여래를 생각하

도록 하시오. 아울러 형상을 흙으로 빚거나 그려서 모시면 산 사람도 죽은 사람도 과보를 얻을 것이오.'

광목은 듣기를 마치고는 곧 소중히 생각하던 것들을 팔아서 부처님의 형상을 그려 모시고 공양을 올리며, 다시 공경하는 마음으로 슬피 울면서 우러러 예배드렸다.

문득 새벽녘 꿈에 부처님의 모습을 뵈니, 금빛으로 밝게 빛나는 수미산과 같으신데, 큰 광명을 놓으시며 광목에게 말씀하셨다.

'너의 어머니는 오래지 않아 곧 너의 집에 태어나게 되리니, 겨우 배고프고 추운 것을 느끼면 곧 말을 하려 할 것이다.'

그 뒤에 집안의 종이 한 자식을 낳았는데, 삼일이 채 못 되어 곧 말을 하며, 머리를 숙여 슬피 울면서 광목에게 말하였다.

'나고 죽는 업연(業緣)으로 과보를 스스로 받았으

니, 내가 바로 너의 어미로 오래도록 어두운 곳에 있었다. 너를 떠나고 가서 여러 번 대지옥에 떨어 졌다가, 너의 복력을 입어 이제 막 나게 됨을 얻었 지만 하천(下賤)한 사람이 되었고, 다시 또 단명하 여 십삼 세가 되면 재차 악도에 떨어질 것이니, 너 에게 무슨 방법이 있어 나로 하여금 벗어나 면하게 하겠느냐.'

광목이 이 말을 듣고 어머니로 알아 의심치 않고 목메어 슬피 울면서 종의 자식에게 말하였다.

'나의 어머니이신 바에야 본래 지은 죄업을 전부 알 것이니, 어떤 행업을 지었기에 악도에 떨어졌습 니까?'

종의 자식이 대답하여 말하였다.

'살생하고 헐뜯으며 욕을 했던 두 가지 업의 과보 를 받았다. 만일 복을 지어 나를 고난에서 빼내 구 하지 않았다면, 이러한 업 때문에 반드시 벗어나지 못하였을 것이다.'

광목이 물었다.

'지옥에서 죄로 받는 과보는 어떠한 것입니까?'

종의 자식이 대답하여 말하였다.

'죄의 고통에 대한 것은 차마 말로는 하지 못하며, 백천세를 두고 말하여도 다 하기가 어려울 것이다.'

광목이 듣기를 마치고는 눈물을 흘리며 소리 높여 목 놓아 울다가 곧 허공을 향해 말씀드렸다.

'원하옵건대 저의 어머니를 영원히 지옥에서 벗어나게 하시어, 십삼 세를 마치고는 다시는 무거운 죄로 악도를 거치는 일이 없게 하여 주시옵소서.

시방세계의 모든 부처님이시여! 자비로써 저를 애처롭고 가엾게 여기시어, 제가 어머니를 위하여 발하는 이 광대한 서원을 들어주시옵소서.

만일 저의 어머니가 영원히 삼악도를 여의고서, 하천함과 여인의 몸에 있어서까지 영겁(永劫)토록 받지 않게 된다면, 원하옵건대 저는 오늘부터 청정연화목여래의 존상(尊像)앞에 나아가, 이 후로 백천만억겁 동안의 세계를 따라 있는 지옥과 삼악도에서, 죄로 고통 받는 모든 중생을 구제하리라 서원하오니, 이로 하여 지옥·축생·아귀 등의 악도를 영원히 여의게 하고, 이와 같이 죄의 과보를 받는 이들이 모두 성불하기를 마치고 난 연후에야, 저는 비로소 정각(正覺)을 이루겠습니다.'

서원을 발하기를 마치니, 청정연화목여래의 말씀이 자세히 들려왔다.

'광목아! 네가 자비를 베풀어 가엾이 여겨 훌륭하게도 능히 어머니를 위하여 이와 같은 큰 서원을 발하였구나. 내가 살펴보니 너의 어머니는 십삼 세를 마치면, 이 과보를 버리고 반드시 바라문(梵志)으로 나서 백세의 수명을 살다가, 그 과보가 지나간 뒤에는 마땅히 무우국토(無憂國土)에 나서 수명을 헤아릴 수 없는 겁을 산 뒤에, 불과(佛果)를 이루어 널리 인간과 천상을 제도하기를 항하의 모래 수만큼이나 될 것이다.' 고 하셨다."

부처님께서 정자재왕보살에게 말씀하셨다.

"그때에 복(福)으로 광목을 제도한 나한이 곧 무진의보살(無盡意菩薩)이고, 광목의 어머니는 곧 해탈보살이며, 광목은 곧 지장보살이니, 과거의 오랜 겁 동안에 이와 같이 자비를 베풀어 가엾이 여기고, 항하의 모래만큼 많은 서원을 세워 널리 중생을 제도하였다.

미래세 중에 만일 남자나 여인이 있어서 선을 행하지 않는 자나, 악을 행하는 자나, 인과를 믿지 않는 자나, 사음(邪淫)과 거짓말을 하는 자나, 이간질과 악한 말을 하는 자나, 대승을 헐뜯고 비방하는 자 등, 이와 같은 모든 업보의 중생들은 반드시 악도에 떨어질 것이지만, 만일 선지식(善知識)을 만나 권유를 받아서 손가락 한 번 튕기는 사이라도 지장보살에게 귀의한다면, 이 모든 중생들은 즉시 삼악도의 과보에서 벗어남을 얻게 된다.

만일 능히 지극한 마음으로 귀의하여 공경하고, 우

러러 예배하고 찬탄하며, 향과 꽃과 의복과 갖가지 진귀한 보배와, 혹은 또 좋은 음식으로 이와 같이 받들어 모시는 이는, 미래의 백천만억겁 중에 항상 여러 하늘에 있으면서 뛰어나고 묘한 즐거움을 받을 것이며, 만일 하늘의 복이 다하여 인간에 내려와 나더라도, 가히 백천겁을 항상 제왕이 되고 능히 숙명(宿命)과 인과의 처음과 끝을 기억하게 된다.

정자재왕이여! 이와 같이 지장보살에게는 불가사의한 대위신력이 있어 널리 중생을 이롭게 하니, 그대들 모든 보살은 마땅히 이 경을 기록하여 널리 펴서 전하도록 하여라.”

정자재왕이 부처님께 말씀드렸다.

“세존이시여! 원하옵건대 염려하지 마시옵소서. 저희들 천만억 보살마하살은 반드시 능히 부처님의 위신력을 이어받아, 이 경을 널리 펴서 염부제의 중생을 이롭게 하겠습니다.”

정자재왕보살은 부처님께 말씀드리고 나서 합장하고 공경하며 예배를 드리고 물러났다.

그때에 사방의 천왕(天王)이 함께 자리에서 일어나 합장하고 공경하며 부처님께 말씀드렸다.

"세존이시여! 지장보살이 오랜 겁으로부터 이와 같은 큰 원을 발하였거늘, 어찌하여 지금에 이르도록 제도함이 끊어지지 않고 오히려 다시 광대한 원을 발하나이까? 오직 원하옵건대 세존께서는 저희들을 위하여 말씀하여 주시옵소서."

부처님께서 사천왕에게 말씀하셨다.

"훌륭하고 훌륭하다. 내가 이제 그대들과, 미래와 현재의 천상과 인간의 중생들을 널리 이익되게 하기 위하여, 지장보살이 저 사바세계 염부제의 나고 죽는 길 가운데로 들어가, 자비로써 일체의 죄로 고통 받는 중생을 구제하여 해탈케 하는 방편의 일을 말해주리라."

사천왕이 말씀드렸다.

"세존이시여! 오직 원하옵건대 즐거이 듣고자 하옵니다."

부처님께서 사천왕에게 말씀하셨다.

"지장보살이 오랜 겁으로부터 오늘에 이르도록 중생들을 제도하여 해탈케 하지만, 아직도 여전히 원을 다 마치지 못하고 있는 것은, 자비로써 이 세계에서 죄로 고통 받는 중생을 살펴보고, 미래의 한량없는 겁 중에도 업의 인(因)이 얽혀서 끊이지 않음을 다시 보게 되므로, 또 거듭하여 원을 발하는 까닭이다. 이와 같이 보살은 사바세계 염부제 중에서 백천만억의 방편으로 교화하고 있는 것이다.

사천왕이여! 지장보살은 만일 살생하는 자를 만나면 전생의 재앙으로 단명하는 과보를 말해주고, 만일 도둑질하는 자를 만나면 빈궁하여 고초를 받는 과보를 말해주며, 만일 사음(邪淫)하는 자를 만나면 참새·비둘기·원앙새가 되는 과보를 말해주고, 만일 악한 말을 하는 자를 만나면 권속간에 다투는 과보를 말해주며, 만일 남을 헐뜯고 비방하는 자를 만나면 혀가 없거나 입에 부스럼 나는 과보를 말해주고, 만일 성내는 자를 만나면 얼굴이 추하고 흉하며 곱사등이나 불구(不具)가 되는 과보를 말해주며, 만일 탐내고 인색한 자를 만나면 구하는 바가 원대로 되지 않는 과보를 말해주고, 만일 음식을 먹는데 절제함이 없는 자를 만나면 굶주리고 목마르며 목병이 생기는 과보를 말해주며, 만일 마음 내키는 대로 사냥을 하는 자를 만나면 놀라고 미쳐서 목숨을 잃는 과보를 말해주고, 만일 부모에게 패역(悖逆)하는 자를 만나면 천지재변(天地災變)으로 죽는 과보를 말해주며, 만일 산이나 숲에 불을 지르는 자를 만나면 미쳐서 헤매다가 죽는 과보를 말해주고, 만일 전후(前後)의 부모로 악독한 자를 만나면 되돌아 바꿔나서 매 맞는 과보를 말해주며, 만일 그물로 살아 있는 짐승의 새끼를 잡는 자를 만나면 골육간에 이별하는 과보를 말해주고, 만일 삼보를 헐뜯고 비방하는 자를 만나면 눈멀고 귀먹고 벙어리가 되는 과보를 말해주며, 만일 불법을 가벼이 여기고 가르침을 업신여기는 자를 만나면 영원히 악도에 머무는 과보를 말해주고, 만일 상주물을 부수거나 함부로 쓰는 자를 만나면 억겁을 지옥에서 반복해 나는 과보를 말해주며, 만일 청정한 행을 더럽히고 승보를 속이는 자를 만나면 영원히 축생으로 있는 과보를 말해주고, 만일 끓는 물과 뜨거운 불과 칼과 도끼로 생명을 해치는 자를 만나면 윤회하면서 되갚음 받는 과보를 말해주며, 만일 계(戒)를 깨뜨리고 재(齋: 청정함)를 범하는 자를 만나면 새나 짐승이 되어 굶주리는 과보를 말해주고, 만일 재물을 옳지 않게 쓰는 자를 만나면 구하는 바가 막혀 끊어지는 과보를 말해주며, 만일 아만(我慢)이 높은 자를 만나면 부림을 당하는 하천한 몸이 되는 과보를 말해주고, 만일 이간질하여 다투게 하고 어지럽게 하는 자를 만나면 혀가 없거나 혀가

백이나 되는 과보를 말해주며, 만일 삿된 견해를 가진 자를 만나면 미개한 곳(邊地)에서 태어날 과보를 말해준다.

이와 같은 등의, 염부제 중생이 몸과 입과 뜻으로 짓는 악습의 결과로 받게 되는 백천 가지의 응보(應報)를 지금 대략해서 말하였으니,

이와 같은 등은, 염부제 중생이 그 업으로 느껴 받는(感) 차이에 따른 구별인지라, 지장보살은 백천 가지 방편으로 교화하지만, 이 모든 중생들은 먼저 지은 이러한 업보로 뒤에 지옥에 떨어져서 여러 겁이 지나도 나올 기약이 없다.

그러므로 그대들은 사람을 보호하고 나라를 보호하여, 이러한 모든 업으로 인하여 중생이 미혹되는 일이 없도록 하라."

사천왕은 듣기를 마치고 나서 눈물을 흘리며 슬피 탄식하면서 합장하고 물러갔다.

제5. 지옥명호품(地獄名號品)

그때에 보현보살마하살이 지장보살에게 말씀하셨다.

"어진이(仁者)시여! 원하옵건대 천룡과 사중(四衆)과 미래와 현재의 일체 중생을 위하여, 사바세계 염부제의 죄로 고통 받는 중생이 과보로 받는 지옥의 이름과 악한 과보를 말씀하시어, 미래세의 말법중생으로 하여금 그 과보를 알게 하여 주시옵소서."

지장보살이 대답하여 말씀하셨다.

"어진이시여! 제가 이제 부처님의 위신력과 대사(大士)의 힘을 받들어 지옥의 이름과 죄의 과보와 나쁜 과보에 대해 간략히 말씀드리겠습니다.

어진이시여! 염부제의 동쪽에 산이 있어 이름을 철위(鐵圍)라고 하는데, 그 산은 어둡고 깊어서 해와 달의 빛이 없습니다.

거기에 큰 지옥이 있으니 이름이 극무간(極無間)이

고, 또 지옥이 있으니 이름이 대아비(大阿鼻)이며, 다시 지옥이 있으니 이름이 사각(四角)이고, 다시 지옥이 있으니 이름이 비도(飛刀)이며, 다시 지옥이 있으니 이름이 화전(火箭)이고, 다시 지옥이 있으니 이름이 협산(夾山)이며, 다시 지옥이 있으니 이름이 통창(通槍)이고, 다시 지옥이 있으니 이름이 철거 (鐵車)이며, 다시 지옥이 있으니 이름이 철상(鐵床) 이고, 다시 지옥이 있으니 이름이 철우(鐵牛)이며, 다시 지옥이 있으니 이름이 철의(鐵衣)이고, 다시 지옥이 있으니 이름이 천인(千刃)이며, 다시 지옥이 있으니 이름이 철려(鐵驢)이고, 다시 지옥이 있으니 이름이 양동(洋銅)이며, 다시 지옥이 있으니 이름이 포주(抱柱)이고, 다시 지옥이 있으니 이름이 유화 (流火)이며, 다시 지옥이 있으니 이름이 경설(耕舌) 이고, 다시 지옥이 있으니 이름이 좌수(剉首)이며, 다시 지옥이 있으니 이름이 소각(燒脚)이고, 다시 지옥이 있으니 이름이 담안(啗眼)이며, 다시 지옥이 있으니 이름이 철환(鐵丸)이고, 다시 지옥이 있으니 이름이 쟁론(諍論)이며, 다시 지옥이 있으니 이름이 철수(鐵銖)이고, 다시 지옥이 있으니 이름이 다진(多瞋)입니다.”

지장보살이 또 말씀하셨다.

“어진이시여! 철위산 안에는 이와 같은 지옥들이 있어서 그 수가 한이 없습니다.

다시 지옥이 있으니, 규환지옥(叫喚地獄)·발설지옥(拔舌地獄)·분뇨지옥(糞尿地獄)·동쇄지옥(銅鎖地獄)·화상지옥(火象地獄)·화구지옥(火狗地獄)·화마지옥(火馬地獄)·화우지옥(火牛地獄)·화산지옥(火山地獄)·화석지옥(火石地獄)·화상지옥(火床地獄)·화량지옥(火梁地獄)·화응지옥(火鷹地獄)·거아지옥(鋸牙地獄)·박피지옥(剝皮地獄)·음혈지옥(飲血地獄)·소수지옥(燒手地獄)·소각지옥(燒却地獄)·도자지옥(倒刺地獄)·화옥지옥(火屋地獄)·철옥지옥(鐵屋地獄)·화랑지옥(火狼地獄) 등이 있습니다.

그 안에는 각각 다시 여러 작은 지옥들이 있어서, 혹은 하나, 혹은 둘, 혹은 셋, 혹은 넷에서 백천이 있는 것도 있으며, 그것들의 이름도 저마다 같지가 않습니다."

지장보살이 또 보현보살에게 말씀하셨다.

"어진이시여! 이것은 모두 남염부제에서 악함을 행한 중생이 업으로 느껴 받는(感) 것들입니다.

이와 같이 업력(業力)은 심히 커서 능히 수미산을 대적하고, 능히 큰 바다보다 깊으며, 능히 성스러운 깨달음의 길을 가로막습니다. 이런 까닭에 중생들은 조그마한 악이라 할지라도 가벼이 여겨 죄가 없다고 하지 말아야 합니다.

죽은 후에는 과보가 있어서 털끝만한 것이라도 받아야 하며, 아버지와 자식이 더 할 수 없이 가깝다고 하지만 가는 길이 각자 다르며, 설령 서로 만난다고 하더라도 기꺼이 대신해서 받을 수가 없습니다.

제가 이제 부처님의 위신력을 받들어 대략하여 지옥에서 죄로 받는 과보에 대한 일을 말하리니, 오직 원하옵건대 어진이시여! 잠시 이 말을 들으소서.”

보현보살이 대답하여 말씀하셨다.

“저는 오래 전부터 삼악도의 과보를 알고 있지만, 어진이께서 말씀해 주시기를 바라는 것은, 후세의 말법시대에 악행을 하는 일체 중생으로 하여금, 어진이의 말씀을 듣고 불법에 귀의하게 하고자 함입니다.”

지장보살이 말씀하셨다.

“어진이시여! 지옥에서 죄로 받는 과보의 일은 이와 같습니다.

어떤 지옥은 죄인의 혀를 빼어 소를 시켜서 논밭을 갈게 하고, 어떤 지옥은 죄인의 심장을 빼내어 야차가 먹으며, 어떤 지옥은 끓는 가마솥에 넣어 죄인의 몸을 삶고, 어떤 지옥은 벌겋게 달군 구리쇠

기둥을 죄인을 시켜서 껴안게 하며, 어떤 지옥은 수많은 뜨거운 불길이 죄인을 뒤쫓아 따라다니고, 어떤 지옥은 언제나 차가운 얼음이며, 어떤 지옥은 한이 없는 똥오줌이고, 어떤 지옥은 오로지 날카로운 가시들이 달린 쇠못이 날아다니며, 어떤 지옥은 불창으로 마구 도려내고, 어떤 지옥은 오직 가슴과 등짝을 절구질 하며, 어떤 지옥은 단지 손발을 불태우고, 어떤 지옥은 쇠뱀이 칭칭 둘러서 감으며, 어떤 지옥은 무쇠개에 몰려서 쫓기고, 어떤 지옥은 죽도록 쇠로 된 노새를 끌고 다닙니다.

어진이시여! 이와 같은 죄의 과보를 받는 각각의 지옥마다 백천 가지의 업도(業道)를 다스리는 도구들이 있는데, 구리와 쇠와 돌과 불로 되지 않은 것이 없고, 이들 네 가지 종류는 여러 가지 업을 지음에 의해 느껴 받는(感) 것입니다.

만일 지옥에서 죄로 받는 과보의 일을 자세히 말하자면, 하나하나의 옥안에서도 다시 백천 가지의 고초가 있거늘, 하물며 그 많은 지옥이야 어찌 다하겠습니까?

제가 이제 부처님의 위신력과 어진이의 물으심을 받들어 이와 같이 간략히 말씀드렸으나, 만일 자세히 설명하자면 겁이 다하여도 마치지 못할 것입니다.”

제6. 여래찬탄품(如來讚歎品)

그때에 부처님께서 온몸으로 큰 광명을 놓으시어 백천억 항하의 모래만큼 많은 모든 부처님의 세계를 두루 비추시고, 큰 음성을 내시어서 모든 부처님 세계의 일체의 모든 보살마하살과 천·용·귀신·인비인들에게 널리 말씀하셨다.

“들어라! 내가 오늘 지장보살마하살이 시방세계에서 생각으로 가히 헤아릴 수가 없는 위신력과 자비를 나타내어, 일체의 죄의 고통을 구호(救護)하는 일을 높이 칭찬하고 찬탄하리라.

내가 멸도(滅度)한 후에 그대들 모든 보살대사(菩薩大士)와 천·용·귀신들은, 널리 방편을 지어 이 경을 보호하고 지켜서, 일체 중생으로 하여금 열반의 즐거움(涅槃樂)을 깨달아 얻게 하라."

이렇게 말씀을 하시니, 법회에 있던 보광(普廣)이라고 이름 하는 한 보살이 합장하고 공경하며 부처님께 말씀드렸다.

"지금 세존께서 지장보살에게 이와 같은 불가사의한 큰 위신력과 덕(德)이 있음을 찬탄하심을 보았습니다.

오직 원하옵건대 세존이시여! 미래세의 말법중생을 위하여 지장보살이 인간과 천상을 이익되게 하는 인과(因果)를 널리 말씀하시어, 모든 천룡팔부와 미래세의 중생으로 하여금 부처님의 말씀을 받아서 받들게 하여 주시옵소서."

그때에 부처님께서 보광보살과 사부대중들에게 말

씀하셨다.

"자세히 듣고 자세히 들어라. 내가 마땅히 그대들을 위하여 지장보살이 인간과 천상을 이익되게 하는 복덕에 대해 간략히 말하리라."

보광보살이 말씀드렸다.

"그러하겠습니다. 세존이시여! 원하옵건대 즐거이 듣고자 하옵니다."

부처님께서 보광보살에게 말씀하셨다.

"미래세 중에 만일 어떤 선남자 선여인이 있어서 이 지장보살마하살의 명호를 듣는 이와, 합장하는 이와, 찬탄하는 이와, 예배하는 이와, 흠모하는 이 등, 이러한 사람들은 삼십겁의 죄를 뛰어넘게 된다. 보광이여! 만일 어떤 선남자 선여인이 혹은 형상을 채색하여 그림으로 그리거나, 혹은 흙과 돌과 아교와 옻과 금·은·구리·철 등으로, 이 보살을 조성하여 한 번이라도 우러러 예배하는 이는, 백 번을 삼십삼천에 되돌아 나고 영원히 악도에 떨어지지 않게 되며, 만일 하늘의 복이 다하여 다시 인간에 내려와 나더라도 여전히 나라의 왕이 되어 커다란 이익을 잃지 않는다.

만일 어떤 여인이 여인의 몸을 싫어하여, 마음을 다해서 지장보살을 그린 형상이나, 흙과 돌과 아교와 옻과 구리·철 등으로 만든 형상에 공양을 하되, 이와 같이 날마다 물러나지 않고, 항상 꽃과 향과 음식과 의복과 색색의 비단과 깃발과 돈과 보물 등으로 공양하면, 이 선여인은 이번에 받은 여인의 몸이 다하면 백천만겁을 다시는 여인이 있는 세계에도 나지 않게 되거늘, 하물며 어찌 다시 여인의 몸을 받겠느냐. 다만 자비의 원력으로 여자의 몸을 받기를 원하여 중생을 제도하는 것을 제외하고는, 이 지장보살을 공양한 힘과 공덕의 힘을 받은 까닭으로 백천만겁에 여인의 몸을 받지 않게 된다.

또 보광이여! 만일 어떤 여인이 용모가 추하고 병

이 많은 것을 싫어하여, 오직 지장보살의 형상 앞에서 지극한 마음으로 우러러 예배하기를 한식경 사이라도 하면, 이 사람은 천만겁 중에 받아서 나는 몸의 상호가 원만하고 모든 질병이 없게 된다.

이 용모가 추한 여인이 만일 여자의 몸을 싫어하지 않는다면, 곧 백천만억의 생에서 항상 왕녀나 왕비가 되거나, 재상이나 명문세가나 큰 장자의 딸이 되어 단정하게 나고 모든 상호가 원만하리니, 지극한 마음으로 지장보살을 우러러 예배한 까닭에 이와 같은 복을 얻게 된다.

또 보광이여! 만일 어떤 선남자 선여인이 능히 지장보살의 형상 앞에서 부처님을 공양하는 가무를 짓고, 노래를 하며 찬탄하고, 향과 꽃으로 공양하거나, 이를 한사람이나 많은 사람에게 권하면, 이와 같은 이들은 현재의 세상이나 미래의 세상에서 항상 백천의 야차와 신들이 밤낮으로 보호하고 지켜서, 나쁜 일은 언제나 귀에 들리지 않게 하거늘,

하물며 어찌 여러 횡액을 직접 받는 일이 있겠느냐.

또 보광이여! 미래세 중에 만일 악한 사람과 악한 신과 악한 귀신이 있어, 어떤 선남자 선여인이 지장보살의 형상에 귀의하여 공경하고 공양하며 찬탄하고 우러러 예배함을 보고는, 혹은 망령되게 비난하며 헐뜯거나 공덕과 이익되는 일이 없다며 비방하고, 혹은 이(齒)를 드러내어 비웃으며, 혹은 돌아서서 비방하고, 혹은 다른 이에게 권하여 함께 비방하며, 혹은 한 사람에게 비방하고, 혹은 여러 사람에게 비방하거나 한순간이라도 비난하며 헐뜯는 자들이 있다면, 이와 같은 사람은 현겁(賢劫: 현세의 대겁)의 천불(千佛)이 열반에 드신 뒤에도, 비난하고 헐뜯은 죄의 과보로 오래도록 아비지옥(阿鼻地獄: 無救地獄)에 있으면서 극히 무거운 죄를 받을 것이다.

이 겁을 지내고 나서는 아귀의 과보를 당하여 받게

되고, 또 천겁이 지나야 다시 축생을 받게 되며, 또 천겁이 지나서야 비로소 사람의 몸을 받게 되지만, 설령 사람의 몸을 받아도 빈궁하고 하천하며 온몸이 불구에다가, 많은 악업이 그 마음에 맺혀와서 오래지 않아 다시 악도에 떨어지게 된다.

그러므로 보광이여! 다른 사람의 공양 올리는 것을 비난하고 헐뜯는 것조차도 이러한 과보를 받거늘, 하물며 다른 악한 마음을 내어서 헐뜯고 없애려 함이야 어떠하겠느냐.

또 보광이여! 만일 미래세에 어떤 남자나 여인이 오랫동안 병상에 누워서 살기를 구하고 죽기를 바래도 전혀 되지를 않고, 혹은 꿈속에서 악귀나 죽은 아버지가 뒤쫓아 따라다니거나 또는 험한 길을 헤매게 되고, 혹은 도깨비 무리에 홀리거나 귀신과 함께 어울리기도 하여, 날이 가고 달이 가고 해가 갈수록 점점 더 몸이 약해지고 병이 깊어져서, 잠을 자다가도 큰소리로 부르짖으며, 아프고 괴로워

편안함이 없는 것은, 모두 다 이 업도(業道)에서 죄의 가볍고 무거움을 정하지 못하여, 혹은 목숨을 버리기도 어렵고, 혹은 병이 나을 수도 없게 된 것이니, 남녀의 속된 눈으로는 이 일을 분별하지 못한다.

다만 마땅히 여러 부처님과 보살의 상(像) 앞에서, 이 경전을 높고 큰 목소리로 처음부터 끝까지 한 번이라도 읽고, 혹은 병자가 아끼는 물건이나 또는 의복과 보배와 장원(莊園)과 집 등을 취하여, 병자 앞에 마주 대하고서 높고 큰 소리로 말해야 한다.

'저희들 아무개 등은 이 병자를 위하여 경전과 불상 앞에 이 모든 물건을 내오니, 혹은 경전과 불상에 공양하고, 혹은 부처님과 보살님의 형상을 조성하며, 혹은 탑이나 절을 만들고, 혹은 등을 밝히며, 혹은 상주물로 보시하겠습니다.' 하고 이와 같이 세 번을 말하여 병자로 하여금 알아듣도록 하라.

만일 의식이 흩어지고 기운이 다한 자라도, 하루·

이틀·사흘·나흘에서 칠일에 이르기까지, 오직 높고 큰 소리로 이 일을 말하고 높고 큰 소리로 경전을 읽으면, 이 사람은 목숨을 마친 후에 숙세의 재앙과 무거운 죄가 오무간지옥에 이를 정도의 죄라고 하더라도, 영원히 해탈을 얻고 나는 곳마다 항상 숙명(宿命)을 알게 될 것이니, 하물며 선남자 선여인이 스스로 이 경을 쓰거나, 혹은 다른 이에게 쓰도록 가르치거나, 혹은 스스로 보살의 형상을 흙으로 빚거나 그리며, 다른 이에게 흙으로 빚고 그리게 하도록 가르쳐서 받는 과보에 있어서는 어떠하겠느냐. 반드시 큰 이익을 얻을 것이다.

그러므로 보광이여! 만일 어떤 사람이 이 경을 읽고 외우거나, 한 순간이라도 이 경을 찬탄하고, 또는 이 경을 공경하는 이를 보거든, 그대는 마땅히 백천 가지 방편으로 이 사람들을 권하여서 정성을 다하여 부지런히(精勤) 하는 마음이 물러나지 않도록 하라. 능히 미래와 현재에 천만억의 불가사의한 공덕을 얻게 된다.

또 보광이여! 만일 미래세의 모든 중생이 혹은 꿈 속이나 혹은 잠결에 온갖 귀신과 형상이 나타나서, 혹은 슬퍼하고, 혹은 울며, 혹은 근심하고, 혹은 탄식하며, 혹은 두려워하고, 혹은 겁내는 여러 모습으로 뒤쫓아 따라다니는 것이 보이면, 이는 모두 일생(一生)이나 십생(十生)이나 백생(百生)이나 천생(千生)의, 과거세의 부모와 형제자매와 남편과 아내 등의 권속들이 악도에 있으면서 벗어날 길을 얻지 못하고, 고통에서 빼내어 구해줄 복력을 기대할 곳이 없으니, 지금 숙세의 골육(骨肉)들에게 하소연해서 그들로 방편을 짓게 하여 악도에서 벗어나기를 원하는 것이다.

보광이여! 그대는 신력으로 그 권속들로 하여금, 여러 부처님과 보살의 상(像) 앞에서 지극한 마음으로 스스로 이 경을 읽게 하거나, 혹은 사람을 청하여 읽게 하되, 그 수를 세 편(三遍)이나 또는 일곱 편

(七遍)에 이르게 하면, 이와 같이 악도에 있는 권속들은 경을 읽는 소리가 그 횟수를 마치면, 마땅히 해탈을 얻어서 꿈속이나 잠결 중에서든지 영원히 다시는 보이지 않는다.

또 보광이여! 만일 미래세에 하천한 사람이거나, 혹은 남자종이나 혹은 여자종이거나, 구속되어 얽매여 있는 사람이, 숙세의 업을 깨닫고 참회하기를 바라면, 지극한 마음으로 지장보살의 형상에 우러러 예배하면서, 칠일 동안 보살의 명호를 생각하여 만 번을 채울 것이니, 이와 같은 사람은 지금의 과보가 다한 후에, 천만 생 동안 항상 존귀하게 나게 되며 다시는 삼악도의 고통을 겪지 않게 된다.

또 보광이여! 만일 미래세 중에 염부제에서 찰제리·바라문·장자·거사 등의 모든 사람들과 다른 종족의 무리에게, 새로 태어나는 자가 있어, 혹은 남자이거나 혹은 여자이거나, 칠일 안으로 일찍이 이 부사의(不思議)한 경전을 읽어주고, 다시 보살의 명호를 생각하여 만 번을 채우면, 이 새로 태어난 자식이 혹은 남자이든 혹은 여자이든 숙세의 재앙의 과보에서 곧 해탈을 얻게 되며, 안락하게 잘 자라고 수명이 늘어난다. 만일 이러한 복을 받아 태어난 자라면 더욱 안락하고 수명도 더하게 된다.

또 보광이여! 만일 미래세의 중생이 달마다 1일·8일·14일·15일·18일·23일·24일·28일·29일·30일의 여러 날들에(十齋日), 모든 죄를 한데 모아서 그 가볍고 무거움을 정하려 한다면, 남염부제의 중생은 멈추고 움직이며 생각을 일으킴이 업이 아닌 것이 없고 죄가 아닌 것이 없으니, 하물며 함부로 하는 살생·도둑질·사음(邪淫)·거짓말 등의 백천 가지의 죄상(罪狀)에 있어서는 어떠하겠느냐.

능히 이 십재일에 부처님과 보살과 여러 성현의 상(像) 앞에서 이 경을 한 편 읽으면, 동서남북 백유순 내에서는 모든 재난이 없어지며, 마땅히 집안에 사는 어른이나 아이도 현재와 미래의 백천세 중에서 영원히 악도를 여의게 되며, 능히 십재일마다 이 경을 한 편씩 읽으면, 현세에서 이 집안에 모든 횡액과 질병이 없어지고, 입는 것과 먹는 것이 넉넉하게 넘치게 될 것이다.

그러므로 보광이여! 마땅히 알아라.

지장보살은 이와 같이 말로는 할 수가 없는 백천만억의 큰 위신력과 이익되는 일이 있다.

염부제의 중생은 이 대사(大士)와 큰 인연이 있으니, 모든 중생이 보살의 이름을 듣거나 보살의 형상을 보거나, 이 경을 세 글자나 다섯 글자 혹은 한 게송 한 구절이라도 듣는 자는, 현재에는 뛰어나고 묘한 안락함을 얻을 것이며, 미래세의 백천만생 동안에도 항상 단정함을 얻고 존귀한 집안에 태어나게 되리라."

그때에 보광보살이 부처님께서 지장보살을 칭찬하고 찬탄하심을 듣고는 한쪽 무릎을 꿇어 합장하고 다시 부처님께 말씀드렸다.

"세존이시여! 저는 오래 전부터 이 대사(大士)가 지닌 불가사의한 위신력과 큰 서원의 힘을 알았사오나, 미래의 중생을 위하여 이익을 알려 주고자 하여서 부처님께 여쭈었습니다.

오직 원하옵건대 받아서 받들겠사오니, 세존이시여! 마땅히 이 경전의 이름은 무엇이라 하오며, 저희가 어떻게 널리 펴나가야 합니까?"

부처님께서 보광보살에게 말씀하셨다.

"이 경전은 세 가지의 이름이 있으니, 한 이름은 '지장본원(地藏本願)'이요, 또 한 이름은 '지장본행(地藏本行)'이며, 또 한 이름은 '지장본서력경(地藏本誓力經)'이다. 이는 지장보살이 오랜 겁으로부터 큰 서원을 거듭 발하여 중생을 이익되게 함에서 연유한 것이니, 그러므로 그대들은 이 서원에 의지하여 널리 펴나가도록 하라."

보광보살은 듣기를 마치고 나서 합장하고 공경하며 예배를 드리고 물러갔다.

제7. 이익존망품(利益存亡品)

그때에 지장보살마하살이 부처님께 말씀드렸다.

"세존이시여! 제가 살펴보니 이 염부제의 중생이 마음을 일으켜 생각을 움직임이 죄가 아닌 것이 없습니다. 혹여 좋은 이익을 만나더라도 처음의 마음에서 물러남이 많고, 혹은 악한 인연을 만나면 생각생각마다 악함을 더하게 됩니다.

이러한 사람들은 마치 진흙길을 밟고 가면서 무거운 돌을 짊어진 것과 같으니, 점점 더 기운이 빠지고 점점 더 무거워지며, 발은 더욱 깊이 빠져 들어가게 됩니다.

그런 뒤에 선지식을 만나게 되면, 짐을 덜어서 짊어져 주기도 하고 혹은 전부를 짊어져 주기도 하니, 이 선지식은 큰 힘이 있기 때문에, 다시 서로 붙들고 도와 굳건하게 떠받쳐서 나아가게 하고, 그런 뒤 평지에 이르러서는 마땅히 지나온 나쁜 길을 살펴서 두 번 다시 지나는 일이 없도록 합니다.

세존이시여! 악을 익히는 중생은 아주 작은 털끝만 한 것에서부터 문득 한량없는 데까지 이르게 되는 데, 이 모든 중생들이 이 같은 습성이 있으므로, 부모와 권속들이 목숨을 마칠 때에는 마땅히 복을 베풀어 앞길을 도와야 합니다.

혹은 깃발과 일산(日傘)을 걸고 등불을 밝히며, 혹은 존귀한 경전을 소리 내어 읽고, 혹은 부처님과 여러 성인의 상(像) 앞에 공양하거나, 부처님과 보살님과 벽지불의 명호를 생각하며, 한분 한분의 명호를 불러 목숨을 마치는 사람의 귀에 들리게 하고, 또는 본래의 마음(根本識: 阿賴耶識)에 들리도록 해야 합니다.

이러한 모든 중생이 지은 악업으로 그 과보를 느껴 받음(感)을 헤아려 보건대, 반드시 악도에 떨어지게 될 것이나, 이 권속들이 그 목숨을 마치는 사람을 위하여 이런 성스러운 인연을 지은 연유로, 이와 같이 많은 죄가 모두 다 소멸될 것입니다.

만일 능히 다시, 몸이 죽은 뒤 칠칠일(七七日: 사십구일) 안에 널리 선한 일을 지어 주면, 능히 이 모든 중생으로 하여금 영원히 악도를 여의고 인간과 천상에 나서 뛰어나고 묘한 즐거움을 받게 되며, 현재의 권속들도 한량없는 이익을 얻게 됩니다.

이러한 까닭에 제가 지금 세존이신 부처님을 모시고 천룡팔부와 인비인들을 마주하여, 염부제 중생에게 권하니, 목숨을 마치는 날에는 살생이나 악한 인연을 짓는 것을 삼가하고, 귀신에게 절하며 제사하거나 여러 도깨비들에게 구하는 일을 하지 말도록 하는 것입니다.

왜냐하면 살생하거나 귀신에게 절하며 제사지내는 것은 죽은 사람에게 털끝만큼의 이익도 없을 뿐만 아니라, 다만 죄의 인연만 더욱 깊고 무겁게 맺어지게 하기 때문입니다.

만일 내세나 또는 현생에 성스러운 인연을 얻어서

인간과 천상에 나게 되었어도, 목숨을 마칠 때에 여러 권속들이 이러한 악한 인연을 지은 연유로, 또한 목숨을 마친 사람으로 하여금 여러 재앙에 대해 밝히느라고, 좋은 곳에 나는 것이 늦어지게 됩니다. 하물며 목숨을 마치는 사람이 살아있을 때, 일찍이 조그마한 선근(善根)도 쌓은 적이 없으면, 각자의 본래의 업에 의해서 스스로 악도를 받게 될 것인데, 어찌 모질게 권속들이 다시 업을 더하여야 되겠습니까?

비유하면 어떤 사람이 먼 곳에서 오면서 양식이 떨어진 지가 삼일이고, 짊어진 짐은 백 근이 넘는데, 문득 이웃사람을 만나서 다시 작은 짐을 더하면, 이로 인하여 점점 더 기운이 빠지고 무거워지는 것과 같습니다.

세존이시여! 제가 살펴보니 염부제 중생은 오직 능히 모든 부처님의 가르침 가운데서, 선한 일을 하기를 터럭 하나·물방울 하나·모래알 하나·티끌

하나에 이르더라도, 이와 같은 이익을 모두 다 자신이 얻게 됩니다."

이렇게 말씀을 드릴 때, 법회에 대변(大辯)이라고 이름 하는 한 장자가 있었으니, 이 장자는 오래 전에 남이 없는 법(無生法)을 증득하고, 시방세계의 중생을 교화하여 제도하면서 지금은 장자의 몸을 나타내고 있었다. 장자가 합장하고 공경하며 지장보살에게 말씀드렸다.

"대사시여! 이 남염부제의 중생이 목숨을 마친 뒤에, 크고 작은 권속들이(大小家: 한 집안의 큰집과 작은집 등) 공덕을 닦아 주거나, 재(齋)를 베풀어 여러 가지 선한 일을 하게 되면, 목숨을 마친 사람이 큰 이익을 얻고 해탈하게 됩니까?"

지장보살이 대답하여 말씀하셨다.

"장자시여! 제가 지금 미래와 현재의 일체 중생을 위하여 부처님의 위신력을 받들어 간략히 이 일을 설명하겠습니다.

장자시여! 미래와 현재의 모든 중생들이 목숨을 마치는 날에, 한 부처님의 명호나 한 보살님의 명호나 한 벽지불의 명호를 들으면, 죄가 있고 없고를 물을 것 없이 모두 해탈을 얻게 됩니다.

만일 어떤 남자나 여인이 살아있을 때, 선행을 닦지 않고 여러 가지 죄를 많이 지었더라도, 목숨을 마친 뒤에 크고 작은 권속들이 온갖 성스러운 일로 복과 이익을 지어주면, 칠분 중에 일의 공덕을 얻게 됩니다. 육분의 공덕은 산 사람 자신의 이익이 되니, 이러한 까닭에 미래와 현재의 선남녀들이 잘 듣고서 스스로 닦으면 칠분의 공덕 전부를 얻을 수 있습니다.

무상한 죽음의 큰 귀신(無常大鬼)이 뜻밖에 닥치면, 어둠 속을 헤매는 혼신은 죄와 복을 아직 알지 못하여, 칠칠일 동안 바보 같고 귀머거리 같고, 혹은 재판을 받는 곳에 있다가 업과(業果)를 밝혀서 헤아리고 심사하여 결정한 뒤에야 업에 따라 나게 되지만, 헤아리지 못하는 그 사이에도 근심과 고통이 천만 가지니, 하물며 여러 악도에 떨어진다면 어떠하겠습니까?

이 목숨을 마친 사람이 아직 나게 됨을 받지 못하고 있는 칠칠일 동안에, 생각생각마다 모든 골육과 권속들이 함께 복력을 지어 구원해 주기를 바라다가, 이 날이 지난 후에는 업에 따라 과보를 받게 되니, 만일 그가 죄인이면 천백세가 지나도 해탈할 날이 없을 것이며, 만일 오무간의 죄로 대지옥에 떨어지면 천겁만겁을 영원히 수많은 고통을 받을 것입니다.

또 장자시여! 이러한 죄업중생이 목숨을 마친 뒤, 권속과 골육이 재를 베풀고 지어서 업의 길(業道)을 도와줄 때는, 재공양(齋食)이 아직 끝나지 않았거나 재를 마련할 때에, 쌀뜨물이나 나물 잎을 땅에 버리지 말 것이며, 모든 음식을 부처님과 승보에 올리지 않았으면 먼저 먹지 말아야 합니다. 만일 이를 어기고 먹거나 정성을 다하여 부지런히(精勤) 하지 않으면, 목숨을 마친 사람이 힘을 조금도 얻지 못할 것이지만, 만일 정성을 다하여 부지런히 지키고 청정히 하여 부처님과 승보에 받들어 올리면, 목숨을 마친 사람은 칠분에 일의 공덕을 얻게 됩니다.

그러므로 장자시여! 염부제 중생이 만일 능히 그 부모나 권속을 위하여 목숨을 마친 뒤에 재를 베풀어 공양하되, 지극한 마음으로 부지런히 정성을 다하면, 이와 같은 사람은 산 사람도 죽은 사람도 모두 이익을 얻게 되는 것입니다.”

이 말씀을 하실 때에 도리천궁에 있던 천만억 나유타의 염부제 귀신들이 모두가 한량없는 보리심을 발하였고, 대변장자는 예배하고서 물러갔다.

제8. 염라왕중찬탄품(閻羅王衆讚歎品)

그때에 철위산 안의 한량없는 귀왕(鬼王)들이 염라천자(閻羅天子)와 함께 도리천에 도착하여 부처님께서 계신 곳에 이르렀다.

이른바 악독귀왕(惡毒鬼王)·다악귀왕(多惡鬼王)·대쟁귀왕(大諍鬼王)·백호귀왕(白虎鬼王)·혈호귀왕(血虎鬼王)·적호귀왕(赤虎鬼王)·산앙귀왕(散殃鬼王)·비신귀왕(飛身鬼王)·전광귀왕(電光鬼王)·낭아귀왕(狼牙鬼王)·천안귀왕(千眼鬼王)·담수귀왕(噉獸鬼王)·부석귀왕(負石鬼王)·주모귀왕(主耗鬼王)·주화귀왕(主禍鬼王)·주식귀왕(主食鬼王)·주재귀왕(主財鬼王)·주축귀왕(主畜鬼王)·주금귀왕(主禽鬼王)·주수귀왕(主獸鬼王)·주매귀왕(主魅鬼王)·주산귀왕(主産鬼王)·주명귀왕(主命鬼王)·주질귀왕(主疾鬼王)·주험귀왕(主險鬼王)·삼목귀왕(三目鬼王)·사목귀왕(四目鬼王)·오목귀왕(五目鬼

王)·기리실왕(祁利失王)·대기리실왕(大祁利失王)·
기리차왕(祁利叉王)·대기리차왕(大祁利叉王)·아나
타왕(阿那吒王)·대아나타왕(大阿那吒王)이었다.

이와 같은 대귀왕들은 각각 백천의 여러 소귀왕들
과 함께 모두 염부제에서 살고 있으면서, 각자
맡은 일이 있고 각기 머무르는 곳이 있었는데, 이
모든 귀왕들이 염라천자와 함께 부처님의 위신력
과 지장보살마하살의 힘을 받들어 도리천에 와서
한쪽에 자리하고 있었다.

그때에 염라천자가 한쪽 무릎을 꿇어 합장하고 부
처님께 말씀드렸다.

"세존이시여! 저희들이 지금, 모든 귀왕들과 함께
부처님의 위신력과 지장보살마하살의 힘을 받들어
서 이 도리천의 큰 법회에 모이게 된 것은, 또한
저희들이 좋은 이익을 얻을 수 있기 때문입니다.
제가 지금 조그마한 의심스러운 일이 있어 감히
세존께 묻사오니, 오직 원하옵건대 세존께서는 자

비로써 말씀을 베풀어 주시옵소서."

부처님께서 염라천자에게 말씀하셨다.

"그대는 마음대로 물어보아라. 내가 그대를 위하여 말해주리라."

이때 염라천자가 부처님을 우러러 예배하고 지장보살을 돌아보면서 부처님께 말씀드렸다.

"세존이시여! 제가 살펴보니 지장보살은 육도 중에 계시면서 백천 가지 방편으로, 죄로 고통 받는 중생을 제도하며 피로함과 고달픔을 마다하지 않으십니다. 이 대보살에게는 이와 같은 불가사의한 신통한 일이 있사오나, 그러나 모든 중생들은 죄의 과보에서 벗어났다가도 오래지 않아 다시 악도에 떨어지고 있습니다.

세존이시여! 이 지장보살은 이미 이와 같은 불가사의한 신력을 지니고 계신데, 어찌하여 중생들은 바른 법에 의지하여 영원한 해탈을 얻지 못하옵니까? 오직 원하옵건대 세존이시여! 저희들을 위하여 설명하여 주시옵소서."

부처님께서 염라천자에게 말씀하셨다.

"남염부제의 중생은 성품이 억세고 거칠어서 길들이기 어렵고 꺾기 어려운데도, 이 대보살은 백천 겁을 하나하나 구제하여 이와 같은 중생들을 일찍이 해탈하도록 하였다.

이렇게 죄의 과보를 받고 있거나 큰 악도에 떨어진 자까지도, 보살이 방편력으로 근본의 업연(根本業緣)에서 빼내어 지난 세상의 일을 깨닫게 하지만, 이 염부제 중생 스스로 악한 습성을 무겁게 맺어서, 되돌아 나왔다가 되돌아 들어가고는 하므로, 이 보살을 수고롭게 하여 오랜 겁을 지나면서 제도하여 해탈하게 만든다.

비유하면, 만일 어떤 사람이 길을 잃고 헤매다가 본래의 집을 벗어나서 잘못하여 험한 길로 들어갔는데, 그 험한 길에는 수많은 야차와 호랑이 · 이리 · 사자 · 살무사 · 전갈 등이 있었다.

이와 같이 길을 잃은 사람이 험한 길에서 잠깐 사이에 여러 가지 해침을 당하게 되었는데, 한 선지식이 있어서 큰 술법을 많이 알아 이런 해침과 야차와 여러 가지 악독한 것들까지도 잘 억누르다가, 문득 길을 잃고 헤매는 사람을 만나게 되었다. 그 사람이 험한 길로 가려고 하므로 곧 소리쳐 말하였다.

'딱하구나. 남자여! 어쩌자고 이런 길로 들어왔는가? 어떤 기이한 술법이라도 있어서 능히 모든 해침을 억누를 수 있다는 말인가?'

길을 잃은 사람은 문득 그 말을 듣고 비로소 험한 길임을 알고 곧바로 물러나서 그곳을 벗어나려고 하였다. 이에 선지식이 손을 잡고 도와서 험한 길에서 이끌어 빼내어 모든 악독한 것을 면하게 하고, 좋은 길에 이르러 안락함을 얻게 하고는 그에게 말하였다.

'딱하구나. 길을 잃은 이여! 지금 이후로는 이 길은

가지 말아라. 이 길로 들어가면 마침내는 빠져나오기가 어렵고 더하여 목숨까지도 잃게 된다.' 하니, 길 잃은 사람은 또한 깊은 감동이 생겨났다.

헤어질 때에 선지식은 또 말하기를,

'만일 친한 이거나 다른 모든 사람들이 길을 가는 것을 보면, 혹은 남자이든지 혹은 여자이든지 이 길에는 악독한 것들이 많아서 목숨을 잃게 된다고 말해 주어, 이러한 무리들이 스스로 죽음을 당하는 일이 없도록 하라.' 하였다.

그러므로 지장보살은 대자비를 갖추고서 죄로 고통받는 중생을 구제하여 천상이나 인간으로 나게 하고, 묘한 즐거움을 받게 하며, 죄로 고통 받는 모든 중생이 업도(業道)의 괴로움을 알아서, 집착을 끊고 벗어나 영원히 다시는 지나지 않도록 한다.

이것은 마치 길을 잃은 사람이 잘못하여 험한 길로 들어갔을 때, 선지식을 만나 이끌려 나오게 되어 영원히 다시 들어가지 않는 것과 같고, 다른 사람을 만나서 다시 권하여 들어가지 말도록 하면, 그 말로 인해 스스로 미혹에서 벗어나 마침내 해탈을 얻게 되고, 다시는 들어가지 않는 것과 같다.

만일 다시 밟아 걸어들어 간다면 여전히 잘못된 길을 헤매면서, 예전에 일찍이 빠졌던 험한 길임을 깨닫지 못하고 혹은 목숨을 잃기도 하는 것이니, 이는 마치 악도에 떨어진 중생을 지장보살이 방편의 힘으로 해탈케 하여 인간이나 천상에 나게 하지만, 되돌아 또 다시 들어가는 것과 같아서, 만일 업이 거듭해서 맺어지면 영원히 지옥에 있으면서 해탈할 때가 없게 된다.”

그때에 악독귀왕이 합장하고 공경하며 부처님께 말씀드렸다.

“세존이시여! 저희들 모든 귀왕은 그 수가 한량이 없이 염부제에 있으면서, 혹은 사람에게 이익이 되고, 혹은 사람에게 손해를 주기도 하는 것이 각각 같지가 않으니, 이것은 업의 과보로 그러한 것입니다.

저희 권속들이 여러 세계로 가서 돌아다녀보니 악한 것은 많고 선한 것은 적었습니다.

그렇기에 사람의 가정이나 또는 도시나 마을이나 장원(莊園)이나 집을 지나다가, 어떤 남자나 여인이 털끝만큼이라도 선한 일을 행하거나, 깃발 하나·일산 하나·작은 향·작은 꽃으로 부처님과 보살님의 상(像)에 공양을 올리거나, 또는 존귀한 경전을 소리 내어 읽으면서 향을 사르어 한 구절 한 게송이라도 공양하면, 저희들 귀왕은 이 사람을 공경하기를 과거현재미래의 모든 부처님과 같게 합니다.

또 각자 큰 힘을 지니거나 영토(領土)를 맡고 있는 모든 소귀왕에게 일러, 곧바로 보호하고 지키게 하며, 나쁜 일이나 뜻밖의 재난이나, 몹쓸 병이나 뜻하지 않은 병이나 마음에 들지 않는 일들이, 이 집 가까이에는 이르지 못하게 할 것이니,

하물며 어찌 그 문안으로 들어가게 하겠습니까?"

부처님께서 귀왕을 칭찬하셨다.

"훌륭하고 훌륭하다. 그대들이 염라천자와 함께 능히 이와 같이 선남자 선여인을 보호하고 지키니, 나 또한 범왕과 제석천에게 일러 그대들을 지키고 돕게 하리라."

이렇게 말씀하실 때, 법회에 있던 주명(主命)이라고 이름 하는 한 귀왕이 부처님께 말씀드렸다.

"세존이시여! 저는 본래의 업연으로 염부제 사람의 수명을 맡아서 날 때와 죽을 때를 제가 모두 알아서 관장하고 있습니다. 저의 본래 원은 매우 큰 이익이 되게 하려는 것이나, 중생들 자신은 저의 뜻을 이해하지 못하고, 나고 죽음에 이르러서 모두 편안함을 얻지 못합니다.

왜냐하면, 이 염부제에서 사람이 처음 태어날 때, 남녀를 불문하고, 혹은 태어나려고 할 때라면 오직 선한 일을 지어야 집안에 이익을 더하고 토지신을 한없이 기쁘게 하여, 아이와 어머니를 보호하고 지키게 하며 큰 안락을 얻고 권속도 이롭게 됩니다. 또한 이미 태어났다면 살생을 삼가서 하지 말아야 하는데, 여러 가지 날 것을 산모에게 가져다주고, 널리 권속을 모아 술을 마시고 고기를 먹으며 노래를 하고 음악을 연주하며 즐기면, 능히 아이와 어머니로 하여금 안락함을 얻지 못하게 하는 것입니다.

왜냐하면, 아이를 낳는 힘든 때에 무수히 많은 악귀와 도깨비 귀신들이 비린내 나는 피를 먹고자 하므로, 제가 일찍이 집안의 토지신으로 하여금 아이와 어머니를 보호하여 안락함과 이익을 얻게 합니다. 이와 같이 사람들이 안락함을 보게 되었으면 곧 응당히 복을 베풀어 여러 토지신에게 보답하여야 함에도, 도리어 살생을 하고 권속이 모여서 노니, 이런 까닭에 재앙을 불러서 스스로 받으며 아이와 어머니도 함께 해를 입게 되는 것입니다.

또 염부제에서 목숨을 마치는 사람이 있으면, 선악을 묻지 않고 제가 그 목숨을 마친 사람으로 하여금 악도에 떨어지지 않도록 하는데, 하물며 스스로 선근을 닦아서 저의 힘을 더하여 주는 사람이야 어떠하겠습니까?

이 염부제에서 선을 행한 사람도 목숨을 마칠 때에는, 또한 백천의 악도의 귀신들이 혹은 부모나 여러 권속으로 변하여서 목숨을 마친 이를 끌어서 악도에 빠지게 하는데, 하물며 본래부터 악을 지은 자들이야 어떠하겠습니까?

세존이시여! 이와 같이 염부제의 남자와 여인이 목숨을 마칠 때 신식(神識)이 흐리고 어두워져서 선악을 분별하지 못하며, 눈과 귀로는 또한 보고 들을 수가 없습니다. 이에 여러 권속들이 마땅히 큰 공양을 베풀고 존귀한 경전을 소리 내어 읽으며 부처님과 보살님의 명호를 생각하면, 이와 같은 좋은 인연으로 능히 죽은 이로 하여금 모든 악도에서 벗어나게 하고, 모든 마구니와 귀신을 모두 다 물러나 흩어지게 합니다.

세존이시여! 일체 중생이 목숨을 마칠 때에 한 부처님의 명호나 한 보살님의 명호를 듣거나, 또는 대승경전의 한 구절 한 게송이라도 얻어 듣는다면, 제가 이러한 사람들을 살펴서 오무간지옥에 떨어질 살생의 죄를 제외하고는, 소소한 악업으로 응당히 악도에 떨어질 자들은 찾아서 바로 해탈케 하겠습니다."

부처님께서 주명귀왕에게 말씀하셨다.

"그대가 큰 자비로 능히 이와 같은 커다란 원을 발하여 나고 죽는 가운데서 모든 중생을 보호하는구나. 만일 미래세 중에 남자나 여인이 나고 죽을 때, 그대가 이 원에서 물러나지 말고 모두를 해탈케 하여 영원히 안락함을 얻게 하라."

귀왕이 부처님께 말씀드렸다.

"원하옵건대 염려하지 마시옵소서. 제가 이 몸이

다할 때까지 생각생각마다 보호하고 지켜서, 염부제 중생이 날 때나 죽을 때나 모두 안락함을 얻도록 하겠습니다. 다만 원하옵건대 모든 중생이 나고 죽을 때에 저의 말을 믿고 받아들이면, 해탈하지 못함이 없고 큰 이익을 얻게 될 것입니다."

그때에 부처님께서 지장보살에게 말씀하셨다.

"이 대귀왕 주명은 이미 일찍이 백천생을 지나오면서 대귀왕이 되어, 나고 죽는 가운데서 중생을 보호하며 지키고 있었다. 이는 대사(大士)의 자비원력으로 대귀왕의 몸을 나타낸 것이지 실은 귀신이 아니다.

이후에 일백칠십겁을 지나 마땅히 성불할 것이니 명호는 무상여래(無相如來)이고, 겁의 이름은 안락(安樂)이며, 세계의 이름은 정주(淨住)이니, 그 부처님의 수명은 헤아릴 수 없는 겁이 될 것이다.

지장이여! 이 대귀왕의 그 일은 이와 같이 불가사의하여서, 제도하는 천상과 인간은 또한 가히 한량이 없다."

제9. 칭불명호품(稱佛名號品)

그때에 지장보살마하살이 부처님께 말씀드렸다.
"세존이시여, 제가 지금 미래의 중생을 위해 이익
이 되는 일을 말하여, 나고 죽는 가운데서 큰 이익
을 얻게 하고자 합니다. 오직 원하옵건대 세존께서
는 제가 말하도록 허락하여 주시옵소서."
부처님께서 지장보살에게 말씀하셨다.
"그대가 지금 자비심을 일으켜서 죄로 고통 받는
일체의 육도중생을 구제하고자 부사의(不思議)한 일
을 말하려 하는구나. 지금이 바로 그때이니 다만
마땅히 속히 말하여라. 나는 곧 열반할 것이니, 그
대로 하여금 일찍이 이 원을 마치게 하면 나도 또
한 현재와 미래의 일체 중생에게 근심이 없게 되리
라."

지장보살이 부처님께 말씀드렸다.

"세존이시여! 과거 한량없는 아승지겁에 부처님이 세상에 나타나셨으니, 명호를 무변신여래(無邊身如來)라고 하셨습니다.

만일 어떤 남자나 여인이 이 부처님의 이름을 듣고 잠깐이라도 공경심을 내게 되면, 사십겁을 나고 죽는 무거운 죄를 뛰어넘게 됩니다.

하물며 형상을 흙으로 빚거나 그려서 공양하고 찬탄을 하면 어떠하겠습니까? 그 사람이 얻는 복은 한량이 없고 끝이 없게 됩니다.

또 과거 항하사겁에 부처님이 세상에 나타나셨으니, 명호를 보성여래(寶性如來)라고 하셨습니다. 만일 어떤 남자나 여인이 이 부처님의 이름을 듣고 손가락 한 번 튕기는 사이라도 발심하여 귀의하면, 이 사람은 위없는 진리의 길(無上道)에서 영원히 물러나지 않게 됩니다.

또 과거에 부처님이 세상에 나타나셨으니, 명호를

파두마승여래(波頭摩勝如來)라고 하셨습니다. 만일 어떤 남자나 여인이 이 부처님의 이름을 듣고서 귓가에 지나가기만 하여도, 이 사람은 마땅히 천 번을 욕계의 여섯 하늘(六欲天) 가운데 나게 되는데, 하물며 지극한 마음으로 부르고 생각하면 어떠하겠습니까?

또 과거 말로는 할래야 할 수가 없는 아승지겁에 부처님이 세상에 나타나셨으니, 명호를 사자후여래(師子吼如來)라고 하셨습니다.

만일 어떤 남자나 여인이 이 부처님의 이름을 듣고 한 순간이라도 귀의하면, 이 사람은 한량없는 모든 부처님을 만나서 마정수기(摩頂受記)를 받게 됩니다.

또 과거에 부처님이 세상에 나타나셨으니, 명호를 구류손불(拘留孫佛)이라고 하셨습니다.

만일 어떤 남자나 여인이 이 부처님의 이름을 듣고 지극한 마음으로 우러러 예배하고 또다시 찬탄하면, 이 사람은 현겁(賢劫) 천불(千佛)의 법회 중에서 대범왕이 되어 최상의 수기를 받게 됩니다.

또 과거에 부처님이 세상에 나타나셨으니, 명호를 비바시(毘婆尸)라고 하셨습니다.

만일 어떤 남자나 여인이 이 부처님의 이름을 들으면, 영원히 악도에 떨어지지 않고 항상 인간이나 천상에 나서 뛰어나고 묘한 즐거움을 받게 됩니다.

또 과거 한량없고 헤아릴 수 없는 항하사겁에 부처님이 세상에 나타나셨으니, 명호를 보승여래(寶勝如來)라고 하셨습니다. 만일 어떤 남자나 여인이 이 부처님의 이름을 들으면, 마침내 악도에 떨어지지 않고 항상 천상에 있으면서 뛰어나고 묘한 즐거움을 받게 됩니다.

또 과거에 부처님이 세상에 나타나셨으니, 명호를 보상여래(寶相如來)라고 하셨습니다.

만일 어떤 남자나 여인이 이 부처님의 명호를 듣고 공경심을 낸다면, 이 사람은 오래지 않아서 아라한의 과(果)를 얻게 됩니다.

또 과거 한량없는 아승지겁에 부처님이 세상에 나타나셨으니, 명호를 가사당여래(袈裟幢如來)라고 하셨습니다. 만일 어떤 남자나 여인이 이 부처님의 이름을 들으면, 일백대겁(大劫)을 나고 죽는 죄를 뛰어넘게 됩니다.

또 과거에 부처님이 세상에 나타나셨으니, 명호를 대통산왕여래(大通山王如來)라고 하셨습니다. 만일 어떤 남자나 여인이 이 부처님의 이름을 들으면, 이 사람은 항하의 모래만큼 많은 부처님을 만나서 널리 설법을 듣고 반드시 깨달음을 이루게 됩니다.

또 과거에 정월불(淨月佛)·산왕불(山王佛)·지승불(智勝佛)·정명왕불(淨名王佛)·지성취불(智成就佛)·무상불(無上佛)·묘성불(妙聲佛)·만월불(滿月佛)·월면불(月面佛) 등 말로는 할 수가 없는 부처님이 계셨습니다.

세존이시여! 현재와 미래의 일체 중생이 만일 천인

이나 또는 인간이나 혹은 남자 또는 여자 할 것 없이, 단지 한 부처님의 명호를 생각하여도 공덕이 한량이 없는데, 하물며 많은 부처님의 명호를 생각하면 어떠하겠습니까? 이 중생들은 날 때나 죽을 때나 스스로 큰 이익을 얻어 마침내는 악도에 떨어지지 않습니다.

만일 어떤 목숨을 마치는 사람이 있어, 그 집안의 권속이나 또는 한 사람이라도 이 병자를 위해 높은 소리로 한 부처님의 명호만 불러도, 이 목숨을 마치는 사람이 오무간의 큰 죄를 제외하고는 남은 업보들이 모두 소멸됩니다.

이 오무간의 큰 죄가 비록 지극히 무거워서 억겁이 지나도 전혀 나올 수가 없는 것이지만, 목숨을 마칠 때 도움을 입어, 다른 사람이 그를 위해 부처님의 명호를 부르고 생각하면, 이 죄들이 또한 점차로 소멸됩니다. 하물며 그 중생 스스로가 부르고 생각하면 어떠하겠습니까? 한량없는 복을 얻고 한량없는 죄가 소멸됩니다."

제10. 교량보시공덕연품(校量布施功德緣品)

그때에 지장보살마하살이 부처님의 위신력을 받들어 자리에서 일어나 한쪽 무릎을 꿇어 합장하고 부처님께 말씀드렸다.

"세존이시여! 제가 업도(業道)의 중생을 살펴보고 보시의 공덕을 비교하여 헤아려 보니, 혹은 가볍고 혹은 무거워서, 혹은 한생을 복을 받고, 혹은 십생을 복을 받으며, 혹은 백생 천생에 큰 복과 이익을 받는 이도 있으니, 이 일은 어찌된 것입니까? 오직 원하옵건대 세존이시여! 저를 위해 말씀하여 주시옵소서."

그때에 부처님께서 지장보살에게 말씀하셨다.

"내가 지금 도리천궁에 모인 일체 대중에게 염부제에서 보시한 공덕의 가볍고 무거움을 비교하여 헤아려서 말하리니, 그대는 마땅히 자세히 들어라. 내가 그대를 위하여 말하리라."

지장보살이 부처님께 말씀드렸다.

"저는 그 일이 궁금하오니 원하옵건대 즐거이 듣고자 하옵니다."

부처님께서 지장보살에게 말씀하셨다.

"남염부제에 있는 모든 국왕이나 재상·대신·대장자·대찰제리·대바라문 등이, 만일 가장 빈궁한 이나, 곱사등이·사지불구(四肢不具)·벙어리·귀머거리·미치광이·맹인 등 이와 같은 가지가지의 장애인을 만나, 이 큰 국왕 등이 보시를 하고자 할 때, 만일 능히 큰 자비를 갖추고 겸손하게 웃음을 머금으며 손수 널리 보시 하거나, 혹은 사람을 시켜 보시하되 부드러운 말로 위로하고 기쁘게 하면, 이 국왕 등이 얻는 복과 이익은 백 항하의 모래만큼 많은 부처님에게 보시한 공덕의 이익과 같다. 왜냐하면 이 국왕 등이 가장 빈천한 이들과 장애인에게 큰 자비심을 낸 연유이니, 그러므로 복과 이익은 이 같은 보답이 있어서 백천 생 가운데 항상 칠보를 빠짐없이 두루 갖추게 되는데, 하물며 의복과 음식을 받아씀이야 어떠하겠느냐.

또 지장이여! 만일 미래세의 모든 국왕이나 바라문 등이 부처님의 탑사(塔寺)나 혹은 부처님의 형상이나 보살·성문·벽지불의 상(像)을 만나서 직접 스스로 마련하여 힘써서 공양하고 보시하면, 이 국왕 등은 마땅히 삼겁을 제석(帝釋)의 몸이 되어 뛰어나고 묘한 즐거움을 받을 것이며, 만일 능히 이 보시한 복과 이익을 법계에 회향하면, 이 큰 국왕 등은 십겁 동안 항상 대범천왕이 된다.

또 지장이여! 만일 미래세의 모든 국왕이나 바라문 등이 옛 부처님의 탑묘(塔廟)나 혹은 경전과 상(像)이 훼손되고 무너지며 낡고 허물어진 것을 만나서 능히 마음을 내어 보수를 하되, 이 국왕 등이 혹은 스스로 마련하고 힘써하거나, 혹은 다른 이에게 권하거나 백 천의 사람 등에게 보시의 인연을 맺어주면, 이 국왕 등은 백천 생 가운데 항상 전륜왕의 몸이 되고, 이와 같이 보시한 다른 사람도 백천 생 동안 항상 작은 나라 왕의 몸이 된다. 더하여 능히 탑묘 앞에서 회향의 마음을 내면, 이와 같은 국왕과 모든 사람들은 끝내 불도를 이루리니, 이러한 과보는 한량이 없고 끝이 없다.

또 지장이여! 만일 미래세 중에 모든 국왕이나 바라문 등이 늙고 병든 이나 아이를 낳는 부녀(婦女)를 보고, 만일 한 순간이라도 큰 자비심을 가지고 의약과 음식과 침구를 보시하여 안락하도록 하면, 이러한 복과 이익은 아주 부사의(不思議)하여 일백 겁 동안은 항상 정거천(淨居天)의 왕이 되고, 이백 겁 동안은 항상 육욕천(六欲天)의 왕이 되어서 마침내는 불도를 이루리니, 영원히 악도에 떨어지지 않으며 백천 생 가운데 귀에 괴로운 소리가 들리지 않는다.

또 지장이여! 만일 미래세 중에 모든 국왕이나 바라문 등이 능히 이와 같은 보시를 지으면 한량없는 복을 얻고, 다시 능히 회향하면 보시의 많고 적음을 가리지 않고 마침내 불도를 이루게 되니, 하물며 제석천이나 범천이나 전륜왕의 과보를 받음이겠느냐.

그러므로 지장이여! 널리 중생들에게 권하여 마땅히 이와 같이 배우게 하라.

또 지장이여! 미래세 중에 만일 어떤 선남자 선여인이 불법 가운데서 작은 선근을 심기를, 머리카락이나 모래알이나 티끌만큼이어도 받는 복과 이익은 가히 비유할 수가 없다.

또 지장이여! 미래세 중에 만일 어떤 선남자 선여인이 부처님의 형상이나 보살의 형상이나 벽지불의 형상이나 전륜왕의 형상을 만나서 보시하고 공양하면, 한량없는 복을 얻고 항상 인간이나 천상에 나서 뛰어나고 묘한 즐거움을 받게 되며, 만일 능히 법계에 회향하면 이 사람의 복과 이익은 가히 비유할 수가 없다.

또 지장이여! 미래세 중에 만일 어떤 선남자 선여인이 대승경전을 만나서, 혹은 한 게송이나 한 구절이라도 듣고 크게 소중한 마음(殷重心)을 내어 찬탄하고 공경하며 보시하고 공양하면, 이 사람이 얻는 훌륭한 과보는 한량이 없고 끝이 없으며, 만일 능히 법계에 회향하면 그 복은 가히 비유할 수가 없다.

또 지장이여, 만일 미래세 중에 어떤 선남자 선여인이 부처님의 탑사나 대승경전을 만나, 새것이면 보시하고 공양하며 우러러 예배하고 찬탄하며 공경하여 합장하고, 만일 오래 된 것이나 혹은 훼손되고 무너진 것을 만나면 보수하고 관리하되, 혹은 혼자서 마음을 내거나, 혹은 많은 사람에게 권하여 함께 마음을 내어 하면, 이와 같은 이들은 삼십 생 동안 항상 여러 작은 나라의 왕이 되고, 보시의 인연을 맺어준 이는(檀越: 施主) 항상 전륜왕이 되어서 다시 좋은 법으로 여러 작은 나라의 왕을 교화한다.

또 지장이여! 미래세 중에 만일 어떤 선남자 선여인이 불법 가운데서 선근을 심기를, 혹은 보시하고 공양하며, 혹은 탑과 절을 보수하고, 혹은 경전을 엮고 수선하거나, 터럭 하나·티끌 하나·모래알 하나·물방울 하나 만큼이라도 이와 같은 선한 일을 하되, 오직 능히 법계에 회향하면, 이 사람의 공덕은 백천 생 동안 최상의 묘한 즐거움을 받게 된다.

만일 다만 자기 집안의 권속이나 혹은 자신의 이익으로만 회향하면, 이와 같은 과보일지라도 삼생의 즐거움만을 받으니, 하나를 버리면 만의 보답을 얻는 것이다.

그러므로 지장이여! 보시의 인연이라는 것이 이와 같다.”

제11. 지신호법품(地神護法品)

그때에 견뢰지신(堅牢地神)이 부처님께 말씀드렸다.

"세존이시여! 제가 옛적으로부터 우러러 뵙고 공경하며 예배드린 한량없는 보살마하살이, 모두가 크고 불가사의한 신통과 지혜로 널리 중생을 제도하시지만, 이 지장보살마하살은 모든 보살보다 서원이 더욱 깊고 무겁습니다.

세존이시여! 이 지장보살은 염부제에 큰 인연이 있으니, 문수·보현·관음·미륵보살 또한 백천으로 몸을 나투어 육도를 제도하시나 그 서원조차 마침이 있사온데, 이 지장보살은 육도의 일체 중생을 교화하시며 서원을 일으킨 겁의 수가 천백억 항하의 모래만큼과 같습니다.

세존이시여! 제가 살펴보니 미래와 현재의 중생이 살고 있는 곳에서 남쪽의 청결한 땅에, 흙과 돌과 대(竹)와 나무로 부처님을 모시는 곳을 만들고, 이

안에 능히 흙으로 빚고 그리거나 금·은·동·철로 지장보살의 형상을 만들어 모시고서, 향을 사르어 공양하고 우러러 예배하며 찬탄하면, 이 사람은 사는 곳에서 곧 열 가지의 이익을 얻게 됩니다.

무엇이 열 가지인가?

첫째, 토지에 풍년이 들고,

둘째, 집안이 언제나 편안하며,

셋째, 먼저 간 이들이 천상에 나고,

넷째, 살아있는 이들은 수명이 늘며,

다섯째, 구하는 바가 뜻대로 이뤄지고,

여섯째, 물과 불의 재앙이 없으며,

일곱째, 쇠약하게 하는(虛耗) 것을 막아 없애고,

여덟째, 나쁜 꿈이 없으며,

아홉째, 나가고 들어옴에 신장(神將)이 보호하고,

열째, 성스러운 인연을 많이 만나게 됩니다.

세존이시여! 미래세 중에나 현재의 중생이 만일 살고 있는 곳에서 능히 이와 같은 공양을 하면, 이와 같은 이익을 얻게 됩니다."

견뢰지신이 다시 부처님께 말씀드렸다.

"세존이시여! 미래세 중에 어떤 선남자 선여인이 살고 있는 곳에서 이 경전이나 보살의 상(像)을 보고, 이 사람이 다시 능히 소리 내어 경전을 읽고 보살님께 공양하면, 저는 항상 밤낮으로 본신력(本神力)으로써 이 사람을 보호하고 지켜서, 물과 불과 도적과 크고 작은 횡액과 일체의 나쁜 일들이 모두 다 사라져서 없게 하겠습니다."

부처님께서 견뢰지신에게 말씀하셨다.

"그대의 큰 신력에는 모든 신들이 미치지 못한다. 왜냐하면 염부제의 토지가 모두 그대의 보호를 받고 있으며, 풀과 나무와 모래와 돌과 벼와 삼(麻)과 대(竹)와 갈대와 곡식과 쌀과 보배에 이르기까지 땅을 따라서 있는 것이니, 모두가 그대의 힘으로 인함인데, 다시 항상 지장보살의 이익한 일을 칭송하고 찬탄하니, 그대의 공덕과 신통이 보통의 지신들

보다도 백천 배나 더한 것이다.

만일 미래세 중에 어떤 선남자 선여인이 지장보살에게 공양하고 소리 내어 이 경을 읽으면서, 오직 지장본원경에 의지하여 한 가지 일이라도 갖추어 행하는 자가 있다면, 그대가 본신력으로 보호하고 지켜서, 일체의 재해가 없으며 뜻과 같지 않은 일들이 언제나 귀에 들리지도 않게 할 것인데, 하물며 어찌 해를 받게 함이 있겠느냐.

단지 그대 혼자만이 이 사람을 보호하고 지키는 것이 아니라, 또한 제석천과 범천의 권속과 모든 하늘의 권속들이 이 사람을 보호하고 지킬 것이다. 무슨 까닭으로 이러한 성현들의 보호와 지킴을 얻는가 하면, 모두 지장보살의 형상에 우러러 예배하고 소리 내어 이 본원경을 읽은 연유이니, 마침내는 저절로 고해에서 벗어나 열반의 즐거움을 증득하여 얻으므로 이러한 까닭에 많은 보호와 지킴을 받는 것이다."

제12. 견문이익품(見聞利益品)

그때에 부처님께서 정수리 위로부터 백천만억의 큰 호상(毫相: 두 눈썹 사이에 있는 둥근 흰터럭)의 광명을 놓으셨으니, 그 광명은 이른바,

백호상광(白毫相光)·대백호상광(大白毫相光)·서호상광(瑞毫相光)·대서호상광(大瑞毫相光)·옥호상광(玉毫相光)·대옥호상광(大玉毫相光)·자호상광(紫毫相光)·대자호상광(大紫毫相光)·청호상광(靑毫相光)·대청호상광(大靑毫相光)·벽호상광(碧毫相光)·대벽호상광(大碧毫相光)·홍호상광(紅毫相光)·대홍호상광(大紅毫相光)·녹호상광(綠毫相光)·대녹호상광(大綠毫相光)·금호상광(金毫相光)·대금호상광(大金毫相光)·경운호상광(慶雲毫相光)·대경운호상광(大慶雲毫相光)·천륜호광(千輪毫光)·대천륜호광(大千輪毫光)·보륜호광(寶輪毫光)·대보륜호광(大寶輪毫光)·일륜호광(日輪毫光)·대일륜호광(大日輪毫光)·월륜호광

(月輪毫光)·**대월륜호광**(大月輪毫光)·**궁전호광**(宮殿毫光)·**대궁전호광**(大宮殿毫光)·**해운호광**(海雲毫光)·**대해운호광**(大海雲毫光)이었다.

정수리 위로 이와 같은 호상의 광명을 놓으시고 나서, 미묘한 음성을 내시어 모든 대중과 천룡팔부와 인비인 등에게 말씀하셨다.

"들어라! 내가 오늘 도리천궁에서 지장보살이 인간과 천상을 이익되게 하는 부사의(不思議)한 일들과, 뛰어난 성스러운 인연의 일과, 십지(十地)를 증득하고 마침내 아뇩다라삼먁삼보리에서 물러나지 않는 일을 칭찬하고 찬탄하리라."

이렇게 말씀하실 때, 법회에 있던 관세음(觀世音)이라고 이름 하는 한 보살마하살이 자리에서 일어나 한쪽 무릎을 꿇어 합장하고 부처님께 말씀드렸다.

"세존이시여! 이 지장보살마하살은 큰 자비를 갖추고서 죄로 고통 받는 중생들을 불쌍하고 가엾게 여기어, 천만억 세계에서 천만억의 몸을 나타내고 있습니다.

그 지닌 공덕과 부사의(不思議)한 위신력을 제가 들었사오니, 세존께서는 시방의 한량없는 여러 부처님과 더불어 한 말씀으로 지장보살을 찬탄하시기를, 진실로 과거현재미래의 모든 부처님께서 그 공덕을 말씀하셔도 가히 능히 다하지 못한다고 하셨습니다.

지난번에 또한 세존께서 널리 대중들에게 알려서, 지장보살의 이익 등의 일을 높이 칭찬하고자하심을 보았습니다.

오직 원하옵건대 세존이시여! 현재와 미래의 일체중생을 위하여 지장보살의 부사의(不思議)한 일을 칭찬하셔서, 천룡팔부로 하여금 우러러 예배하고 복을 얻게 하여 주시옵소서."

부처님께서 관세음보살에게 말씀하셨다.

"그대는 사바세계에 큰 인연이 있어서 만일 천인과 용이나, 남자와 여자나, 신과 귀신이거나, 육도의 죄로 고통 받는 중생들이, 그대의 이름을 듣거나 그대의 형상을 보거나 그대를 간절히 생각하거나 그대를 찬탄하면, 이러한 모든 중생들을 위없이 높은 진리의 길에서 반드시 물러나지 않게 하고, 항상 인간이나 천상에 나서 모두 묘한 즐거움을 받게 하며, 장차 인과(因果)를 성숙하게 하여 부처님의 수기를 얻게 한다.

그대가 이제 큰 자비를 갖추고 중생들과 천룡팔부를 불쌍하고 가엾게 여기어, 내가 지장보살의 부사의(不思議)한 이익의 일을 널리 말하는 것을 듣고자 하니, 그대는 마땅히 자세히 들어라. 내가 지금 그것을 말하리라."

관세음보살이 말씀드렸다.

"그러하겠습니다. 세존이시여! 원하옵건대 즐거이 듣고자 하옵니다."

부처님께서 관세음보살에게 말씀하셨다.

"미래와 현재의 모든 세계 중에 어떤 천인이 천상

에서 받은 복이 다하여 다섯 가지 쇠퇴하는 모습(五衰相)이 나타나서 혹여 악도에 떨어지는 자가 있다면, 이와 같은 천인들이 만일 남자이거나 여자이거나, 그런 모습이 나타날 때 혹은 지장보살의 형상을 보거나, 혹은 지장보살의 명호를 듣고 한 번 우러르고 한 번 예배하여도, 이 모든 천인이 천상의 복이 더욱더 늘어나서 큰 즐거움을 받으며, 영원히 삼악도의 과보에 떨어지지 않는다. 하물며 지장보살의 형상을 보거나 명호를 듣고, 여러 가지 향과 꽃과 의복과 음식과 보배와 영락으로써 보시하고 공양하면 어떠하겠느냐. 얻게 되는 공덕과 복과 이익은 한량이 없고 끝이 없다.

또 관세음이여! 만일 미래와 현재의 모든 세계 중에서 육도중생이 목숨을 마칠 때, 지장보살의 명호를 듣고서 한 소리라도 귓가에 지나가면, 이 모든 중생은 영원히 삼악도의 고통을 겪지 않게 된다. 하물며 부모나 권속들이 목숨을 마칠 때에 목숨을 마치는 사람의 집과 재물과 보배와 의복 등을 써서, 지장보살의 형상을 흙으로 빚고 그리거나, 혹은 병든 사람이 목숨을 마치기 전에 눈과 귀로 보고 듣고자 하여, 이치를 아는 권속에게 집과 보배 등을 써서, 그 자신을 위해 지장보살의 형상을 흙으로 빚거나 그리게 하면 어떠하겠느냐.

이 사람은 만일 이 업보로 무거운 병을 받음이 당연하다고 할지라도, 이러한 공덕을 입어서 얼마 되지 않아 곧 병이 낫게 되고 수명이 더 늘어난다.

이 사람이 만일 이 업보로 목숨이 다하여 응당히 일체의 죄와 업의 장애로 악도에 떨어짐이 당연하다고 할지라도, 이러한 공덕을 입어서 목숨을 마친 뒤에 곧 인간이나 천상에 나서, 뛰어나고 묘한 즐거움을 받으며 일체의 죄와 업장이 모두 사라져 없어진다.

또한 관세음보살이여, 만일 미래세에 어떤 남자나 여인이 혹은 젖을 먹을 때나, 혹은 세 살·다섯 살

· 열 살 이전에 부모를 잃거나 형제자매를 잃고서, 이 사람이 해가 지나 장성하여 부모와 여러 권속을 생각하고 그리워하며, '어떤 악도에 떨어졌을까? 어느 세계에 났을까? 어느 하늘에 났을까?' 하지만 알 수가 없다면, 이 사람이 만일 능히 지장보살의 형상을 흙으로 빚고 그리거나, 그 명호를 듣고 한 번 우러러 보고 한 번 예배하기를 하루에서 칠일에 이르도록, 처음에 낸 마음에서 물러나지 않고 명호를 듣고 형상을 보며 우러러 예배하고 공양하면, 이 사람의 권속들이 만일 업으로 인하여 악도에 떨어져 마땅히 여러 겁을 지내야 할지라도, 그 남녀 형제자매가 지장보살의 형상을 흙으로 빚고 그려서 우러러 예배한 공덕을 입어, 얼마 안되어 곧 해탈을 얻고 인간이나 천상에 나서, 뛰어나고 묘한 즐거움을 받게 된다. 이 사람의 권속이 만일 복의 힘이 있어서, 이미 인간이나 천상에 나서 뛰어나고 묘한 즐거움을 받는 자라면, 곧바로 이 공덕을 입

어 성스러운 인연이 더욱더 늘어나 한량없는 즐거움을 받게 된다.

이 사람이 다시 능히 이십일일(三七日) 동안, 지극한 마음으로 지장보살의 형상에 우러러 예배하고 그 명호를 생각하기를 만 번을 채우면, 마땅히 지장보살이 가없는 몸(無邊身)을 나타내어 이 사람의 권속이 난 세계를 모두 알려주거나, 혹은 꿈속에 보살이 나타나 큰 신력으로 친히 이 사람을 여러 세계로 인도하여 모든 권속들을 보여줄 것이다.

또 능히 날마다 지장보살의 명호를 천 번을 생각하여 천 일에 이르게 되면, 이 사람은 마땅히 보살이 그가 있는 곳의 토지신으로 하여금 목숨이 마칠 때까지 보호하게 하며, 현세에 입는 것과 먹는 것이 넉넉하게 넘치고, 모든 질병과 괴로움이 없어지며, 횡액이 그 문안에 들어오지 못하게 하는데, 하물며 어찌 몸에 미칠 수 있겠느냐. 이 사람은 마침내 보살의 마정수기를 얻게 된다.

또 관세음보살이여! 만일 미래세에 어떤 선남자 선
여인이 넓고 큰 자비심을 내어서 일체의 중생을 제
도하고자 하는 이나, 위없는 깨달음을 닦고자 하는
이나, 삼계를 벗어나고자 하는 이가 있으면, 이 모
든 사람들이, 지장보살의 형상을 보거나 명호를 듣
고 지극한 마음으로 귀의하여, 혹은 향과 꽃과 의
복과 보배와 음식으로 공양하고 우러러 예배하면,
이 선남자 선여인 등의 원하는 바가 속히 성취되고
영원히 장애가 없게 된다.

또 관세음이여! 만일 미래세에 어떤 선남자 선여인
이 현재와 미래에 백천만억 등의 소원과 백천만억
등의 일들을 구하여 얻고자 하면, 오직 마땅히 지
장보살의 형상에 귀의하고 우러러 예배하며 공양하
고 찬탄하면, 이와 같은 소원과 구하는 바가 모두
다 이루어질 것이며, 다시 지장보살의 큰 자비의
힘으로 영원히 자신을 보호하고 지켜주기를 원한다
면, 이 사람은 꿈속에서 곧 보살의 마정수기를 얻

을 것이다.

또 관세음보살이여! 만일 미래세의 선남자 선여인이 대승경전을 깊이 소중하게 여기고 부사의(不思議)한 마음을 내어서 읽고 외우고자 하여, 설령 밝은 스승을 만나 가르침을 받고 익히려 하여도, 금방 읽고도 금방 잊어 해가 가고 달이 가도 능히 읽고 외우지를 못하는 것은, 이 선남자 선여인 등의 오랜 업장이 아직 녹아 없어지지 않아서, 이런 까닭에 대승경전을 읽고 외울만한 성품이 없기 때문이다.

이와 같은 사람은 지장보살의 명호를 듣거나 지장보살의 상(像)을 보고 진심을 다해 공경스럽게 분명히 아뢰고서, 다시 향과 꽃과 의복과 음식과 일체의 진기한 물건으로 보살에게 공양하고, 그리고 깨끗한 물 한잔을 하루 낮 하루 밤이 지나도록 보살 앞에 두었다가, 그런 후에 합장하고 마신다고 청하고서, 머리를 돌려 남쪽으로 향하게 하고 입으로 마실 때에는 지극한 마음으로 정중하게 해야 한다. 물을 마시고 나서는 오신채(五辛菜)와 술과 고기와 삿된 음행과 거짓말과 모든 살생을, 칠일 또는 이십일일을 삼가하면, 이 선남자 선여인은 꿈속에서 지장보살이 이 사람이 사는 곳에 가없는 몸을 나타내어, 정수리에 물을 부어 주는 것을 자세히 보게 될 것이다. 그 사람이 꿈에서 깨어나면 곧 총명하고 예리함을 얻어서, 응당히 이 경전이 한 번 귓가에 지나가기만 하여도 곧 영원히 기억하며, 다시는 한 구절 한 게송도 잊지 않게 된다.

또 관세음보살이여! 만일 미래세에 어떤 사람들이 입는 것과 먹는 것이 부족하여 구할 때 뜻대로 되지 않고, 혹은 질병이 많거나, 혹은 흉하고 쇠(衰)함이 많아서 집안이 불안하고 권속이 흩어지며, 혹은 여러 가지 뜻밖에 재난이 많이 닥쳐와 몸을 어지럽게 하고, 잠자는 사이에 꿈으로 놀라고 두려워하는 일이 많으면, 이와 같은 사람들은 지장보살의 이름을 듣거나 지장보살의 형상을 보고 지극한 마음으로 공경하며 생각하기를 만 번을 채우게 되면, 이 모든 뜻과 같지 않은 일들이 점점 사라져 없어지고 곧 안락함을 얻게 되며, 입는 것과 먹는 것이 넉넉하게 넘치고, 꿈속에서도 모두 다 안락하게 된다.

또 관세음보살이여! 만일 미래세에 어떤 선남자 선여인이 혹은 생계를 유지하는 일 때문에, 혹은 공적이나 사적인 일 때문에, 혹은 나고 죽는 일 때문에, 혹은 급한 일 때문에, 산이나 숲속에 들어가거나, 강이나 바다와 같은 큰물을 건너거나, 혹은 험한 길을 지나간다면, 이 사람이 먼저 마땅히 지장보살의 명호를 만 번을 생각하면, 지나는 곳의 토지신이 보호하고 지켜서, 가고·머물고·앉고·눕는 것이 언제나 편안하고 안락하게 되며, 호랑이·이리·사자와, 일체의 해침을 끼치는 것을 만나더라도 해치지 못하게 된다."

부처님께서 관세음보살에게 말씀하셨다.

"이 지장보살은 염부제에 큰 인연이 있으니, 만일 모든 중생들이 보고 들어 얻는 이익에 대한 일을 말하려면, 백천겁 동안을 말한다 해도 능히 다 하지 못한다. 그러므로 관세음이여! 그대는 신력으로 이 경전을 널리 펴서 사바세계의 중생으로 하여금 백천만겁에 영원히 안락을 받게 하라."

그때에 부처님께서 게송으로 말씀하셨다.

내가이제 지장보살 위신력을 관하거니

항하사겁 설하여도 다말하기 어려워라

보고듣고 공경하며 한순간만 예배해도

인간천인 모든중생 한량없는 이익주네

남자거나 여자거나 용이거나 신이거나

좋은과보 다해지면 삼악도에 떨어지나

지심으로 지장보살 큰성인께 귀의하면

수명더욱 늘어나고 죄업장은 사라지리

어떤사람 어릴적에 부모사랑 여의고서
부모혼신 어느세계 있는지를 알수없고
형제자매 모든권속 뿔뿔이다 흩어져서
장성하여 그리워도 있는곳을 모를때에
지장보살 형상따라 빚고그려 모시고서
간절하게 우러르고 쉬지않고 예배하며
이십일일 보살명호 일념으로 부른다면
지장보살 신력으로 가없는몸 나투시어
그의권속 태어난곳 여러세계 보여주고
삼악도에 떨어져도 깊이살펴 건져주네
만일능히 처음마음 물러나지 아니하면
마침내는 성스러운 마정수기 받게되리

어떤사람 발심하여 무상보리 구하거나
삼계고통 벗어나서 해탈하기 원한다면
이사람이 마음다해 대비심을 일으키고
지장보살 형상앞에 지심으로 예배하면

구하는바 모든소원 신속하게 성취되고
가로막는 업장들이 영원토록 없으리라

어떤사람 발심하여 경전외고 깨달아서
무명중생 제도하여 피안으로 이끌고자
비록능히 부사의한 큰서원을 세웠으나
금방읽고 금방잊어 기억하지 못하는건
이사람의 묵은업장 미혹하는 까닭으로
크고높은 대승경전 외우지를 못함이니
향과꽃과 의복음식 여러가지 공양구로
지극정성 다하여서 지장보살 공양하고
깨끗한물 한그릇을 보살앞에 올리고서
하루낮밤 지난뒤에 청하고서 마신다음
깊은신심 발하여서 오신채를 삼가하고
술과고기 삿된음행 거짓말을 삼가하며
살생또한 하지않고 이십일일 정진하며
지심으로 지장보살 그이름을 생각하면

꿈속에서 지장보살 가없는몸 나투시니
깨어나면 눈과귀가 총명하게 밝아져서
대승경전 가르침이 귓가에만 지나가도
천만생을 영원토록 잊지않고 기억하니
이러한건 지장보살 부사의한 신력으로
능히그가 총명지혜 얻게하기 때문이네

어떤중생 가난하고 병이많아 어려우며
집안또한 몰락하여 권속모두 흩어지고
잠을자면 꿈자리가 불안하기 그지없고
구하는것 못구하고 원하는일 못이룰때
지장보살 형상앞에 지심으로 예배하면
일체나쁜 모든일들 남김없이 사라지고
잠을자는 꿈에서도 편안함을 얻게되며
옷과음식 풍족하고 모든신이 보호하리

어떤사람 산과숲과 큰바다를 지나갈때

독기품은 짐승이나 악한사람 비롯하여
악한신과 악한귀신 몰아치는 모진바람
온갖고난 온갖고뇌 가득하다 할지라도
지장보살 크신성인 형상앞에 나아가서
지심으로 우러르고 예배하며 공양하면
이와같은 산과숲과 큰바다에 가득하던
악한것들 모두가다 틀림없이 사라지리

관음이여 지심으로 나의말을 들을지니
지장보살 위신력은 끝이없는 부사의라
백천만겁 설하여도 다말하지 못하리니
이와같은 보살신력 그대널리 알릴지라

어떤사람 지장보살 그이름을 혹여듣고
지심으로 형상앞에 우러르고 예배하며
향과꽃과 의복음식 받들어서 공양하면
백천생에 아주묘한 안락함을 얻으리라

만일능히 이공덕을 온법계에 회향하면
마침내는 성불하여 나고죽음 벗어나리
그러므로 관음이여 그대지금 잘알아서
항하사의 모든국토 널리알려 줄지니라

제13. 촉루인천품(囑累人天品)

그때에 부처님께서 금빛 팔을 드시어 다시 지장보살마하살의 정수리를 어루만지시며 이렇게 말씀하셨다.

"지장이여! 지장이여!

그대의 신력이 불가사의하다! 그대의 자비가 불가사의하다! 그대의 지혜가 불가사의하다! 그대의 변재(辯才)가 불가사의하다!

진실로 시방의 모든 부처님이 그대의 부사의(不思議)한 공덕을 찬탄하여 말할지라도 천만겁 동안에도 능히 다 하지 못하리라.

지장이여! 지장이여! 기억하여라!

내가 오늘 도리천 안에 백천만억의 말로는 할래야 할 수가 없는 일체의 모든 부처님과 보살과 천룡팔부가 모인 이 큰 법회 중에서, 거듭하여 인간과 천상의 모든 중생 등의, 아직 삼계에서 벗어나지 못하고 불타는 집 가운데 있는(三界火宅) 이들을 그대에게 부촉하는 것은, 이 모든 중생으로 하여금 하루 낮 하루 밤이라도 악도에 떨어지지 않게 하려 함이거늘, 하물며 어찌 다시 오무간지옥과 아비지옥에 떨어져 천만억겁이 지나도 나올 기약이 없게 하겠느냐.

지장이여! 이 남염부제의 중생은 마음이 향하는 것과 성품이 정(定)한 바가 없어서 악한 짓을 익히는 자가 많고, 설령 선한 마음을 내어도 잠시 있다 곧 물러나며, 만일 악한 인연을 만나면 생각생각마다 악함이 더 늘어나니, 이러한 까닭에 내가 이 몸을 백천억으로 나누어서 교화하고 제도하여, 그들의 근기와 성품에 따라 곧 해탈시키는 것이다.

지장이여! 내가 이제 간곡하게 천상과 인간의 중생을 그대에게 부촉하니, 만일 미래세에 천인이나 선남자 선여인이 불법 가운데서 터럭 하나·티끌 하나·모래알 하나·물방울 하나만큼 작은 선근이라도 심으면, 그대는 도력(道力)으로 이 사람을 보호하고 지켜서 점차로 위없는 도를 닦아 물러나 잃지 않게 하라.

또 지장이여! 미래세 중에 만일 천인이나 또는 사람이 업의 과보를 따라 악도에 떨어져 있거나, 악도에 떨어지기 바로 전에 혹은 지옥문 앞에 이르러 있더라도, 이 모든 중생이 만일 능히 한 부처님의 명호나 한 보살의 명호나 대승경전의 한 구절 한 게송만이라도 얻어서 외운다면, 이 모든 중생을 그대는 신력과 방편으로 구하여 벗어나게 하되, 이 사람이 있는 곳에 가없는 몸을 나타내어

지옥을 부수고 하늘에 나게 하여 뛰어나고 묘한 즐거움을 받게 하라."

그때에 부처님께서 게송으로 말씀하셨다.

현재미래 세상에서 천상인간 모든중생
내가지금 간곡하게 그대에게 부촉하니
큰신통과 방편으로 누구든지 제도하여
영원토록 모든악도 떨어지지 않게하라

그때에 지장보살마하살이 한쪽 무릎을 꿇어 합장하고 부처님께 말씀드렸다.

"세존이시여! 오직 원하옵건대 세존께서는 염려하지 마시옵소서. 미래세 중에 만일 어떤 선남자 선여인이 불법 가운데서 한 순간만 공경하여도, 제가 또한 백천 가지 방편으로 이 사람을 제도하여, 나고 죽음에서 속히 해탈을 얻게 할 것입니다. 하물며 여러 가지 선한 일을 듣고 생각생각마다 닦아 행하는 사람이야 어떠하겠습니까? 이 사람은 자연히 위없는 깨달음에서 영원히 물러나지 않게 될 것입니다."

이 말씀을 드릴 때, 법회에 있던 허공장(虛空藏)이라고 이름 하는 한 보살이 부처님께 말씀드렸다.

"세존이시여! 제가 이 도리천에 이르러서 부처님께서 지장보살의 불가사의한 위신력을 찬탄하심을 들었습니다.

미래세 중에 만일 어떤 선남자 선여인과 일체의 천룡이, 이 경전과 지장보살의 명호를 듣거나, 혹은 형상을 우러러 예배하면 몇 가지의 복과 이익을 얻게 됩니까?

오직 원하옵건대 세존이시여! 미래와 현재의 일체 중생을 위하여 간략히 말씀하여 주시옵소서."

부처님께서 허공장보살에게 말씀하셨다.

"자세히 듣고 자세히 들어라. 내가 마땅히 그대를 위해 분별하여 말하리라.

만일 미래세에 어떤 선남자 선여인이 지장보살의 형상을 보거나, 이 경을 듣거나 읽고 외우며, 향과 꽃과 음식과 의복과 진귀한 보배 등으로 보시하고 공양하며 찬탄하고 우러러 예배하면, 스물여덟 가지의 이익을 얻게 된다.

첫째, 천룡이 언제나 보호하며

둘째, 선한 과보가 나날이 더하며,

셋째, 성스럽고 훌륭한 인연이 모이며,

넷째, 보리심에서 물러나지 않으며,

다섯째, 입고 먹는 것이 풍족하며,

여섯째, 역병이 이르지 못하며,

일곱째, 물과 불의 재앙을 만나지 않으며,

여덟째, 도적의 액난이 없으며,

아홉째, 사람이 보면 기뻐하고 존경하며,

열째, 신(神)과 귀(鬼)가 돕고 지켜주며,

열한째, 여자는 남자의 몸으로 바뀌어 나며,

열두째, 왕과 대신의 딸이 되며,

열셋째, 상호가 단정하며,

열넷째, 천상에 많이 나게 되며,

열다섯째, 혹은 제왕이 되며,

열여섯째, 숙명지(宿命智)를 통하게 되며,

열일곱째, 구하는 것이 모두 따라오게 되며,

열여덟째, 권속이 기뻐하고 즐거워하며,

열아홉째, 모든 횡액이 사라져 없어지며,

스무째, 업도(業道)가 영원히 없어지며,

스물한째, 가는 곳마다 모두 통하게 되며,

스물두째, 한밤에 꿈이 안락하며,

스물셋째, 먼저 간 이들이 괴로움을 여의며,

스물넷째, 지어놓은 복을 받아서 태어나며,

스물다섯째, 모든 성현이 찬탄하며,

스물여섯째, 총명하고 근기가 뛰어나며,

스물일곱째, 자비의 마음이 가득해지며,

스물여덟째, 끝내는 부처를 이룸이니라.

또 허공장보살이여! 만일 현재와 미래의 천룡과

귀신이 지장보살의 명호를 듣고 지장보살의 형상에 예배하며, 혹은 지장보살의 본원(本願)에 대한 일을 듣고 수행하며 찬탄하고 우러러 예배하면, 일곱 가지의 이익을 얻게 된다.

첫째, 속히 성현의 지위에 뛰어 오르며,

둘째, 악업이 사라져 없어지며,

셋째, 모든 부처님이 보호하고 지켜주며,

넷째, 보리심에서 물러나지 않으며,

다섯째, 본래의 원력이 더 늘어나며,

여섯째, 숙명을 모두 통달하게 되며,

일곱째, 끝내는 부처를 이룸이니라.”

그때에 시방의 일체 모든 곳에서 오신 말로는 할래야 할 수가 없는 모든 부처님과 대보살과 천룡팔부들이, 석가모니 부처님께서 지장보살의 큰 위신력이 불가사의하다고 높이 칭찬하시는 것을 듣고, 일찍이 없었던 일이라며 찬탄하였다.

이때 도리천에 한량없는 향과 꽃과 하늘옷과

보배구슬이 비 오듯이 내려, 석가모니부처님과 지장보살에게 공양하고 나니, 법회의 일체 대중이 함께 다시 우러러 예배하고 합장하며 물러갔다.

구족수화길상광명대기명주 대다라니
具足水火吉祥光明大記明呪 大陀羅尼

츰부 츰부 츰츰부
아가셔츰부 바결랍츰부 암발랍츰부
비라츰부 발졀랍츰부 아루가츰부 담뭐츰부
살더뭐츰부 살더닐하뭐츰부
비바루가 찰뭐츰부 우뭐셤뭐츰부 내여나츰부
뷜랄여 삼므디랄나츰부
찰나츰부 비실바리여츰부 셔살더랄바츰부
비어자수재 맘히리 담미 셤미 잡결랍시
잡결랍믹스리 치리 시리 결랄뭐뷜러발랄디 히리
벌랄비 뷜랄저러니달니 힐랄달니 뭐러 져져져져
히리 미리 이결타 탑기 탑규루 탈리 탈리
미리 뭐대 더 대 구리 미리 앙규즈더비얼리
기리 뭐러기리 규차셤믜리 징기 둔기 둔규리
후루 후루 후루 규루슐두미리 미리디 미리대
뷘자더 허러 히리 후루 후루루

Udaka-arciḥ-saṃ-panna-śrī-tejo-
mahā-vyākaraṇa-dhāraṇī

삼푸 삼푸 삼삼푸

아카샤 삼푸 파카라 삼푸 암바라 삼푸

바이쟈 삼푸 바이쥬라 삼푸 아라카 삼푸 담마 삼푸

샤티마 삼푸 샤티냐라 삼푸

비바로꺄스바 삼푸 우빠이마 삼푸 나야나 삼푸

바라나 삼티르나 삼푸

쨔나 삼푸 바이슈바리야 삼푸 사타라와 삼푸

바이타수타 마헤르 담 담 쨔크라샤

쨔크라마슈리 찌레 삐레 까리 바바라바리티 찌리

바라삐 바리쨔라 반다니 가리타니 바라 쨔쨔쨔쨔

이레 이레 이라타 타케 타우로 다레다레

이레 마탄 마탄 꾸레 이레레 앙구따비 가리

찌리 파라찌리 구타쨘마리 뚜찌 뚜찌 뚜레

호로 호로 호로 쿠로싄디레 이리테 이리탄

반다타 카라 이리 호로 호로

구족수화길상광명대기명주총지장구
具足水火吉祥光明大記明咒總持章句

다라니의 참된말씀 모든번뇌 맑게하고

다라니의 참된말씀 능히다툼 맑게하며

다라니의 참된말씀 악한생각 맑게하고

다라니의 참된말씀 흐린사대 맑게하며

다라니의 참된말씀 나쁜맛을 맑게하고

다라니의 참된말씀 악한기운 맑게하며

다라니의 참된말씀 모든희망 채워주고

다라니의 참된말씀 모든일을 이뤄주며

다라니의 참된말씀 부처님의 가호주고

다라니의 참된말씀 보살가호 기쁨주네

(한문)

선설능정제유진 선설능정투쟁겁 선설능정탁악의 선설능정탁대종
善說能淨諸有塵 善說能淨鬥諍劫 善說能淨濁惡意 善說能淨濁大種

선설능정탁악미 선설능정탁악기 선설능만제희망 선설능성제가색
善說能淨濁惡味 善說能淨濁惡氣 善說能滿諸希望 善說能成諸稼穡

선설능령일체불 여래세존소가호 선설우능령일체 보살가호이수희
善說能令一切佛 如來世尊所加護 善說又能令一切 菩薩加護而隨喜

원하오니 이공덕이 온세상에 널리퍼져

원이차공덕 보급어일체 願以此功德 普及於一切

저와함께 모든중생 극락세계 태어나서

아등여중생 당생극락국 我等與衆生 當生極樂國

무량수불 함께뵙고 모두성불 하여지다

동견무량수 개공성불도 同見無量壽 皆共成佛道

부 록(附 錄)

대승경전의 번역(飜譯)과 해석(解釋)에 대한 단상(斷想)

: 본 한글경전모음집에 실린 경전들은 한국불교에서 종파를 막론하고 가장 많이 간행(刊行)되어 독송되고 있는 대승경전의 대표적인 경전들이다.

그러나 그럼에도 불구하고 현실에 있어서는 경전의 내면에 담긴 본래의 의미는 사라지고, 단순히 문장으로 표현되는 말 그대로를 경전의 본의(本意)라고 잘못 알고서는, 결국 부처님의 가르침을 오도(誤導)하고 그릇된 신앙을 불교라고 착각하여 기복적(祈福的) 행태만이 만연한 것이 오늘의 한국불교가 처한 상황이기도하다.

기실 대승경전에 나타나는 불보살(佛菩薩)들의 모습은 단순히 문장의 내용으로만 보았을때는 어느 신통방통한 신적 존재와 다를 것이 없이 흡사하게 보인다.

그러나 그 내면을 들여다본다면 그러한 존재들과는 전혀 다른 것이니, 문장으로 표현되는 육신의 병이나 고통이 아닌, 눈이 있어도 보지 못하고 귀가 있어도 듣지 못하는 진리의 병과 장애로 인해 고통 받는 인간들이, 진정한 고(苦)의 원인에서 벗어나도록 불보살들의 서원과 실천의 행을 좇아 따라가게 하여, 결국에는 해탈(解脫)하게 함으로써 그 자신들이 불국토(佛國土), 곧 '무아의 나'를 이루게 한다는 개념인 대승경전속의 불보살과, 손모아 정성껏 빌면 소원을 이뤄준다는 신적 존재의 모습은 애초에 비교의 대상이 될 수가 없는 것이다.

불교의 믿음이란 무엇인가? 불교의 믿음이란 신(神)을 믿는 믿음과는 다른 것이다. 실로 불교의 믿음은 불단(佛壇)에 놓여 있는 불상(佛像)에 있는 것이 아니라, 인간 싯달타가 많은 시행착오 끝에 걸어간 길을 통해 부처가 되었음을 믿고, 그가 걸어간 그 길을 따라 갈 때 나도 부처가 될 수 있다고 믿는 것, 즉 인간 싯달타가 부처가 되었음을 믿고, 그가 알려주는 방법을 통한다면 나도 틀림없이 부처가 될 수 있다는 것을 의심없이 확신하여 믿는 것이야말로 불교의 믿음인 것이며, 이러한 믿음이 정법(正法)인 것이다.

그러므로 불교가 사람들에게 진정한 삶을 주는 종교일진대, 마땅히 지금 현실의 고통에 대해 물질적인 충족을 소원하여 이룸이 해결책이 아니라, 고통이 주는 진정한 의미를 본질적으로 이해하고, 거울 속에 비친 유아(有我)의 상(相)으로부터 거울 밖의 자신의 진짜 모습인 '무아(無我)의 나'로 조금 더 가까이 다가가게 하여, 근원적 고통에서 벗어날 수 있도록 하는 것이 올바른 근본 해결책이자 실천행이 될 것이다.

그리고 그러한 실천의 방법들이 대승경전에 그대로 가르침으로 담겨있으니, 지혜의 통찰을 통해 대승경전의 내면에 담긴 본래의 올바른 가르침을 바로 보고 그대로 좇아 나아가야 하는 것이 부처님의 제자가 해야 할일인 것이다.

본 역자가 몇몇 분들과 함께 경전을 독송하고 공부하며 부족한 가운데 조금씩 강의하던 와중에, 이 한글경전모음집을 엮은 까닭도 바로 그런 현실의 안타까움과 더하여 어떻게 하면 부처님의 말씀을 올바르게 전할 수 있을까하는 작은 서원으로 말미암았음이니, 공덕이 부족하고 사정이 허락하지 않아서, 짧은 소견이나마 이 경전집에 담긴 내용의 본의를 주석(註釋)하여 따로 서책으로 실어 내지 못하였으나, 언젠가는 많은 이들과 함께 이야기 할 수 있기를 소망하며, 대승경전의 번역(飜譯)과 해석(解釋)에 있어서, 본 경전집에서도 다른 관점의 해석으로 번역한 부분들이 있으나, 조금 더 구체적으로 대반열반경에 담긴 소소계(小小戒)의 내용을 다른 관점의 해석을 통해, 부처님께서 이렇게 말씀하셨을 수도 있겠다하는 견해를 부록으로 짧게 적어보았다.

그러나 무엇보다 중요한 것은, 경전에 쓰인 문장이든, 어떤 상황이든, 사람이든, 말이든, 글이든, 책이든, 무엇이든지간에, 그것이 바른 것인지 바르지 않은 것인지를 판단하는 가

장 올바르고 보편적이며 상식적인 기준은 석가모니 부처님인
것이니, 언제 어느때든 항상 이렇게 생각하면 절대로 틀림이
없을 것이다.

"부처님이라면 어떻게 하셨을까?"

"부처님이라면 어떻게 말씀하셨을까?"

1. 대승경전의 번역(飜譯)과 해석(解釋)에 대한 관점

 : 대부분의 대승경전을 쓰여진 문장 그대로의 의미로만 읽는다면, 그 말도 안 되는 황당함으로 인하여 불교를 기복적 신앙으로 잘못 알게 하고, 또 그런 기복적 신앙을 추종하는 무리들을 늘게 하며, 마치 그러한 신앙이 부처님의 가르침인 불교인양 잘못된 오류를 범하게 한다.

한편으로 오늘날 범세계적인 디지털정보의 공유시대에, 불교도 과거에는 접할 수 없었던 수많은 불교적 교리나 이론과 지식을 어디로 움직이지 않아도 손에든 스마트폰 하나로도 습득할 수 있게 되었다. 그래서 그러한 정보들을 통해 잘못된 오류들을 바로 잡을 수 있는 기회들이 손안에 있게 된 것이다. 그런데 반면으로 그러한 정보의 양과 다양성이 반드시 올바른 통찰만을 가져다주지는 않는 것 같다.

예컨대 오늘의 범세계적인 정보환경 속에서 동남아계의 불교를 접하고는, 그 시각이 더 넓어져야 함에도 불구하고 오히려 새로 접한 정보들에 상(相)을 내고서는, 초기불교의 니까야Nikāya(또는 아함āgama)야 말로 부처님의 진짜 가르침이고, 대승경전은 부처님의 가르침이 아닌 후대에 왜곡되어 쓰여진 위경(僞經)과 같은 것이다라고 주장하는 무리들도 많이 생겨나고 있는 것이 사실이다. 그러나 명백한 것은 부처님이 경전을 '말했다 안했다, 썼다 안썼다'가 중요한 것이 아니라, 그 안에 부처님의 가르침의 요지가 들어있는지 없는지가 경전의 진위를 구분 짓는 핵심일 것이다.

더욱이 보다 분명한 것은, 후대에 쓰였다고 하는 대승경전을 쓴 대부분의 논사들이 대천재들이었다는 점을 간과하지 않는다면, 그런 천재중의 천재들이 기껏해야 기복적 신앙을 전도하기 위해 경전을 기술하였을까하는 의문을 통해 곧 바로 진실한 답을 구할 수가 있는 것이다. 그리고 그러한 이유들이 문장의 단어들이 아닌, 문장 너머에 담겨진 진리의 의미를 찾아내기 위해, 지혜의 통찰을 통한 대승경전의 올바른 해석의 필요와 함께 그 중요성을 무엇보다도 먼저 인식해야만 한다고 보는 것이다.

대승경전 해석의 한 예로, 예컨대 관세음보살보문품경에서 '관세음보살의 이름을 부르면 죽지 않는다'는 말은, '유아의 나'가 '관세음' 곧 '흐리다얌(hṛdayaṁ: 마음의 진언)'3)의 실

---

3) 천수경(千手經) 신묘장구대다라니(神妙章句大陀羅尼) 中.
"끄리뜨바 이맘 아리야발로끼떼스바라 스따밤 닐라깐타 나모,
흐리다얌 아바르따이씨야미 싸르바르타 싸다남 슈밤 아제얌,
싸르바 부따남 바바 마르가 비숫다깜
[kṛtvā imam āryāvalokiteśvara stavaṁ Nīlakaṇṭha nāma, hṛdayaṁ vartayiṣyāmi sarvārtha sādhanaṁ śubhaṁ ajeyaṁ, sarva bhūtānāṁ bhava mārga viśodhakam].

천을 통해 '무아의 나'로 전환되니, 무아의 존재가 된 '나'는 진리 자체로서, 소멸되는 것이 아닌 영원하며 만들어지는 인연의 조합에 의해 무엇으로든 변화될 수가 있는 '무아의 나'인 것이다.

마찬가지로 약사유리광칠불본원공덕경에서도 '나의 이름을 들으면 일체 모두 여자가 바뀌어서 남자로 되어 대장부(大丈夫)의 모습을 갖추게 하겠다.'라는 말은, 생물학적 여자가 아닌 윤회의 근원인 애욕(愛欲)4)이 끊어지지 않은 '유아'

이렇게 자비로운 성관자재께 귀의하고 찬탄하면서, 청경(靑頸·닐라깐타)이라 이름하는, 일체의 이익을 성취하고 안녕과 승리를 가져오며, 일체중생의 삶의 길을 청정하게 하는 마음의 진언을 닦겠습니다."

4)『大方廣圓覺修多羅了義經』彌勒菩薩章, 唐 佛陀多羅 漢譯, 大正藏 17, 916b04~916b09. 적행 번역
'善男子 一切衆生 從無始際 由有種種 恩愛貪欲 故有輪迴 若諸世界 一切種性 卵生胎生濕生化生 皆因婬欲 而正性命 當知輪迴 愛爲根本 由有諸欲 助發愛性 是故 能令生死相續 欲因愛生 命因欲有 衆生愛命 還依欲本 愛欲爲因 愛命爲果.'
"선남자여! 일체 중생이 비롯함이 없는 즈음부터 갖가지 은애(恩愛)와 탐욕(貪欲)이 있음을 말미암은 연고로 윤회가 있어서, 이러한 모든 세계의 일체 타고나는 종류인 알(卵)에서 난 것이나, 태(胎)에서 난 것이나, 습기(濕)에서 생긴 것이나, 변화(化)하여 생긴 것이나, 모두가 음욕(婬欲)에 인하여 생명(: 性命)을 정

의 존재가, '나의 이름', 곧 여래의 서원의 실천을 통해 '무아의 나'로 전환되니, 생물학적 남자가 아닌 애욕이 끊겨 윤회가 끊어진 상태인 대장부(大丈夫), 곧 여래의 명호(名號)를 갖춘 '무아의 나'가 됨을 의미하는 것이다.

그런데 그러한 것을 문장 그대로 보고는 상(相)으로 이뤄진 육신의 '나'가 자재한 외적존재인 관세음보살을 부르면 칼에 맞아도 죽지않는다라는 식으로 해석을 하고, 업(業)이 많은 여자가 약사여래불의 이름을 부르면 다음 생에는 남자로 태어난다 하는 식으로 해석을 한다면, 그야말로 말도 안 되는 황당함이 문제가 아니라 경전자체를 오류자체로 만들어버리는 것이다.

본래 불가사의(不可思議)란 '깊고 오묘해서 가히 생각할 수가 없다'는 뜻이겠으나, '너무도 당연하고 쉬워서 미처 생각하지 못한다'라고도 말할 수 있을 것이다. 그렇게 부처님의 가르침의 말씀은 너무도 쉽고 간단한 것임에도 불구하고, 그 가르침을 어렵게만 만드는 것은 대체 어떤 자들인가. 굳이 비

하니, 마땅히 알아라. 윤회는 애욕(愛欲)이 근본이 된다. 모든 탐욕이 있음을 말미암아 애욕의 성질이 일어나도록 거들어서, 이런 까닭에 능히 생사가 서로 이어지게 한다.
음욕은 애욕을 인하여 생기고, 생명은 음욕을 인하여 있는데, 중생이 생명에 애착(愛着)하여 다시 음욕의 근본에 의지하니, 애욕은 원인이 되고 생명을 애착함은 결과가 되는 것이다."

유하자면 하늘에 떠있는 태양, 숨을 쉬게 하는 공기를 신기하게 여겨야지, 돌멩이, 쇠붙이로 만든 불상에 잠자리알 피고 빛이 났다하며 신기하다고 선전하고, 그런 것들을 쫓아다니는 무리들에게는, 관세음보살보문품경이나 약사유리광칠불본원공덕경과 같은 경전에 담긴 부처님의 가르침도, 그저 한갓 영험 찾는 불가사의에 불과할 것이다.

2. 소소계(小小戒)에 대한 소고(小考)

: 경전을 번역할 때 단어의 직역(直譯)과 의역(意譯)의 문제가 아니라, 문장에 담긴 말하고자 하는 본래의미를 어떻게 해석(解釋)하여 보느냐에 따라, 본질적 개념이 완전히 다르게 나타날 수가 있다. 그런 해석의 관점에서, 본 역자가 소소계(小小戒)의 내용이 담겨있는 대반열반경의 한역본과 팔리본, 영역본, 한글번역본 등을 비교하고, 짧은 견해를 주석하여 본다.

1) 장아함경 유행경의 소소계5)

『佛說長阿含經』卷第四, 遊行經第二, 佛陀耶舍共竺佛念譯, 大正藏1, 26a26~26b01.

"阿難 汝謂佛滅度後 無復覆護 失所持耶 勿造斯觀 我成佛來所說

---

5) 小小戒(khuddānukhuddakāni sikkhāpadāni).
『五分律』 권30(大正藏22, 191b)에서는 '小小戒', 『四分律』 권54(大正藏22, 967b)에서는 '雜碎戒', 『摩訶僧祇律』 권32(大正藏22, 492c)에서는 '細微戒', 『十誦律』 권60(大正藏23, 449b)에서는 '微細戒', 『根本說一切有部毘奈耶』 권39(大正藏24, 405b)에서는 '小隨小戒',로 되어 있다.

經戒 即是汝護 是汝所持.

阿難 自今日始 聽諸比丘捨小小戒 上下相呼 當順禮度 斯則出家
敬順之法"

(기존의 한글번역)

"아난아, 너는 여래가 멸도한 뒤에는 다시 보호해 줄 이가
없어서 닦아 오던 것을 잃으리라고 생각하는가? 그런 생각은
하지 말아라. 내가 부처가 된 뒤로 지금까지 말한 경(經)과
계(戒)가 곧 너를 보호하리니, 이것이 네가 지켜야 할 일이
다. 아난아, 오늘부터는 모든 비구들에게 소소(小小)한 계는
버려도 좋다고 허락하노라. 윗사람과 아랫사람이 서로를 부
를 때에는 마땅히 예도(禮度)를 따를 것이니 이것이 출가자
의 공경하고 순종하는 법이니라."

(적행 번역)

"아난이여! 그대는 부처가 멸도한 후에는 다시 감싸 보호하
지 않으니 지켜 오던 것을 잃으리라고 생각하느냐? 잠깐이라
도(斯) 그리 생각하지(觀) 말아라.
내가 부처가 된 이래로 말하였던 경(經)과 계(戒)가, 곧 바르게
(是) 그대를 보호할 것이니, 이것이 그대가 지켜야 할 것이다.
아난이여! 지금부터는 모든 비구들은 이 계로써 삼가고(小:

삼가다, 몸가짐이나 언행을 조심하다) 주의하여(小: 주의하다), 마음의 평정을(捨upekṣā·upekkha: 완전한 평정(平定) 상태에 있는 마음, 마음의 평정) 살펴 다스려야(聽: 다스리다, 살피다, 밝히다)하니, 아래 위(上下), 이쪽과 저쪽(相呼) 모두가 마땅히 따라서(順) 공경하며(禮) 닦는 최고의 실천의 덕목(度: 바라밀, 완전한 상태, 보살이 닦는 덕목·수행 또는 실천)인 것으로, 이것이 곧 출가자가 공경하여 좇아 따르는 법이다."

===〉

열반경의 대표적 가르침은 부처님의 열반 후에 경과 계를 스승으로 삼으라는 것이다. 다음으로는 조직의 위계와 체계 확립을 위한 것이라는 호칭을 어떻게 할 것인가와 그것과 연계되어지는 소소계의 문제인데, 호칭의 문제는 호칭을 단지 이름으로 볼 것인가와 본질적 의미로 볼 것인가에 따라 해석에 완전히 다른 개념이 나타난다고 할 수 있다.

기존의 번역을 통한 해석은 호칭을 단지 이름으로 보고 있는 경우가 대부분이어서 그러한 개념을 통해 소소계를 해석하니, 작고 사소한 것으로 밖에 표현할 수가 없게 된 것 같다.6)

---

6) 부처님이 열반시 아난에게 소소(小小)한 계는 버리라고 하

반면에 호칭을 본질적 개념으로 본다면, 경과 계를 스승으로 삼으라 하고서는, 뜬금없이 맥락이 이어지지 않게 호칭을 이렇게 불러라가 아니라, 부르다는 의미의 호칭이 아닌 경과 계를 바탕으로 한 수행의 방법과 실천을 알려주는 세세한 가르침이 되는 것이다.

다음에 비교하는 경전들의 경우도 마찬가지이다.

2) 석법현 漢譯 대반열반경의 소소계

『大般涅槃經』卷下, 釋法顯譯, 大正藏1, 204b27~204c04.

"爾時如來告阿難言 汝勿見我入般涅槃

便謂正法於此永絶 何以故 我昔爲諸比丘

셨다는 말씀이 사실이라고 한다면, 소소하다는 말은 작다는 말이 아니라 본질을 흐리는 것을 말한 것일테니, 그 말의 본의는 말이나 문장에 매여 본질을 흐리게 잘못 해석하지 마라는 것으로, 버릴것이 없음에도 버리라한 본래의 뜻일 것이다. 그런데 예전에 베트남의 어떤 유명 승려나, 한국에서도 일부 승려들과 재가학자들이 시대상황에 맞춰 계를 바꿔야 한다고 웃기지도 않는 짓을 하기도 하는데, 계를 정말 시대 상황에 맞추는 것도 아닌 자기들 좋은 대로 입맛에 맞추려하니 그것이 문제이다.

制戒波羅提木叉　及餘所說種種妙法

此卽便是汝等大師　如我在世　無有異也

阿難　我般涅槃後　諸比丘等　各依次第　大小相敬

不得呼姓　皆喚名字　互相伺察　無令衆中　有犯大戒

不應闚求覓他細過"

(기존의 한글번역)

그때 여래께서 아난에게 말씀하셨다. "너는 내가 반열반에 드는 것을 보고 정법(正法)이 여기에서 영원히 끊어졌다고 여기지 말아라. 왜냐하면 내가 옛날에 모든 비구들을 위하여 제정한 계율인 바라제목차(波羅提木叉)와 또 그밖에 말한 여러 가지 묘법(妙法: 正法) 등 이것들이 곧 너희들의 큰 스승이니 마치 내가 세상에 있는 것과 같아 다름이 없다. 아난아, 내가 반열반에 든 후에 모든 비구들은 각각 서열에 따라 어른과 젊은이가 서로 공경하며 성(姓)을 부르지 말고 이름을 부를 것이며, 서로서로 살피고 보살펴서 대중 중에 대계(大戒)를 범하는 이가 없게 하며, 마땅히 남의 작은 허물을 엿보고 찾아내려 하지 말라."

(적행 번역)

그때 여래께서 아난에게 말씀하셨다. "그대는 내가 반열반에 드는 것을 보고 문득 정법(正法)이 여기서 영원히 끊어졌다고 생각하지 말아라. 왜냐하면 내가 예전에 모든 비구들을 위하여 규정한 계인 바라제목차와 더불어 그밖에 말한바 여러 가지 뛰어나고 훌륭한 가르침이 곧 그대들을 적절히(便) 바르게 하는(是) 큰 스승이니, 내가 세상에 있는 것과 같아서 다름이 없다.

아난이여! 내가 반열반 후에 모든 비구들은 각자 순서에 맞게(次第7): 순서에 맞게, 상황) 따라서(依: 에 따라, 에 근거하여), 위아래 모두가(: 大小) 서로 살펴(相: 서로, 자세히 보다) 삼가하고(: 敬), 본성(: 姓)에 상(相=呼: 이름 짓다, 명명(命名))을 짓고서 모든 대상들에(皆: 모두, 두루 미치다 · 영향이나 작용 따위가 대상에 가하여지다) 명자상(名字相)8)을 불러 일으켜서는(:

---

7) 차제(次第)의 용어는 차제설법(次第說法)에서 나왔는데, 차제설법(次第說法)은 상대가 이해하기 쉽고, 받아들이기 쉬운 순서에 따라 차례대로 성숙시켜가면서 행하는 설법을 말한다. 즉, 부처님께서는 낮은 단계에서 점차적으로 수준을 높여 순서에 따라 가르침을 뜻한다.

8) 일체가 무상무아인것인데, 중생이 그것에 온갖 이름(名字相)을 붙이고 유아의 관념으로 규정지어 놓았으니, 마음에 일어나는 생각은 단지 고정된 관념으로 형성된 명자(名字)일 뿐이라는 사실을 관하여, 명자와 성(性)을 서로 분리하고 명자의 성품에서 벗어나는 것을 심념처(心念處)라고 한다.

喚) 안 된다. 이쪽과 저쪽(: 互相) 모두가 자세히 살펴보아서(: 伺察) 대중 가운데 대계(大戒)를 범하지 않게 하며, 응당히 편협한 생각에 치우치지(: 闕) 말고, 분별하는 마음(他: 다른, 딴마음, 두 마음)을 자세히(細: 자세함) 돌아보아(過: 보다, 돌이켜 보다) 힘써(求: 힘쓰다) 나가야한다.(覓: 구하다, 찾다)9)"

---

9) 사념처와 심념처(心念處)를 통한 명자(名字)의 관법
『大般涅槃經後分』遺教品第一, 若那跋陀羅譯, 大正藏12,
　901b27~901c06.
'阿難 如汝所問 佛去世後以何爲師者
阿難 尸波羅蜜戒是汝大師 依之修行能得出世甚深定慧
阿難 如汝所問 佛涅槃後依何住者
阿難 依四念處嚴心而住
觀身性相同於虛空 名身念處
觀受不在內外不住中間 名受念處
觀心但有名字 名字性離 名心念處
觀法不得善法不得不善法 名法念處
阿難 一切行者 應當依此四念處住'
"아난아, 네가 물은 것과 같이 부처님이 세상을 떠난 후에 무엇으로써 스승을 삼을까 한 것은 이러하다. 아난아, 시바라밀(尸波羅蜜)인 계율이 너의 큰 스승이니 이것을 의지해 닦고 행하면, 세상을 벗어나서 매우 깊은 선정과 지혜를 얻을 수 있다. 아난아, 네가 물은 것과 같이 부처님께서 열반한 뒤에는 누구를 의지하여 머물까 한 것은 이러하다. 아난아, 4념처(念處)를 의지하고 마음을 엄숙하게 해서 머물러라. 몸의 성질과 모습이

3) 팔리(Pāli)본, 영역본(英譯本), 한글번역본

(1) Pāli Dīgha Nikāya 16.

Mahā - pari - nib - bā - na - sutta,

Tathā - gata - pacchi - ma - vācā

Atha kho bhagavā āyasmantaṃ ānandaṃ āmantesi: "siyā kho panānanda, tumhākaṃ evamassa: 'atītasatthukaṃ pāvacanaṃ, natthi no satthā'ti. Na kho panetaṃ, ānanda, evaṃ daṭṭhabbaṃ. Yo vo, ānanda, mayā dhammo ca vinayo ca desito paññatto, so vo mamaccayena satthā.

Yathā kho panānanda, etarahi bhikkhū aññamaññaṃ

(性相)이 허공과 같음을 관하는 것을 신념처(身念處)라고 이름한다. 대상(: 경계)을 받아들이는 느낌이 안에 있는 것도 아니고 밖에 있는 것도 아니며 중간에 머무는 것도 아니라고 관하는 것을 수념처 (受念處)라고 이름한다. 마음은 다만 고정된 개념으로 형성된 명자 (名字)가 있을 뿐이고 명자와 성(性)이 서로 분리된다고 관하는 것을 심념처(心念處)라고 이름한다. 중생의 마음에 일어나는 일체법 (法)은 좋은 법(善法)도 얻지 못하며 좋지 않은 법(不善法)도 얻지 못한다고 관하는 것을 법념처(法念處)라고 이름한다. 아난아, 일체 수행하는 이는 마땅히 이 4념처를 의지해 머물러야 한다."

āvusovādena samudācaranti, na kho mamaccayena evaṃ samudā - cari - tab - baṃ. Theratarena, ānanda, bhikkhunā navakataro bhikkhu nāmena vā gottena vā āvusovādena vā samudā - cari - tabbo.

Navakatarena bhikkhunā therataro bhikkhu 'bhante'ti vā 'āyasmā'ti vā samudā - cari - tabbo. Ākaṅkhamāno, ānanda, saṃgho mamaccayena khuddā - nu - khudda - kāni sikkhāpadāni samūhanatu"

(2) 영역본(英譯本)

Long Discourses, The Discourse about the Great Emancipation, The Sixth Chapter for Recitation, The Last Instructions of the Realised One.

Then the Gracious One addressed venerable Ānanda, saying: "It may be, Ānanda, that some of you may think in this way: 'Past is the Teacher's word, there is now no Teacher for us.' But it should not be seen like that, Ānanda, whatever Teaching and Discipline has been taught by me or laid down, Ānanda, that is your Teacher after my passing away.

At present, Ānanda, the monks address each other with the word 'friend', but after my passing away they are not to address one another thus. The elder monk, Ānanda, should address the younger monk by his name or by his clan name or by the word 'friend'. But the younger monk should address the elder monk as reverend Sir or venerable Sir.

Desiring to do so, Ānanda, the Community after my passing away, can abolish the minor and subsidiary training rules."

(3) 한글번역본
대반열반경(大般涅槃經) 제 6장 다비(茶毘), 옮긴이 강기희, 도서출판 민족사.

1. 마지막 말씀

다시 세존께서는 아난다 존자에게 말씀하셨다.
"아난다여! 내가 입멸한 뒤, 너희들은 다음과 같이 생각할지도 모른다.

'이제는 선사(先師)의 말씀만 남아 있지, 우리들의 큰 스승은 이미 이 세상에 계시지 않는다'라고.

그러나 아난다여! 너희들은 이렇게 생각해서는 안 된다.

내가 입멸한 후에는 내가 지금까지 너희들에게 설해 왔던 법(法)과 율(律), 이것이 너희들의 스승이 될 것이니라.

또 아난다여! 비구들은 지금까지 서로 '그대'라는 단어로 불렀지만, 내가 입멸한 후에는 그렇게 해서는 안 되느니라.

아난다여! 장로 비구로서 신참 비구를 부를 때는 이름이나 성, 혹은 '그대'라는 말을 써도 좋다.

그러나 신참 비구로서 장로 비구를 부를 때에는 '대덕(大德)'이나 '존자(尊者)'라는 말을 쓰도록 하여라.

또 아난다여! 필요하다면 비구들이 배워야만 하는 조항 가운데 세세한 것, 사소한 항목(小小戒)은 비구모임에서 의논하여 취소해도 좋으리라."

4) 현상의 이름인 유아(有我)와 응공(應供)인 무아(無我)로의 전환

(1) 현상의 이름 --〉유아(有我)

name, clan name, friend(親舊: āvuso)

(2) 응공(應供) --〉무아(無我)

①reverend Sir: 거룩한, 공경 받아 마땅한

②venerable Sir: 존경받는, 덕망있는, 존경할 만한

③대덕(大德: bhante)

④존자(尊者: ayasma)

⑤구수(具壽: āyasmā)

⑥장로(長老: thera)

(3) 금강경에서 수보리의 호칭의 본질적 개념

① 唐 三藏 玄奘 漢譯本 : 구수 선현(具壽 善現)

    -〉진리를 갖추어(具壽) 훌륭히 나타내다(善現)

② 元魏 天竺 三藏 菩提流支 漢譯本 : 혜명 수보리(慧命 須菩提)

    -〉진리의 지혜(慧命)

③ 陳 天竺三藏 眞諦 漢譯本 : 정명 수보리(淨命 須菩提)

    -〉청정한 진리(淨命) --공(空)

④ 唐 三藏沙門 義淨 漢譯本 : 구수 묘생(具壽 妙生)

    -〉진리를 갖추어(具壽) 뛰어나고 훌륭하게 이루다(妙生)

⑤ 姚秦 天竺三藏 鳩摩羅什 漢譯本 : 장로 수보리(長老

須菩提)

-〉길고 오래되다(長老) --이치, 법칙, 진리

(4) 성구경(聖求經: Āriyapariyesana sutta)에서 본 호칭의
    본질적 개념

① Pāli Majjhima Nikāya 26.

Pāsarāsisutta.

Appekacce maṃ paccuggantvā pattacīvaraṃ paṭiggahesuṃ,
appekacce āsanaṃ paññapesuṃ, appekacce pādodakaṃ
upaṭṭhapesuṃ. Api ca kho maṃ nāmena ca āvusovādena ca
samudācaranti.

Evaṃ vutte, ahaṃ, bhikkhave, pañcavaggiye bhikkhū
etadavocaṃ: 'mā, bhikkhave, tathāgataṃ nāmena ca
āvusovādena ca samudācaratha.

Arahaṃ, bhikkhave, tathāgato sammāsambuddho. Odahatha,
bhikkhave, sotaṃ, amata - madhi - gataṃ, ahamanusāsāmi,
ahaṃ dhammaṃ desemi.

Yathānusiṭṭhaṃ tathā paṭipajjamānā nacirasseva— yassatthāya
kulaputtā sammadeva agārasmā anagāriyaṃ pabbajanti,
tadanuttaraṃ— brahma - cari - ya - pari - yosānaṃ diṭṭheva dhamme

sayaṃ abhiññā sacchikatvā upasampajja viharissathā'ti.'

② 영역본(英譯本)

The Teaching of the Dhamma.

One came to meet me and took my bowl and outer robe, another prepared a seat, and another set out water for my feet; however, they addressed me by name and as 'friend.'

Thereupon I told them: "Bhikkhus, do not address the Tathāgata by name and as 'friend.' The Tathāgata is an Accomplished One, a Fully Enlightened One.

Listen, bhikkhus, the Deathless has been attained. I shall instruct you, I shall teach you the Dhamma. Practising as you are instructed, by realising for yourselves here and now through direct knowledge you will soon enter upon and abide in that supreme goal of the holy life for the sake of which clansmen rightly go forth from the home life into homelessness."

③ 한글번역(적행)

한 사람은 마중 나와 발우와 가사를 받아 들었고, 다른 이는 자리를 마련하고, 또 다른 이는 발 씻을 물을 가져왔다. 그러나 그들은 나의 이름과 '친구(親舊: āvuso)'라는 말로 말을 걸었다. 그래서 나는 그들에게 말하였다.

"비구들이여, 여래(如來)를 이름이나 '친구'라는 말로 불러서는 안 된다. 비구들이여! 여래는 마땅히 공양 받을만한 자(應供)이며, 완전한 깨달음을 성취한 자이다.

비구들이여, 귀를 기울여라. 불사(不死)는 이루어졌다. 내가 그대들에게 가르쳐주리라. 그대들에게 법을 설하리라.

가르친 대로 실천하면, 그대들은 바로 지금 스스로 알고 깨닫게 되어, 좋은 가문의 자제가 바르게 집을 떠나 출가하는 목적인, 성스러운 삶의 최상의 목표에 곧 들어가 머물게 될 것이다."

 ===〉

호칭에 대한 문제는 부처님의 초전법륜의 시작 시점에서부터 열반의 마지막 시점까지 강조하는 부처님의 중요한 가르침이다. 이런 관점으로 본다면 호칭이 단순히 이름을 어떻게 부른다는 의미가 아닌, 진리의 본질적 개념을 나타내는 의미가 될 것이니 소소계의 경우도 마찬가지일 것이다. 그러니 한역본이나 팔리어본을 바탕으로 한 기존의 한글번역본들이 그런 점들을 애초에 간과하지 않았나하는 의문이 든다. 특히 팔리어본을 한글번역한 경우 번역자들이 팔리어본 보다는 어학적 어려움의 이유이든 어떤 이유로 오히려 팔리어본의 영역본에 영향을 받지 않았을까하는 생각도 든다. 왜냐하면 영어의 경우 언어적 특징으로 팔리어나 한자(漢字)에 비해 비교적 번역의 여지가 단순하다고 보기 때문이다.

5) 상황에 따른 한역(漢譯)의 차이에 대한 이해

(1) 『大般涅槃經』卷下, 釋法顯譯, 大正藏1,
        204b10~204b22.
'阿難 須跋陀羅 雖是外道 而其善根 應成熟時 唯有如來 能分別知.
我般涅槃後 若有外道 欲於我法求出家者 汝等不應便聽許之
先令四月誦習經典 觀其意性爲虛爲實
若見其行質直柔軟於我法中實有深樂 然後方可聽其出家.
阿難 所以然者 汝等小智 不能分別衆生之根 是故令汝先觀之耳.
爾時須跋陀羅而白佛言 我於向者 欲求出家 世尊若令先於佛法四十年中讚誦經典 然後聽我而出家者 我亦能爾 豈況四月.

爾時世尊 卽告之言 如是如是 須跋陀羅 我觀汝意
於我法中慇懃渴仰 今作此言 非爲虛設.'

"아난아, 수발타라는 비록 외도이지만 그의 선근이 성숙할
때가 되었음을 오직 여래가 있어야만 분별하여 알 수 있다.
내가 반열반에 든 후에 만일 어떤 외도가 나의 법에 출가하
기를 바라면 너희들은 곧 승낙하지 말아야 한다. 먼저 넉 달
동안 경전을 독송하고 익히게 하여 그의 뜻과 성품이 허망
한가 진실한가를 관찰하여, 만일 그의 행실이 순박하고 정직
하며 부드러우며, 나의 법에 대하여 참으로 깊은 즐거움이
있는 것을 알게 되면 그러한 후에 비로소 그의 출가를 허락
해 주어야 한다.
아난아, 그렇게 해야 하는 까닭은 너희들의 작은 지혜로는
중생의 근기를 분별할 수 없기 때문에 너희들이 먼저 그를
관찰하도록 한 것이다."
그 때 수발타라가 부처님께 말씀드렸다.
"제가 아까 출가하기를 구했을 때 세존께서 만일 먼저 부처
님 법에 대하여 40년 동안 경전을 읽고 외우게 한 후에 제
가 출가하도록 허락해 주신다 하여도 저는 또한 할 수 있는
데 하물며 넉 달이겠습니까?"
그 때 세존께서 곧 말씀하셨다.

"참으로 그렇다. 수발타라여, 내가 그대의 뜻을 관찰해 보니 나의 법을 은근하고도 목마르듯 우러러보고 있으니, 지금 하는 그 말이 헛되이 늘어놓는 것이 아닐 것이다."

(2) 『佛說長阿含經』卷第四, 遊行經第二, 佛陀耶舍共竺 佛念譯, 大正藏1, 26a13~26a17.
'佛告阿難 我般涅槃後 諸釋種來 求爲道者 當聽出家 授具足戒 勿使留難. 諸異學梵志來求爲道 亦聽出家受具足戒 勿試四月. 所以者何 彼有異論 若小稽留 則生本見.'

부처님께서 아난에게 말씀하셨다.
"내가 반열반한 뒤에 찾아와, 수도하는 자가 되기를 희망하는 모든 석종(釋種)들에게는 마땅히 출가를 허락해 구족계(具足戒)를 주고, 지체하거나 거절하지 말라. 찾아와 수도하는 자가 되기를 희망하는 모든 이학(異學) 범지에게도 또한 출가를 허락하여 구족계를 주되, 넉 달 동안 시험하는 일을 하지 말라. 무슨 까닭인가? 그들은 다른 주장을 가졌으므로 조금만 지체하면 곧 본래의 주장을 일으킬 것이기 때문이다."

 ===〉
출가를 받아들이는 같은 상황에 넉 달이라는 현상적 문제로 인해 전혀 다른 내용으로 보이는 것 같지만, 넉 달이라는 현상이 아닌, 부처님을 주체로 본다면 앞에서도 넉 달을 기다리라 하였지만 수발타라에게 즉시에 출가를 허락하였고, 뒤에서도 즉시에 출가를 허락하라 하였으니, 여기서도 본질적 개념의 의미를 담고 있는 것이다. 그런데 그냥 단어의 의미로만 번역된 해석을 하게 된다면 그 본의를 절대로 알 수가 없게 되는 것이다.

한글경전모음집 법공양 발원문

시방삼세에 항상 계신 부처님께 귀의합니다!
저희가 부처님의 가르침을 만나 지극한 마음으로 부처님 법을 믿고 배우고 행하며 전하기 위하여, 굳센 원력을 세우고 발원하오니 자비로 거두어 주시옵소서.
저희는 오직 부처님의 가르침에 따라 청정한 마음과 올바른 말과 행동으로써 살아가고자 서원하오며, 세상의 모든 존재들과 함께 진리의 바른 법을 성취할 수 있기를 지심으로 발원합니다.
또한 저희는 부처님의 가르침을 올바르게 알게 되어, 저희들 가슴에 기쁨의 깨달음이 가득하고, 마음에 행복이 가득하며, 주위의 모든 이들에게 부처님의 가르침을 전할 수 있기를 간절히 발원 합니다. 그리고 이 세상 곳곳마다 빠짐없이 저희의 이 서원이 널리 퍼질 수 있기를 진실한 마음으로 함께 소망합니다.
그렇기에 이 작은 책자가 불법의 소중한 불씨가 되어, 함께 하는 모든 이들의 마음에 영원히 꺼지지 않는 진리의 불이 타오르기를 기원합니다. 나아가 이 인연이 또 다른 인연에 불법의 불씨를 전하여, 부처님의 가르침이 시공을 뛰어넘어서 다시 한 번 저희로부터 온 세상에 널리 퍼져, 마침내 온 국토가 부처님의 자비광명으로 가득하게 되고, 그 속에서 모든 중생들이 행복하고 평화롭게 살아가기를 지심으로 발원합니다.

시방삼세에 항상 계신 자비하신 부처님!

부처님의 가피력이 저희를 보호하시고 돌보시어 큰 보리심을 증득하게 하시니, 이웃과 사회와 나라에 일조하며 모든 이들에게 공덕과 이익이 되고 행복을 주는 불자가 되어 가겠나이다.

저희가 부처님의 크신 자비와 원력에 예경하면서 발원을 올릴 수 있음을 마음으로부터 감사드립니다.

나무석가모니불 나무석가모니불 나무시아본사석가모니불

한글경전모음집

1판 1쇄 펴낸 날 2018년 10월 17일

번역 比丘 적행
발행인 김재경 **편집 · 디자인** 김성우 **마케팅** 권태형 **제작** 재능인쇄
펴낸곳 도서출판 비움과소통(blog.daum.net/kudoyukjung)
　　　　경기 파주시 야당동 191-10 예일아트빌 3동 102호
　　　　전화 031-945-8739 팩스 0505-115-2068
　　　　이메일 buddhapia5@daum.net

© 적행, 2018
ISBN 979-11-6016-042-0 03220